南山短期大学フラッテン研究奨励金

アナログ教育の復権！

あることば訓練の舞台裏

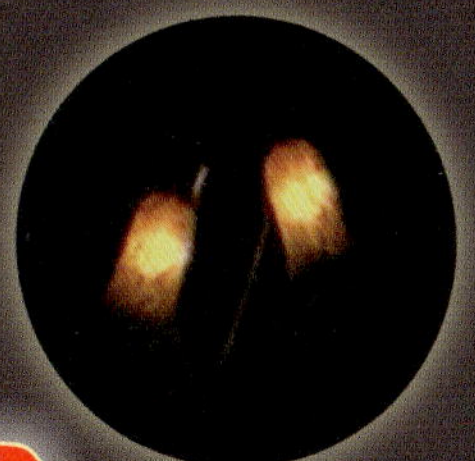

思い出の朗読会

Oral Interpretation Festival

近　江　　誠

OMI, Makoto

本書はアメリカで演劇・スピーチ学を学び、その訓練を基に英語教育法を開発してきた著者が同僚と共に通った、日本人学生との格闘の記録である

朝日出版社

オーラルインタープリテーション
（Oral Interpretation）それは―

決して英語ができる人がするパフォーマンスではない！
できるようになるための訓練である―

それは文（ワンセンテンス）を声に出すことが全体を通しての語り手の真意を忖度するような読み、別名 Interpretive Reading である。

要点把握、ストーリーだけにしか興味を持たない当節流の「粗」読では雑駁（ざっぱく）な人間性しか育たない。教育の中核に置かれるべきは、全ての文章を背後に語り手のいる語り（パロール）として捉え、同化と異化の往復作業の過程で弁証法的に語り手の魂の叫び、あるいは彼の「戦略」に対する理解までをも深めていく読みである。この読みを反映させた声だしにしてはじめて素材の表現は自らの物として内在化しはじめる。これすなわち言語教育全体に通ずるバイエルである。

—-Is there a Santa Claus, Mr. Omi? Papa says, "If Mr. Omi says there is, it's so." Please tell me the truth, Is there a Santa Claus?

---- Yes, Virginia, there is a Santa Claus. Oral Interpretation is Santa Claus. Oral Interpretation Santa will bring to you such gifts as

1. the critical and appreciative reading ability, the ability to understand a given piece critically but appreciatively,
2. the inner ear to discern the author's voice, even the voice of the dead desperately trying to speak to you
3. the voice with a rich treasury of expressiveness
4. and abundant language input, by far the richest gift of all, the kind of input only found in the 'heightened reality' which Oral Interpretation and Mode Transformation (to be developed later as the Omi Method) create."

聞き流し
口まね
多読
モード転換
近江先生の4つのinput
Negative

害悪
肯定側 立論
Affirmative

否定側 立論
内因性 否定
Affirmative
Negative

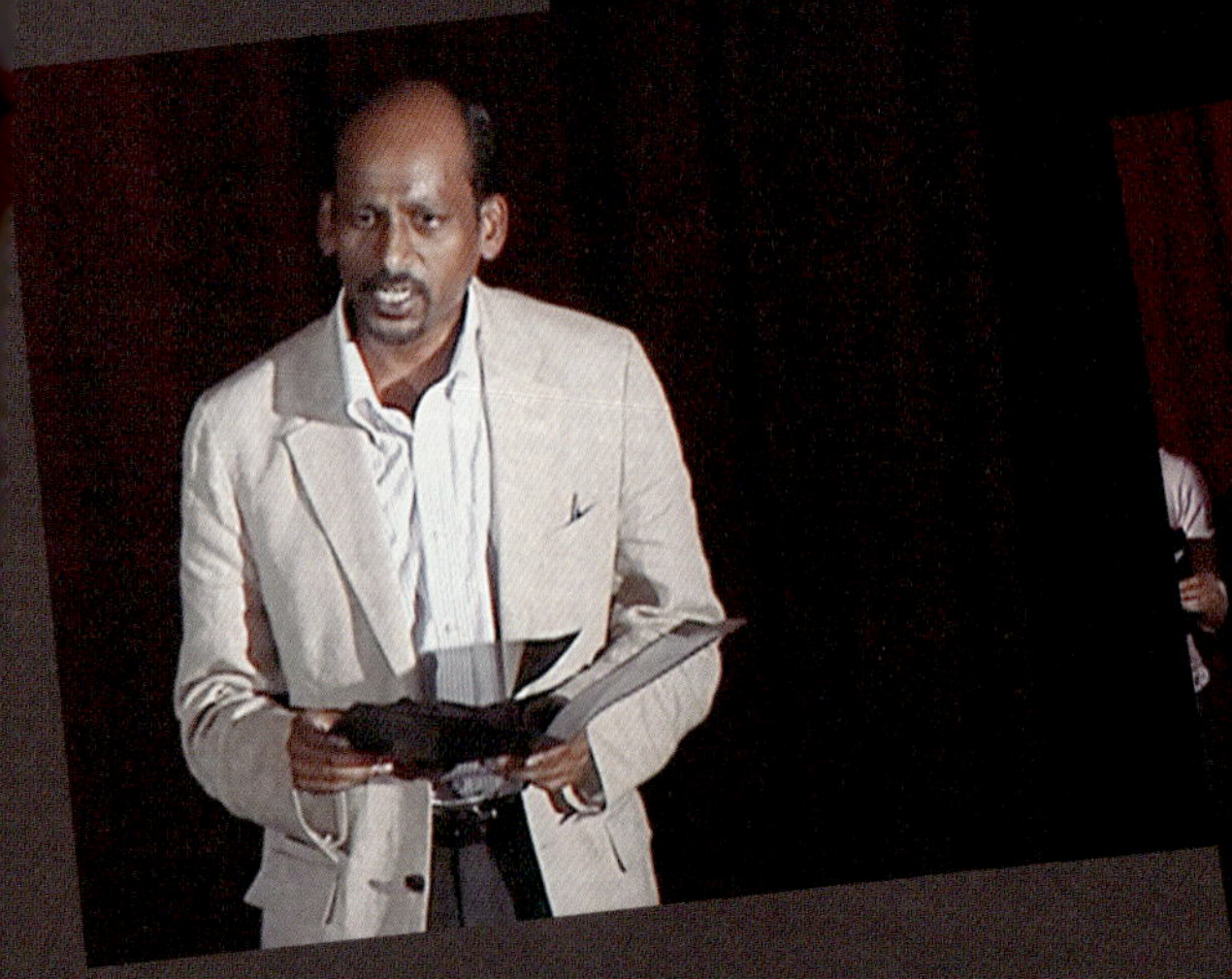

ELOISA
Mr. YAMA DA
Mr. SASAKI

創立25周年記念『長崎平和宣言』
(The Nagasaki Peace Declaration) より
…のちの "No More Hiroshima, No more Nagasaki" の原形

序幕

プロローグ

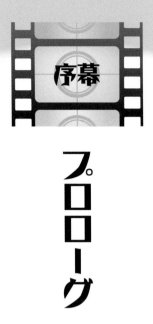

音読、朗読は「表現」ではない。

一にも二にも読みである。読みの深さである！

音読、朗読は目的でもない、力をつけるための手段である！


与えられた素材について背後にいる語り手は誰か、②誰に向かって、③いつ、④どこから、⑤どういう目的で、⑥⑦どういう内容の語句や段落や全体の話にどういう意味が付加されていて、その効果はどうか…

これを頭と心と身体で考える…まずは読みの深めの場だ。


深まりの過程で素材は受胎される。その後、さらにその語り手への同化、異化を繰り返すうちに素材は胎内で成長し、素材に固有のレトリックは体に落とし込まされ、やがて月が満ちて口をついで出てくる…

これは言葉のバイエルである。

スーパー音読ともいうべきオーラル・インタープリテーション。そしてその延長としてのリーダーズシアター（朗読劇）…

それは日本人の悲願である真に話せて書ける英語を筆頭として、実は究極の英語総合力をつけるために無尽の力を発揮し、まだ余りある宝を現代人にもたらす、古代ギリシャローマ時代からの秘薬である。

本書はそのオーラルインタープリテーションのいわばサブ活動である南山短期大学英語科（現南山大学短期大学部）におけるＯＩフェスティバルの舞台裏の記録である。

南山短期大学英語科の**オーラルインタープリテーション・フェスティバル（俗称、朗読会）**は、授業の裏番組として一九八一年に始まり、以来三十年間、年に二回、夏とクリスマス時期の土曜日に行われてきた。日本には例がないはずのこの言語活動がどうして始まったか、以下がその経緯である。

発端は、まずは、半世紀前、当時高校教師の私が、自分自身の英語を磨くためと、将来的にことばの教育法開発のためにアメリカの二つの大学の学部と院で、演劇・スピーチ学科で勉強してきたということに遡る。西洋には古代ギリシャ、ローマの時代より、かれこれ二千三百年の歴史のあるスピーチ・ドラマ学という訓練領域がある。私はオーラルインタープリテーション、スピーチ、ディベート、ドラマという、いわばスピーチ訓練の四点セットを中心に学んできた。その中で限りなく奥深く我々のことばの学習にかかわってくるところのものといったら根源的なものは**オーラル・インタープリテーション（Oral Interpretation＝ＯＩ）あるいは別名インタープリティブ・リーディング（Interpretive Reading）**である。

文学作品音声解釈表現（川島）と訳されているＯＩは、**文章を一片の語りとして捉え、それに内在する語り手の思考と感情からくる声の調子、身体性のすべてを探り出し、その知的、情緒的、審美的一体を、語り手に成り代わって聞き手に朗読表現として伝達する解釈と表現の統合訓練である。**

形式としてはソロ、グループに分かれ、後者を総称して**リーダーズ・シアター（Readers Theatre）**という。当然、理解のしかたによって表現がガラリとかわってくる。

帰国してからはこれら学んだことを取り入れた南短の英語教育を特徴づけようとしてきた。やがて、裏番組としての朗読会が始まった。きっかけは、日本コミュニケーション学会の主催による「文学作品音声表現フェスティバルとセミナー」が東京で行なわれ、連れて行った学生を散文、詩、ドラマ三部門とグループ作品の全部門に優勝し、その披露を兼ねて学内の他の学生と共に開こうということになったことである。

以後、私の定年退職、同時に改組吸収のために門が閉じられ取り壊される前年２０１０年の冬のフェスティバルまで出場者は毎回延べ二百名から三百名以上、学生を中心に日本人・外国人教員、学長、副学長、職員、卒業生、近隣の大学生、中高教員、コミュニティカレッジの生徒、それにある年に高校生対象のオーラル・インタープリテーションコンテストの入賞者を招くことにしたので、延べ数はほぼ一万人以上、ＤＶＤ百十本になっている。

言語は英語を初めとして、スペイン語、ドイツ語、フランス語、中国語、トルコ語、ベトナム語、タガログ語から、日本語、その方言等、あらゆる言語が登場した。扱われる素材は、詩、小説、随筆、ドラマ、ミュージカル、スピーチ、日記文、書簡文、歌、ドキュメンタリー、新聞記事からメニューなど、およそ文字媒体によるもの全てが範疇に入る。背後に語り手のいる聞き手に対する語り（パロール）、セリフと捉えてきた。

さて見たことがない人は、口には出さなくてもどうせ学生たちの発表だろう、それも短大生のなどというであろうと思うであろう。だが、過去の訪問者の予想はことごとく裏切られた。某国大から転任してきた外国人講師Ｄは、一言、深々とつぶやいたことが忘れらない。

This far exceeded my expectation...!

（全く想定外のことであった）。

フェスティバルのためにフェスティバルではない。またよく誤解されてきたが、**出来るようになった英語を使うアウトプットの場、リラクセーションの場であったわけではない。全く逆でそれを通して乏しい英語力をアップさせるための場であった。**

読めるようにさせたい、聞けるようにさせたい、書けるようにさせたい、そして何よりも話せるようにさせたい。その話すのも単に意味さえ通じればという程度のものではない。国際社会で、説得、弁明、余興歓待、抗議、交渉その他目的に応じて対応できる骨太なコミュニケーション力に最終的につながる言葉の学習の本道を歩ませたい――。そして、その訓練の過程で、知性、感性など教育界で、その衰退が取りざたされている現代人の諸能力などをも磨いていきたい――。いわば総合学習の場として訓練期間を含めて展開してきたのである。

東京外国語大学の小川芳男学長が生前、私に熱く語ってくれた言葉を思い出す。

「素晴らしいね…（重要なことは）英会話をやることではないんだよね。…これは日本の英語教育を救う道だよ！」。

私は、二〇一一年三月末日をもって現職を離れた。同じくその時点で南山短期大学英語科は南山大学に吸収され、別な形で継承されているが本書で紹介する活動もいちおう幕を閉じることになった。

ということは、成り行きに任せていたのでは、我が国には殆ど例がないはずの訓練の内容、学生の成長記録の大半は、その場を共有したものだけの記憶の中に留まり、それすらも月日とともに単なる思いでのレベルに退化してしまう。そこで最初は回想録として書き始めたが、一人でも多くの方に学習者と教育者目線で追体験していただきたいと思った。

本書に掲げた作品、教材は、すべて南山短期大学英語科の朗読会の歴史の中で実際に使用した何千とある**当時のスクリプトの記録**である。その中にはもちろん単独作品もたくさんある。しかし多くは、英米のドラマ・スピーチ学科などにおける**「リーダーズシアター・アンサンブル」（Readers Theatre Ensemble）**という朗読形式で、読み手、聞き手、場所、時間に合わせて複数の作品（主として抜粋）を合成したものである。

しかも我々は教育機関であり、朗読会そのものは、商業演劇と異なり、上演自体が目的ではなく、あくまでもその時代時代の学生の英語力や言語感性を上達させるための手段であった。中に出てくる話自体も、語り手、登場人物も当時に話題になって今は活動していない人物や、時の人であるのもそのためである。

従って教育現場の方々におかれてはあくまでも今この瞬間に使っておられるリーディング教材であろうと問題集の素材であろうとも、本書のような提供の仕方と料理が可能なのだという感覚で見ていただき、言語教育の活性化に役立てていただければ、今は亡き南山短期大学の跡地に立って当時を振り返る老兵の最も望むところである。

最後に本書を上梓するにあたって、私のこだわりに長期にわたって最後まで辛抱強く付き合って下さった朝日出版社の清水浩一氏には、けだし適切な感謝の言葉が思い浮かばない。

生原稿の状態のままだったら私の人生計画の大きな部分が実現しなかったことは確かだからである。

平成三十年クリスマス

目次

序幕（プロローグ）　9

――スーパー音読ともいうべきオーラル・インタープリテーション（文学作品音声解釈表現法）とその延長としてのリーダーズシアター…。それは究極の英語力をつけるために無尽の力を発揮し、まだ余りある宝を現代人にもたらす、古代ギリシャローマ時代からの秘薬である。本書はそのＯＩのいわばサブ活動である南山短期大学英語科におけるＯＩフェスティバルの舞台裏の記録である！

第一幕　連夜の個人・グループ特訓　1

…逢魔ヶ刻から人は昼間の束縛を離れ、夜にかけて心の扉と共に、ことばも劈（ひらか）れていく

そして幕間狂言や裏芝居も
――流す涙がお芝居ならば…
つらくも懐かしかった練習の日々

ジャンコクトーの一人芝居、「声」（“The Human Voice”）の“I love you”は「愛している」ではない。　3
――これが英文解釈である。語句の意味ではない。書き手がその語句に、どういう目的のためにどういう機能と意味を与えているかが音声と身体の形を示唆するのだ！――　3
――「こちらのセリフから判断して、書かれていない相手側の

こぼれ話①
セリフを書き出してみよ」という〝英文解釈〟　3
梅雨とクリスマス時期にあらわれる
地縛霊と黒板の曼荼羅絵図　5

要はコミュニケーション的視座に立った精読（批判的味読）である――すべての基礎だ　8
「内容（把握）」でもなければ「事件究明」（〝5W1H〟）でもない!!　8

コミュニケーションの七つの要諦が原点　8
「マッチ売りの小女」（“The Little Match Girl”）の場合　8
「鶴の恩返し」（“The Grateful Crane”）　15
――登場人物を一人歩きさせるな！　物語全体が語り手の聞き手に対する〝せりふ〟である！　――君はよひょうでもない、つうでもない、話を伝える劇作家なのだ／両視点の同居――／語り全体の佇まい　15
オフフォーカスとオンフォーカスの違いは、語り手の立ち位置をどう捉えるかの大問題――　16

こぼれ話②
田中先生と私の作品を巡る英語の口論に
泣きだしてしまった学生　19

泣くところではない…　交通事故死した女の子の語り…　20
――5W1Hですね？
違う、混同するな！　その外側の分類だ！　20
なぜ審査員は泣いたか
リスニング教育の無法地帯日本に生まれ育ったから　21

雪が見えてこない！ 22

それを言っている時に君は心で何を思っているのか！ 22

「姥捨て山」（"The The Old Folks, Mountain"）のこと 22

——君はただ文字を読んでいる。意味を読むのだ!!　裏にいる語り手の心を読め!!　語り手がコミュニケーション目的を達成するためにとばに与えているホンネにたどり着きその心の状態で　ハ・ナ・ス…のだ！ 22

——… snow had begun to fall … の中に閉じ込められた語り手の悲しみを解凍していく。同時に矛盾しているように聞こえるだろうが、Snowだけ、どんな工夫してもダメ！　おふくろとの別れ雪は、実は全篇を通奏低音のように君の声の中に、いや君の心の中に鳴り響いていなければならない… 23

別の年の"The Old Folks Moutain"で考えてしまったこと 24

——悲しい話にも明暗はある。いや、明があるから暗も引き立つ。君のはとってつけた「明」だ。全体は「暗」だ、その中に、ふと漂うさみしい笑顔程度の「明」という意味なのだ。もう一度！ 24

しかし、何でも感情を入れればいいのではない！ 26

——"太宰治事件"——**「走れメロス」（"Run Melos Run"）**

——語り手が登場人物に限りなく入り込んでいる場合／書き手の立位置・内容の距離からくる"冷め"とのバランスをどう考えるか

——「エクスキューズミだって」？　どこから出てくるのかその声は？ 28

しかしやはり、「会話」など殆どない文章こそ主流…、 29

——ポーの**「黒猫」（"The Black Cat"）** 29／**「百万回生きた猫」（"The Cat Who Lived a Million Times"）**らの物語りから、随筆、評論文、報道文、受験参考書の英文はてはレストランのメニューまで！ 29-33

学生の作品選択にあらわれる性格にどう向き合うか 34

敢えて"悲しく感動的なもの"というS子の強さと幻の**「幸福の王子」（"The Happy Prince"）**／作品の心と絶縁された不思議なM子の涙／本人に合っているからさせる場合と、合わないからこそさせる場合／マドンナの歌をやりたい——OIFはパフォーマンスではないとわかっての上だね？

「もし最後だとわかっていたら」（"Tomorrow Never Comes"） 37

——文法上の形式は、そのままそれが指し示す表現世界であり、形式と世界を音と身体で学ぶのだ！　仮定法過去と過去完了で音声がバラリと変わってしまう…

"過去完了に変えて朗読させてください！　そして存分に泣きたいのです！"

——今夜家に帰ったらみな、自分の部屋に入り大切な人が、急にいなくなったことを強く想像してみよ！　泣けて、泣けて…練習が続けられなくなる。その気持ちをしっかりと生け捕りにして持ってこい

モノローグは芝居の花　英語力をつける主教材 42

オーニールの**「氷人来たる」（"The Iceman Cometh"）**のヒッ

動は、どういうところが従来の教育と本質的に異なりすぐれていて、問題の解決に貢献するといえるでしょうか?

第二場　何のためにしてきたか

——大複雑系（The Complex System）の学習環境と六つの教育的狙い——

最大の狙いは、スピーキング、ライティングにつながるさまざまな言語形式、雄弁のからくりを、面で身体感覚に刷り込ませることである。

第二の狙いは、すべての基礎、コミュニケーション的精読（=批判的味読）能力と言語感性の養成である。

第三の狙いは、エロキューション（Elo cution）の訓練。発声、発音、抑揚、リズム、などの音声技術を磨くことができることである。

第四の狙いは、批判鑑賞的聴解力の育成に貢献できることである。

第五の狙いは、人間関係を育み深めることである。

——作品の語り手、共演者、聞き手、指導者と真摯に向き合うことで——

第六の狙いは活動がもたらすカタルシスがコミュニケーション不全症候群の解消と精神治療に貢献する。美しく健康的な人間に育成につながることである。

第一幕

連夜の個人・グループ特訓

昼から夜に変わるある瞬間、人や物がはっきり見えなくなる時間帯がある。たそがれ時のある時間帯、逢魔ガ刻…。

昼間の束縛を離れ、夜にかけて心の扉と共に、ことばも劈《ひ》らかれていく。ヒットラーは、演説する時は敢えて、沈む夕陽を背景に自分に後光が差す時間帯を選んだともいう。これはスピーカーとしての自分を大きく見せることであり、アリストテレスのいう説得法のエトスの実行である。愛の告白も一種の説得コミュニケーションである。新聞配達と同じ時間に起きてきて、「好きです」などという人はあまりいない。やはり夜の帳《とばり》降りた公園あたりの方が断然に多い。

我々の朗読会の練習の開始時間は、どうしても放課後になってしまう。授業が六時まである学生が多いからである。しかし、右に述べたようなわけで、この時間帯は練習には適している。

明らかに、現実の自分を飛び越え、色々な人生を、色々な感情を、そして色々な語り口を、よりリアルに体験しやすくなる時間帯だからである。

朗読会そのものも、照明やキャンドルの灯りの中で行なわれる。しかし私の頭の中では、そこでの数々の演技もさることながら、朗読会までの日々、指導する側に錯綜する、あの練習やこの訓練に対する思いもすべてキャンドルの灯りの中での出来事であった。

ジャンコクトーの一人芝居、「声」（"The Human Voice"）の"I Love you."は「愛している」ではない。

――これが英文解釈である。語句の意味ではない。書き手がその語句に、どういう目的のためにどういう機能と意味を与えているかが音声と身体の形を示唆するのだ！

理紗は奮闘していたが、なにかが足りない。

恋人との別れの予感におののき、やがて観念する。

ジャンコクトーの「声」(The Human Voice) もこの一人芝居の最後は、"I love you! I love you! I love you!"のセリフである。バーグマンのブロードウェイの名演と彼女のレコード録音版がある。映画化はされていない。

英語を習いたての中学生が、おもしろそうに"I love you."を連発したりする。子供たちは、その意味が「私はあなたを愛している」であるという風に理解して疑わない。しかし、こうした場合の意味というのは、誰がどういう状況で　話しているかということに関係ない。それどころか意味とは、もともとその語句に決定済みのものとして内在していると思っている。これは言語ラング観という言語観である。しかし実は意味とはそれだけではない。言語パロール観という観点がある。**これによると意味というものは、あくまでも書き手、あるいは書き手が託した語り手、この場合は「女」には、彼女のコミュニケーション目的というものがあって、その目的達成のために"I love you, I love you, I love you!"という語句に、語り手が与えた機能やニュアンスこそが意味であると考える。**

そこで台本をみればこの段階にきて愛の告白ではないことがわかる。ひとえに別れのつらさを緩和したかった。とても自分のほうで切る勇気はない。受話器を切る音はそのまま関係の終結だ。そこで相手に切らせる。その間、"I love you, I love you> I love you"を間断なくしゃべる声に、受話器を置く音を緩和させるという「機能」と「意味」を彼女が与えたと考えるのである。

これが解釈。そしてそう解釈したのなら、**解釈したように語り手に成り代わって声を出してみること、これがオーラルインタープリテーションである。**

――「こちらのセリフから判断して書かれていない相手側のセリフを書き出してみよ」という"英文解釈"

一見とてつもない指示を出した直接のきっかけは、理紗が"You can't make some people understand completely."でバーグマンは泣いていたのになぜ泣いているのかわからないと一人で悩んでいたのにはじまる。グループ作品でないし、女子大生だったらやりたい作品を選んだ宿命か、相談できない孤独感だろう――。

「どうしてだろうね…」と私。双方黙ったまま二、三十分ぐらい考えていたことがあった。贅沢な時間のとり

The Human Voice

方をするときもある。

なぜ教えてしまわないのか。今の教師は殆どがそう考えるだろう。

しかし何でも教えてしまうのがいいとは限らない。それどころかこの時は考えているうちにわからなくなってきたからである。

主人公が、降霊してくるまで待つ。だが少々つらい。

こんな会話になってしまったこともある。

「ひょっとしてだよ。この主人公のように男の出方に心が千路に乱れるような女を演ずることに抵抗があるということはないか。それも僕などの前で演ずることに…」

「…それもあります」

「まあ、二、三十年たってから、その段階でききたいね。もちろんその頃は僕はそれを見届けることはできそうもないが…」。

何日かめ――。

「…ああ自分の理解力はまだまだだと泣けてくる泣きと差し替えてみたら」

しかし、そんな低質なふざけでは、笑いはあってもすぐに硬直する。わからなければ気持ちは晴れない。実際に全身をゆさぶって涙を出す覚悟があるのに、まあ適当に泣いておこうというわけにはいかない。通常のリーディング学習と違って、曖昧なまま放置することができない素晴らしさがオーラルインタープリテーション学習にはある。そこで冒頭の指示である。

「ここだけの問題ではないね。このさい全体を通して、相手の心とセリフを、こちら側のセリフから想像して書き出してみるといいだろう」

ふつうリーディングは、書かれてある文章そのものの意味を把握すること以上は要求しない。訳せ、大意を把握せよ、等々。それはそれでいい。

しかし意味とはそもそも何か。当節猫も杓子もコミュニケーションといいながらあまり理解されていない。コミュニケーション的な見方というものがある。そしてそれはこんなところからも始まっている。

ことばが向けられている相手（聞き手）がある。その聞き手は点として存在するのでなく線として存在する。つまり間断なく何か考えているか、ことばを発しているわけである。こちらのせりふはあくまでもそれを取り込んでのリスポンスであるはずである。

相手がいないことはない。一方的に話そうとも、それはコミュニケーション的にいえば、ただ、いちいち言語的に反応しない、あるいは「無視する」を選択しているだけのことであって、相手という存在は間断なくあることにはかわりはない。

知識としてはわかっている。何度も言っている。ただしみじみとそう思うかである。

「それはそうですね…」

元同僚の田中先生いわく。

「若い女性にとってはむつかしいのよ。」

しかし、だからやらせるのでもあるが…。

こぼれ話①

梅雨とクリスマス時期にあらわれる地縛霊と黒板の曼荼羅絵図

空いている部屋はどこも基本的に練習部屋である。同じ学園内にありながら勉学、研究、教育的衝動に水を差すような役所的な予約の習慣などもなかった。もしあったとしたら、それは全学に向けてこれまで精力を注いでいる活動に関係のない人間が学内にいるということであってそれこそが問題である。少なくともこの我々の活動はそういう活動であった。

しかし、主たる稽古場はあくまでも本番の舞台にもなる劇場的な空間、ナンバーワン教室である。そこは、私が、梅雨とクリスマス時期の放課は、一定時刻になるといずこからともなく現れ、前から三番目のある席に座っていることは学生は知っている。

ここに横長の大きな黒板があり、その左半分のかなりのスペースを使って毎日のように学生たちによる一大文字芸術がバーンと現れる。個人やグループが、自分の名前と、作品名を書きなぐったものである。時には数日間先の予定まで。そして「近江先生にみてもらう時間帯」などの添え添え書きがある。

ベルリンの壁の書き込み、ひところのＮＹの地下鉄への落書きなどは有名だが、はやい時間帯で見てもらってバイトにでもすっ飛んで行こうとするために前の方にもぐり込んだのではないかというもの、あとでじっくりとみてもらえばいいねといっているかのようにドンと終わりの方に「クリスマス休戦」とかあるもの――。「ソロですけれど見てください…」とおどおどした感じで「マッチ売りの少女・○○子」という感じで入っているもの――。私にとっては、文字の大きさ、形、順番などに学生たちの生活習慣、活動に対しての取り組み姿勢、仲間同士の力関係などが伺い知れなんともいえない愛おしさを覚えたものだった。

ある時これらの《傑作》が消されてしまうことがあった。すごいパニックであった―。

次回から黒板に以下の添え書きが加わり始める。

「消すな！」の命令調のものから「消さないで下さい！」という哀願調のものまで―。

掃除のおばさんたちが〈犯人〉であろうことはわかる。とはいっても翌日授業はあるし、外来講師が使うかもしれない教室だからおばさんたちを責めることはできない。私としては、誰が先で、誰が後かまでは関心がない。そこに〝傷病兵〟がいれば敵だろうと味方であろうと、時間内外に関係なく力を提供する。それだけのことである。だいたい私はトイレと食べ物屋、教育は基本的に予約するものではないという考えをもっていた。しかも必要な時間はたっぷりと取る。他の学生は待たせているのではない。彼女らは彼女らでその間練習していればいいのである。私にとっては、放課後は時間がとまっていた。どうしてもグループ同士で順番のやりくりしたければ自分たちで勝手に折衝すればいい。

それになんといっても、この活動は必須ではなかった。私も全くのボランティアであった。教育的であると信じてきたから行ってきたまでである。だから、このやり方については誰も何も言えない。ちゃんとスケジュール管理したら楽なのではないかとでも言われたら、だったらやってくれよ、そんなことをしていたらまた仕事が増えてしまう、そういうふうにだけ私を使うのはもったいないことではないか、指導に専念させてくれ。という気を漂わせていたことはわかる。事実、教職員は、この時期は私に対してまさにさわらぬ神に祟りなし。うっかりすれば、引きづり込まれるというめんどうさもあっただろうと思う。いずれにせよ私は教師である。管理者ではない。それになによりも学ぼうとする学生がこれだけいるということはまだ学園が健全であるという証拠である――。

　同僚たちも気を利かして会議を短く切り上げたりとか、開催時間をずらしたりとかの配慮をしてくれたこともある。うれしかったが、近江は自分のためにしているのではない。本来ならば皆さんも長靴を履いて被災地に足を踏み入れてくださいというつぶやきが通奏低音のように私の心の中に流れていた。

　いずれにせよ、黒板にあるグループを一つ一つ指導し終わるごとに消していった。

　春が過ぎ夏が来て、冬がくる。世紀が変わって、十年ほどたつとやがてそういう時代は去っていった。

　帰宅時間の設定など、身辺に微妙に、しかし確実にある兆候が表れ始め、学生も居残ってまで勉強しなくなった。いや、そういう風にさせてしまった教育環境の変化があった。

　当節各教育機関が、熱心な教育指導に対して理解を示さなくなってきていた。余計なことはやらないでくれというわけだ。電気代がかさむ。監査がある、第三者評価でめんどうなことになりたくないというホンネがあるのだろう。

　一方、私自身も最後の五、六年は会議の連続である。終わってから自分の研究室にも寄らず、すっ飛んで一番教室に行く。しかししばしば、教室はもぬけの殻――。

　でも取りあえず、三列目の〝私の指定席〟になだれ込むようにすべり込み机に顔を突っ伏し、しばしの休憩――。

　そこは私の空間。不思議な安堵感が心を支配していた。しかし、それにしても誰もいないとは…

「しゃあねーな」

　岸壁の母やハチ公の話などは美談である。しかし会議のある日もない日も毎夕方、いつ来るともしれぬ学生をＮｏ１教室で待っている中年男――終わりの頃は初老――の教師は、一番教室の地縛霊のようなものに映っていたであろう。

　私は決して会議などを適当にさぼって上層部に睨まれて教育活動をするなどという甘っちょろい熱血漢教師ではなかった。そもそもその頃は自分自身が学科長になり学長補佐になっていた。でも自分自身の指導時間を減らすのは絶対にしなかった。それは教師としての存在を放棄する自殺行為であると思っていたからだ。だから会議中も学生の動向が気になる。練習への取り掛かりが遅くなれば、門限が出来てしまったその頃は十分な時間は確保できない。過保護の親が何か言ってくる。

　そして現実に問い合わせの電話が入ったことがある。そして私は学長にその件でよばれたことが二、三回あった。学長にきっぱりといったことがある。

「守ってくれなくては困るではないですか――」。

「してきていますが…」

　学長も辛い立場だったろうと思う。我々がどういうことをしてきているか、そしてそれが南山短大の特徴的英語教育と結びついていたかということ、私が短期大学の教員でありながら、大学への第三者評価委員として学園の外国語教育をどうするかについての相談を受けたこと、私の後継者を育ててくれと学長本人から言われていたか半端な気持ちではできない。

　さて、一番教室で待機していれば、学内の他の教室などで練習していたグループなどが現れてくる。もちろん昔日のような黒板への書き込みは激減し、後から後からということはなくなってはいたが――。

　翌日学生たちにはいう。

「昨日、僕は君たちの指導をサボっていたのではないのだよ。会議だったのだよ、カ・イ・ギ！　ナンバーワンをなぜ空き部屋にしておくのだよ！　そこで練習したらどうなんだ…」

　さて、そうこうしていくうちに自分自身の中に別な白分がいることに気が付き始めた。学生がいないと、帰る口実が出来たとばかり喜んでいる自分がいることに――。

心は赤提灯…。

いそいそと校門をでようとすると、そういう時に限って、「あれ、先生もう帰るんですか…」どこかに隠れて練習していたグループに捕まってしまうこともあった。

「ああ、君たちか。うん…君たちはもう結構いい線行っているからいいよ」などというと「よくありません！」と言下にぴしゃりといわれてしまったこともある。務所破りが発覚して引き戻される罪人のようにすごすごと戻りながら、でもよかったと胸をなでおろす――。

しかし、そういうこともなくなっていった。そして、何日の何時に見て下さいということばの言外に、それ以外の時間は何もしないというニュアンスが感じられるようになった。その時間帯にちょろちょろっと見せたらそれで終わりというニュアンスが――。

本番直前に見てくれというようなグループもでてくる。

「見てもいいが問題があったらどうする？」

「…」

「出来上がってしまってから見せたってどうにもならない。義理でだったら見せなくたっていい。こちらだって大変だけれど付き合ってやろうとしているのだよ」。

知能犯もあらわれる。

「先生、どうしても来週の月曜日に見てもらいたいのです」と仲間の顔をみながら、熱心そうな、あるいは媚を売るように「ね？」といってこちらの顔色を覗きこむ。

オッとドッコイ、その手は桑名の何とやら――。

こちとら、だてにコミュニケーションでメシをくっているのではない。魂胆は見通してある。

「…来週の月曜日ということは今週はだめだということなんだろう？」。

ギクッとした顔をするが無言である。

「今日も、明日も、そして明後日もしなければならないのじゃあないのか」

「…」

「明日見よう」

「あの明日は美香子がこれません」

ホンネがでる。

「そんなことは僕の知ったことではない！」

そして続ける。

「僕に対して、駆け引きはするな！そういう駆け引きは彼氏相手にとどめておいてもらいたい。明日見ます！美香子が来てもこなくても明日やります」。

有無をいわせない。逆算して明日からしなければできあがらないことがわかるからである。

ちなみに「先生のところには熱心な学生が集まるんですね」と同僚などからよくいわれた――。誤解である。

学生は最初から動機ずけがしっかりしていて、力があるのではない。徐々に変化していくのである。

教育は点ではない。育っていく過程を見守る忍耐であると思っている。

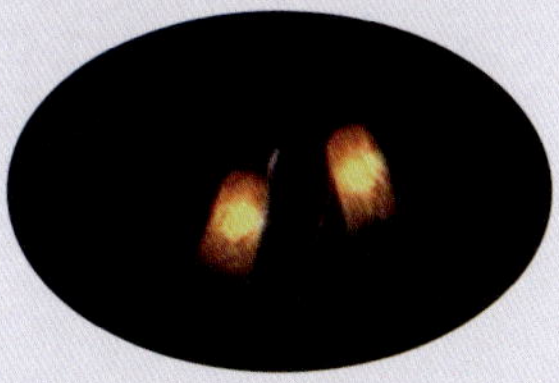

要はコミュニケーション的視座に立つ精読（批判的味読）である——すべての基礎だ

オーラルインタープリテーションとは別名 Interpretive Reading ともいわれる精読である。すべての英語学習の基礎である。本書を通じての作品の掘り下げに関するやり取りはすべてこの批判的味読みに収斂する…。

——「内容（把握）」でもなければ「事件究明」（5W1H）でもない!! 語り手と目的理解なんだ

コミュニケーションの七つの要諦が原点

作品に組み込まれている

コミュニケーション「七つのポイント」を発掘する（＝批判的味読）

ポイント① 誰が（語り手）、

ポイント② 誰に向かって（聞き手）、

ポイント③ いつ（時）

ポイント④ どこから（場所）、

ポイント⑤ 何をする——つまり情報伝達か？説得か？余興歓待か？

ポイント⑥ 弁明か？等々の目的のために（目的＝魂胆）、どういう意味を持った語句、段落、エピソード、物語を（内容）

ポイント⑦ どういう展開、構成で配列し、どういう非言語を連動させることで〈形式〉どういう機能や付加的な意味を与えているか？ だからどんな音調や身体表現が組み込まれているか？ そして——

＊語り手の目的はどれほど達成されているか？〈批評〉

「マッチ売りの少女」（"The Little Match Girl"）の場合

千佳は、在学中は私の授業はひとつも取ってなかった。ちょっと覗いただけで、勿論私も彼女の存在すらしらなかった。それが卒業して六年ほどして、ある時なぜか私の門を叩くことが「閃いて」、聴講生の形で指導することになった。

以下は彼女の空白部を埋めるべくゼロからのセションになった。

近江 ちょっと待った。少女がもう一本マッチをすったというところをいってみて…

千佳 She struck a new one. It burnt, and it blazed up, and where the light fell upon the wall it became transparent like gauze and she could see right through it into the room.

…

近江 ストップ became transparent like gauze と報告調でいったが、そういう意味かな？

一つの文を声に出すということが、文全体を俯瞰するような、文全体を正確によむこととつながっているような声だしを我々はしているんだけどね。

千佳 「壁がガーゼのように透明になって、部屋まで素通しでみえた、ということ…」ですか？

近江 それは通り一遍の意味。しかもただ日本語に訳しただけにしかすぎない。

　確かに、俗にいう意味や内容がわからなくては困る。けれども、オハナシや筋が漠然とわかればいいというのはミーハー読みだ。あるいは素早く読めば後はポイ、それだけが目的の海外移民の為の現地生活対応教育のEFLのハヤヨミだ。我々のしていることはそれ以前の基礎の基礎、**言葉の学習者にとって大切な基礎の精読、それもコミュニケーション的な精読なのだ。**

千佳 内容でなければそれはなんですか？

近江 「誰が話しているか」（Who is speaking this?）。物語の登場人物ではなくて、その物語を語っている人はどういう人かということだ。それから誰に向けて語っているか、そしていつ、どういうところから語っているかかだ。語り手の立ち位置だ。まだあるが（P.014ページ、コミュニケーション「七つの要諦」を参照）これを考えると、この作品は報告調ではおかしいとわかるだろう。

千佳 この語り手はレポーターではない…ということですか。

近江 だって、単なるレポーターだったら、決して見ることができない内容のことをいっているだろう。…became transparent like gauze… なんて、少女しか見ることが出来ない幻影だろう。だから限りなく少女の心情に同化しているところに立っている。だから結局もっと少女寄りの声をだすということだ。…became TRANSPARENT…like GAUZE! And she could see RIGHT thorugh it into the room!!!（と実際にやってきかせる）

千佳 あたかも少女自身が「ガーゼみたい！部屋の中まで丸見え！」と叫んでいるかのようにですね。

近江 そう。ところが君は単に報告しちゃっていた。ともかくも、だからそういう立場の者しか見ることができないマッチの灯の中に見る光景、祖母の姿などただの物を見ている。抽出話法が使われていることでもよくわかるよね。構造的な特徴としての明暗が対照的に出ているだろう。これも単にマッチの光がついた消えたではなくて、その中にみえる者は少女しか見ることが出きないものだ。

千佳 Dared she pull one of the bundle, strike it on the wall to warm her fingers… あたりも“she”といっていて一見、第三者的描写のようだけれども彼女側に立っているからいえることですね…それとおばあちゃんが表れるところなどもそうですね。新聞のレポーターだったら、「あ、おばあちゃんが現れてきました。おばぁちゃん」とはいいませんね。（笑）

　実は本文はストーリーテリングの王と言われたBoris KarlofのCaedmon社の朗読版を起こしたものであり、本人の朗読を聞かせた。こういう場合に聞かせるものは学習者のレベルに関係なくそれ自体がインタープリテーションとなっている優れたものであることが大切だ。オーラルインタープリテーションから何かを得ようとしたらこれは譲ってはならない線である。

近江 では聞いてみようか。

　これは**批判鑑賞法的リスニング**というもの。日本にはコミュニケーションとしてのリスニング学習が学校教育で行われていない。聞くことは受け身で楽しむものとぐらいにしか思われていない。**オーラルインタープリテーション的精読のリスニング版**だ。語り手の気持ちを七つのポイントに従って探りだし、いいところは言い、弱いところは弱いと判断していくことだ。真似せよということでない。自分の解釈を作り上げる上において参考になるところはいただくという考えだ。

近江　（聞き終わって）

独特だろう？

千佳　そうですね。ことばは第三者的なのに、少女本人が入っている。「おう構わないもう一本すっちゃえ…という感じ。」

近江　そう。それがDaredをいうときの気息音に出ている…

それはそれとして、これはどう思う？

少女寄りのスタンスで語っていくと最後は少女の中に入り込んだままでは天国に昇っていくところで話が切れてしまう。それでは困る。そしてちゃんと少女の死を報告している。In the cold morning light... 以下だ。ここは淡々と冷静な調子が聞こえてくる。

千佳　冷静なレポーターのスタンスに軌道を修正しているというところですね。

近江　スペースの関係かどうか知らないが、In the cold morning light 以下が省略されているテキストがあったが、これはひどいね。だから誰が語っているかという問題は大切なんだよ。認識の根拠だからだ。少女自身に同化しながらもレポーターの立場に立って読めば、天に昇ったところで切るなどということが朗読者自身が感覚的におかしいと思えるはずだ。そんなことは考えてもみなかった出版社がちょん切ってしまったんだと僕は思うよ…。

千佳　語り手の立ち位置というのは大変なことなんですね。

近江　同時に誰に向かって、どういうつもりで話していたかということだが、イソップのような教訓を垂れるという目的はない。子供に対して、to entertain でいいだろう。

話の組み立てについてはどういうことがいえるだろうか？

千佳　時系列、空間配列、原因結果とかいうことですか。この場合は、物語が時系列で展開して言っているとみていいと思いますが…

近江　はい、そこで先の少女兼レポーターという立ち位置と切っても切れない特徴が浮かび上がってくる。マッチの点滅がそのまま明暗になっていて話が展開しているということだ。

千佳　ですね。

近江　君は、本文の日本語訳をずらずら余白に書くようなことはさすがにしないが、単語の訳を書いているが、そういうことに精力をそそぐよりは、今までの話してきたような解釈についての発見は、レトリカルチャートとか、テキストへの記号付をするといいよ。

千佳　それはどういうものですか。

近江　作品のレントゲン写真のようなものだね。

結局七つのポイントは、解釈者が勝手に付け加えるものではなくて、作品の中に組み込まれているところのものと考えることが大切だ。そしてそれにあわせて語り手に成り代わって声に出すことがオーラルインタープリテーションなんだよ。

解釈は「批評」の領域に――

近江　語り手は少女に限りなく同化しているということだったが、どのレベルの語り手がという問題がある。原作者（アンデルセンではないかもしれない）か？原作者が自分のかわりに立てた人間が？マッチ売りの少女自身が語るということも考えられた中で、先のように少女に途中から感情移入するが最後に抜け出てくるレポーターが語り手に選んだというわけだよね。そのレトリックが成功しているかどうかという「批評」の問題も、語り手はどのレベルからとらえるかによって異なってくる。

千佳　むつかしいけれどおもしろいですね。

——どういうところにそれがあらわれてきていると考えていいでしょうか。

近江 それを考えるのがポイント7にかかわる話の組み立てだ。テキストに書き込みをしていくといい。それがそのまま自分の音声のめりはりとなって出てくる。それと最後に、そう語り手を立てたのは成功しているかどうかも、「批評」の領域だ。

記号付け〈レトリカルチャート〉 The Little Match Girl（例）

WHO: 第三者的レポーターだが登場人物〔少女〕に死の直前まで同化

TO WHOM: 不特定（若年層？）

It was late on a bitterly cold snowy New Year's Eve. A poor little girl was wandering in the dark cold streets, and she was bearheaded and barefooted. She certainly had had slippers on when she left home, but they were not much good, for they were so huge. They had lastly been worn by her mother, and they fell off the poor little girl's feet when she was running across the street to avoid the two carriages that were rolling rapidly by.

One of the shoes could not be found at all, and the other was picked up by a boy who ran off with it, saying that it would do for a cradle when he had children of his own.　　…報告者に当事者〔少女〕が憑依しはじめる！

暗

So the poor little girl had to walk on with her little bare feet, which were red and blue with the cold. She carried a quantity of **matches** in her old apron, and held a packet of them in her hand. Nobody had bought any off her during all the long day. Nobody had even given her a copper. The poor little creature was **hungry and perishing with cold,** and she looked the **picture** of misery.

明

The snowflakes fell on her long yellow hair, which curled so prettily round her face,…

暗

but she paid no attention to that.

明

Lights were shining from every window, and there was a most delicious odor of roast goose in the streets, for it was New year's Eve. She could not forget that! She found a corner where one house projected a little beyond the next one…,

暗

…and here she crouched, drawing up her feet under her, but she was colder than ever. She did not dare go home, for she had not sold any matches and had not earned a single penny. Her father would beat her, and besides, it was almost as cold at home as it was here. They only had the roof over them, and the wind whistled through it although they stuffed up the biggest cracks with rags and straw.

Her little hands were almost **dead** with cold. Oh, one little match would do some good! Dared she pull one out of the bundle, strike it on the wall to warm her fingers. She pulled one out of the bundle, strike it on the wall to warm her fingers…

描出話法的…少女の気持ち

明

Hoosh! How it **sputtered' How** it **blazed！** It **burnt** with a **bright clear flame,** just like a little candle, when she held her hands around it. It was a very curious candle, too! The little girl fancied that she was sitting in front of a big stove with polished brass feet and handles. There was a splendid **fire** blazing in it and warming her so beautifully, but　what happened? Just as she was stretching out her feet to warm them…

暗

the blaze went out, the stove vanished-and she was left sitting with the ends of the burnt-out matches in her hand.

明

She struck a new one. It burnt, it blazed up, and where the light fell upon the wall, it became **transparent** like **gauze,** and she could see **right** through it into the room. The table was spread with a snowy cloth and pretty china. A roast goose stuffed with apples and prunes was steaming on it. And what was even better, the goose hopped from the dish with the carving knife sticking in his back and wobbled across the floor. It came right up to the poor child…,

暗

…and then　the match went out and there was nothing to be seen but the thick black wall.

明

She struck another match. This time she was sitting under a lovely　Christmas tree. It was much bigger and more beautifully decorated than the one she had seen when she peeped through the glass doors at the rich merchant's house this very last Christmas.

Thousands of lighted candles **gleamed** under its branches, and many　colored pictures, such as she had seen in the shop windows, looked down at her. The little girl stretched out both her hands toward them

暗

then out went the match. All the Christmas candles rose higher and higher. till she saw that they were the twinkling stars. One of them fell and made a bright streak of light across the sky. "Someone is **dying,** " thought　the little girl, for her old grandmother, the only person who　had ever been kind to her,　used to say,　"When a star falls, a soul is going up to God. "

明

Now she struck another match against the wall, and this time it **was** her grandmother who appeared in the circle of flame. She saw her quite clearly and distinctly, looking so gentle and happy. "Grandmother" cried the little creature. "Oh, do take me with you. I know you will vanish when the match goes out. You will vanish like the warm stove, the delicious goose, and the beautiful Christmas tree!" She hastily struck a whole **bundle** of matches, because she did **so long** to keep her　grandmother with　her. The light of the matches made it as **bright as day.** Grandmother had never before looked so big or so beautiful. She lifted the little girl up in her arms, and they soared in a halo of light and joy, far, far above the earth, where there was no more cold, no hunger, and no pain　―for they were with God.

少女から抜け出る…

In the cold morning light the poor little girl sat there in a corridor between the house with rosy cheeks and a smile on her face, **dead, frozen**
to death, on the last night of the old year. New Year's day broke on the little body still sitting with the ends of burnt-out matches in her hands.

"She must've tried to warm herself, "they said.; Nobody knew　what beautiful visions she had seen, nor in what a halo she had entered with her grandmother upon the glories of the New Year.,

＊テキストには各自の方法で解釈の深まりをそのつど記号づけしていく

ストーリーテリングの王
Boris Karlof (1887—1969)

THE LITTLE MATCH GIRL

It was late on a bitterly cold snowy New Year's Eve. A poor little girl was wandering in the dark cold streets, and she was bearheaded and barefooted. She certainly had had slippers on when she left home, but they were not much good, for they were so huge. They had lastly been worn by her mother, and they fell off the poor little girl's feet when she was running across the street to avoid two carriages that were rolling rapidly by.

One of the shoes could not be found at all, and the other was picked up by a boy who ran off with it, saying that it would do for a cradle when he had children of his own.

So the poor little girl had to walk on with her little bare feet, which were red and blue with the cold. She carried a quantity of matches in her old apron, and held a packet of them in her hand. Nobody had bought any off her during all the long day. Nobody had even given her a copper. The poor little creature was hungry and perishing with cold, and she looked the picture of misery.

The snowflakes fell on her long yellow hair, which curled so prettily around her face, but she paid no attention to that. Lights were shining from every window, and there was a most delicious odor of roast goose in the streets, for it was New Year's Eve. She could not forget that! She found a corner where one house projected a little beyond the next one, and here she crouched, drawing up her feet under her, but she was colder than ever. She did not dare go home, for she had not sold any matches and had not earned a single penny. Her father would beat her, and besides, it was almost as cold at home as it was here. They only had the roof over them, and the wind whistled through it although they stuffed up the biggest cracks with rags and straw.

Her little hands were almost dead with cold. Oh, one little match would do some good! Dared she pull one out of the bundle, strike it on the wall to warm her fingers. She pulled one out of the bundle, strike it on the wall to warm her fingers. Hoosh! How it sputtered! How it blazed! It burnt with a bright clear flame, just like a little candle when she held her hands around it. It was a very curious candle, too! The little girl fancied that she was sitting in front of a big stove with polished brass feet and handles. There was a splendid fire blazing in it and warming her so beautifully, but what happened? Just as she was stretching out her feet to warm them, the blaze went out, the stove vanished — and she was left sitting with the ends of the burnt-out matches in her hand.

She struck a new one. It burnt, it blazed up, and where the light fell upon the wall, it became transparent like gauze, and she could see right through it into the room.

The table was spread with a snowy cloth and pretty china. A roast goose stuffed with apples and prunes was steaming on it. And what was even better, the goose hopped from the dish with the carving knife sticking in his back and wabbled across the floor. It came right up to the poor child, and then — the match went out and there was nothing to be seen but the thick black wall.

She struck another match. This time she was sitting under a lovely Christmas tree. It was much bigger and more beautifully decorated than the one she had seen when she peeped through the glass doors at the rich merchant's house this very last Christmas.

Thousands of lighted candles gleamed under its branches, and many colored pictures, such as she had seen in the shop windows, looked down at her. The little girl stretched out both her hands toward them — then out went the match. All the Christmas candles rose higher and higher. till she saw that they were the twinkling stars. One of them fell and made a bright streak of light across the sky.

"Someone is dying," thought the little girl, for her old grandmother, the only person who had ever been kind to her used to say "When a star falls, a soul is going up to God."

Now she struck another match against the wall, and this time it was her grandmother who appeared in the circle of flame. She saw her quite clearly and distinctly, looking so gentle and happy.

"Grandmother" cried the little creature. "Oh, do take me with you. I know you will vanish when the match goes out. You will vanish like the warm stove, the delicious goose, and the beautiful Christmas tree!"

She hastily struck a whole bundle of matches, because she did so long to keep her grandmother with her. The light of the matches made it as bright as day. Grandmother had never before looked so big or so beautiful. She lifted the little girl up in her arms, and they soared in a halo of light and joy, far, far above the earth, where there was no more cold, no hunger, and no pain — for they were with God.

In the cold morning light the poor little girl sat there in a corridor between the house with rosy cheeks and a smile on her face, dead, frozen to death, on the last night of the old year. New Year's day broke on the little body still sitting with the ends of burnt-out matches in her hands.

"She must've tried to warm herself,"they said.; Nobody knew what beautiful visions she had seen, nor in what a halo she had entered with her grandmother upon the glories of the New Year.,

—— originally written by Hans Christian Andersen, *The Little Match Girl*

「鶴の恩返し」（"The Grateful Crane"）

――登場人物を一人歩きさせるな！物語全体が語り手の聞き手に対する"せりふ"である！君はよひょうでもない、つうでもない、話を伝える劇作家なのだ／両視点の同居――／語り全体の佇まい

物語だけが唯一の素材ではないが、もちろんよく使った。最も一般的な形式が、いわゆる登場人物のセリフが含まれている種類である。

「鶴の恩返し」の抜粋を例にとる。

真理子は、かなり入っていた。ジェスチャーたっぷり、感情豊かにやる。しかしこういう場合、十中八、九、自己満足である。もちろん日本にはスピーチや演劇が学校教育の中にないから学生のせいではまったくないのはあたりまえであるのだが――。

「ダメ！どこがいけないかわかるか」

「…わかりません」

「登場人物を踊りださせてはだめだ。君はよひょうではないだろう。つうでもないだろう。誰が、何の目的のためにしゃべる『鶴の恩返し』かな？」

「う〜ん…ああ、先生がよくいわれる「作家」ですね。私は作家目線に立っていないということですね…」

「そう。①誰が②誰に向って、③いつ、④どこから（どういう視点からからなど）、⑤何の目的で、⑥鶴の恩返しという内容の話を、⑦どういう用語を使い、どういう展開を選んで持っていっているか、ということだ」

「そういった観点で見ていくと、最後の別れの悲しみの極にいくための準備の部分であることがわかる。そういう風に解釈した場合、君のような派手な立ち回りを演じてしまったら、肝心なクライマックスが死んでしまうだろう」（笑）。

「わかってきた気がします…」

真理子は再度トライする。

「抑えて、抑えて、抑えて！モット抑えて」と私。

ただしである。「つう！」と夕空に向って叫ぶところだけは語り手を乗り超えたい。学生は再度こころみる。

「だめだめ、まだ遠慮している。それでは自分中心にした半径5メートルほどにしかすぎない」

そういいながら観客の頭を飛び越えて、「ほらあそこの」、と照明穴のところをいう。「あのあたりにつうがいるのだと思ってやれ」

よひょうの動きとか、つうや人物の動きより、はるかに大切なのは、**話者の動き、話全体の佇まい**をどう捉えるかということだ。

私は続けて言った。

「中に登場する人物はよひょうであろうと、つうであろうと、あくまでも君のトークの中に出て来る登場人物の声であって主役は君だ。君が聴衆に向かって話しているコミュニケーションだという意識を忘れてはいけない。つまり君と聴衆とのコミュニケーションであるという軸をぶれさせないことだ。しかし登場人物のせりふでない部分だからといって気のないようにいってはいけない」。

ともかくも右の前提に立って、大人が子供に物語を語り聞かせる、ということに設定されたとする。そして話にまつわる種々の情感に重きをおく。

①感謝の気持ちをあらわすために人間の姿になって表れたつうの奥ゆかしさ、

②見ないという約束が破られて、怒るというより悲しさ、別れていかなければならないせつなさ、

③好奇心に負けて、つい覗いて見てしまった自分の弱さ、

④それを深く後悔するというより、まさかという思いで事情を把握できかねておろおろしているよひょうの弱々しい弁明、そして、誰が誰を憎むということでなく別れていかなければならない、しかも夕暮れ時、通常だったら夕げの楽しかるべき時間帯に、どこに旅立っていくのか…。このやりきれなさ、悲しさの極とか、等々。

ところが、私はそういうことを一気に見極めさせようとはしない。すぐにはわからないからである。大切なことは、語りの総元締めである語り手が、登場人物とそのセリフにどういう機能を与えているのか、どうコントロールしているかを、見極めていこうとする旅に誘い込ませることである。

―オフフォーカスとオンフォーカス。語り手の立ち位置をどう捉えるかの大問題

登場人物はあくまでも登場人物、**話全体が、語り手の聞き手への語り、セリフである**ということが形の上ではっきりと現れるのは**オフフォーカス、あるいはオフステージフォーカスという目線**である。そしてこれがオーラルインタプリテーション・リーダーズシアターの一大特徴となっている。

演劇ではよひょう役はあくまでもよひょうであり、舞台上でつうとコミュニケーションをする。時々、話全体の流れをナレーターのおぼしき人が出てきて聴衆に直接語りかけるような芝居はあるが、基本的には人物同士が話しているのを、観客は外から覗き見るという形をとる。ところがオ**フォーフォーカスとは、よひょうのセリフを語る読み手も、それぞれこういうことをいっていたということを観客の方に投げかける**。そして、しかもよひょうのセリフは、実際には舞台上に居るつうに向けてではなく、観客空間の一点に居ると想定してそこに向けて語る。つうも同様、観客空間に投げかける。そして両者の目線は観客の頭の上で交差する。これにより観客は自分が話の空間の中に身を置いているような錯覚を覚える。

だから、演劇のように人物のセリフがあるからといって後ろ向いたり、ひっくり返ったりの大立ち回りを演ずるという発想自体がおかしいので、登場人物の語りまで含めて、聞き手に語りかけているというスタンスを崩さないことである。

「よひょうが、夕空に去って行く鶴をみて、「つう!」と叫ぶとき、君は、背景の夕空に向かっていっているつもりなのだろうが、結局、聴衆に尻を向けてしまっている。君はよひょうではない、つうでもない。あくまでも語り手だから、相手である聴衆にお尻を向けてしまってはいけない。それは何ツウか…おかしいのぅ」

親父ギャクで、厳しいコメントを無意識でやわらげようとしたり、時には役の人物の語り口でコメントするなどもしたものである。

「わからなくなってしまいました。夕空を見ていることをわかってもらうために観客に尻をむけてはおかしいというわけですか」

「観客の頭の中に夕空を作り上げればいいのだよ。そのためにはむしろ君は観客の後方に夕空を想定し、それを見ている顔が大切だ。もっともあまりリアルにやると、観客の中には夕空や、つうがいるのではないかと思わず後ろを振り返って思わず確認しようとしたりする（笑）君の声と顔つきで遠ざかっていく空を想像する。各人各様の大事な日地を想像し、その人が鶴になって、各人の空に消えて行くことなどを瞼に思い浮かべて涙するのだよ。**演技は「示す」（show）のに対してオーラルインタープリテーションは「暗示する」（suggest）するのだ。聞いている人が頭の中でその場面をつくりあげるのを助けるのだ。**

レシテーションの指導などにおいてよく目撃するのは、登場人物の会話ばかり生き生きと語らせ、そうでない部分つまり、ナレーションやト書きの部分を単調に読んでしまうことである。それどころか、複数で分担読みする時などは、なんと上手な人に登場人物を読ませ、弱い人がナレーションを担当させたりする。

どこが間違っているかといえば、それは生きているのは登場人物だけであると勘違いしていることである。

しかし、考えてもみよう。たとえば、一日の努めを終えて帰宅し、家人に、その日にあったことを興奮して話すのも物語りである。先生がこういった、上司にこう叱られたとか、いわば登場人物の口調も含めてできるだけ忠実に再現しようとして、ナレーションの部分にきて急にぼそぼそと話すようなことはしない。むしろ話し全体に仕草を交えたり、時には急いたように、ときには憤慨したように話すだろう。なぜならば、このときの語り手はあなたであり、聞き手は家人であり、二人の間の熱いコミュニケーション以外のなにものでもないからである。セリフというのなら、登場人物のせりふまでふくめてナレーション全体、物語全体があなたのせりふである。

以前、ラジオで近藤正臣氏の、佐野藤右衛門著の『櫻よ』の朗読を聞いた。ナレーションなどという冷めたものではない。全体のトークが佐野氏自身の京都弁によるセリフであるように近藤氏は読んでいた。これは佐野氏自身の実際のトークから起こされた作品だったそうだが、仮にそうでなく直接書かれた文章であっても背後に語り手いるので、その背後に語り手がいるので口調をどう理解するか、それが調子に出てきて当然である。

話し言葉と書き言葉は違うという声も聞こえそうだが、両者の違いはないと思ったほうがいい。日本語の場合には強い。英語の場合はあまり神経質にならないのが豊かな言語表現を獲得しようとする場合には大切である。

森繁久弥がセリフは歌うように語れ、歌は語るように歌えといったが、文章はしゃべるように書くこともあれば、書くようにしゃべることもある。やわらかく書くこともあれば、フォーマルにしゃべることもある。すべては「スピーチレベルの問題」である。話すための特別な表現があるかのように思わせ、それだけを学習すれば話せるようになれると思い込んだり、思い込まされたりしているあたりに、実はいつまでたっても、日本人の英語がポツポツ英会話以上の英語に育っていかない遠因がある。

だいたい取り込み時に、素材の時と場合と目的を考える精読段階を通して状況をわきまえているはずであるから、取り込んでしまってから場違いなレベルの表現を使ってしまうということも少ないはずである。

ともかくも文章には色々なものがある。高い表現力を目指そうとする者は役所の窓口のような区別を取っ払ってしまうことである。そして様々な表現、話の運び、雄弁のレトリックを伸びやかに味わい吸収していくことの大切さを説き続たりしてきた。

我々は日常のコミュニケーションにおいて、実にしばしば物語っている。別に話を話としてきかせて楽しませるというばかりではない。「鶴の恩返し」風に上司が、若い社員に向って、好奇心に負けて会社の機密書類などを見たりしてはいけないということを諭す補強材料として使っているのか、見るつもりではないもの見て、失敗談、懺悔録として誰かに語っている場合も多々あるだろう——。

発表当日の真理子は、感情過多になるのでもない抑制が効いた仕上がりになっていた。

テキストを見る

聴衆を見る

心象を思い浮かべる

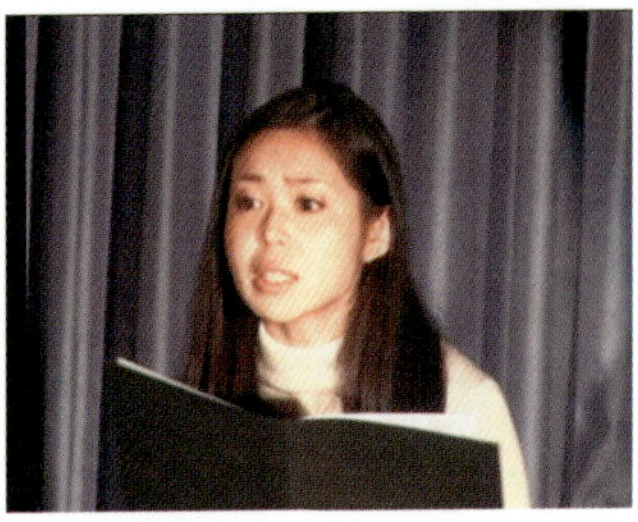

作中人物 A が B を見る

作中人物 B が A を見る

オフォフォーカス（ソロ）

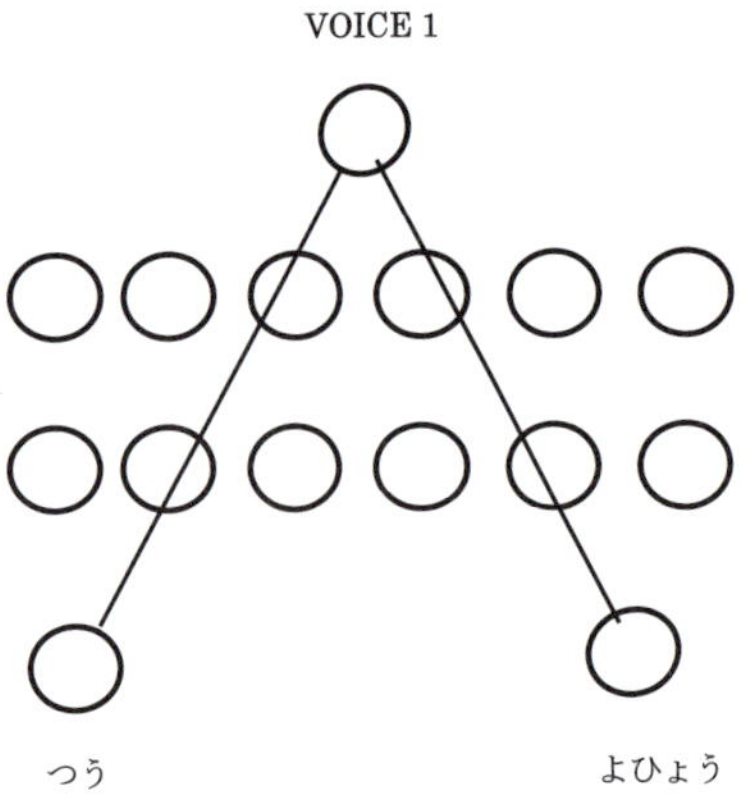

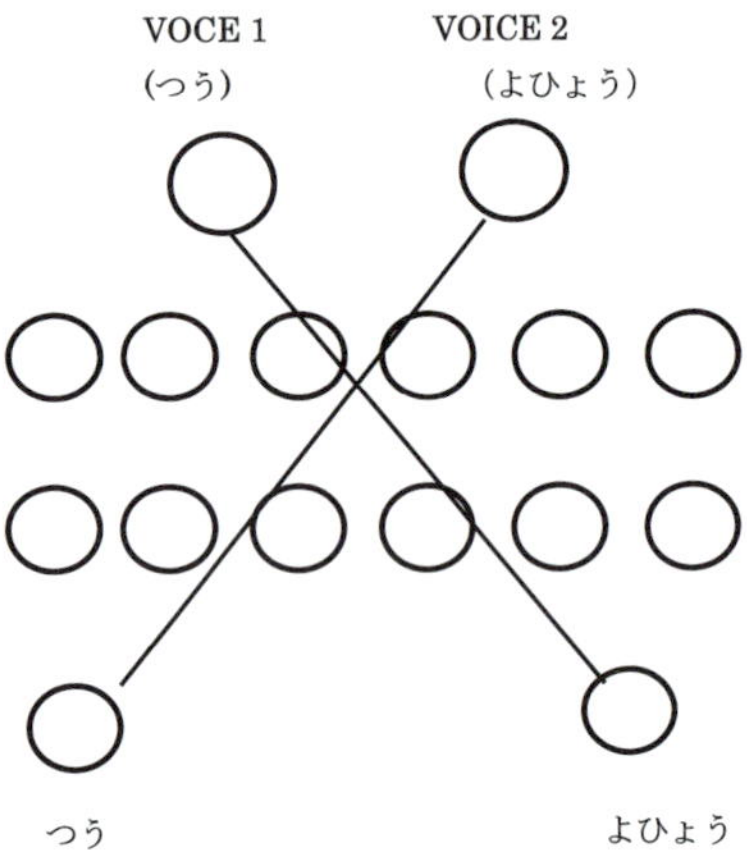

作中の人物 AB を二人で分担
オフォフォーカス
（グループ）

図：オフォフォーカスの目線

こぼれ話②

田中先生と私の作品を巡る英語の口論に泣きだしてしまった学生

作品か解釈を巡ってかプログラム構成か記憶がない。ゲーテの『魔王』（The Erl King）だったような気がする。同僚の田中良子氏と私が議論していた時のことは忘れられない。ちなみにこの先生とは議論は英語である。

互いに日本人だから私より年配の先生に対しては日本語で激しくいうのはためらわれるが、加減しないで英語をぶっつけることが出来る英語力の人であるということ、しかも共にドラマの専攻であるので、日本人の英語の感覚とは違う。そばにいた学生の「節チャン」が泣き出してしまった。

我々は、「口論」をやめてどうしたのときいたら、泣きじゃくりながら、先生方がわたしたちのために喧嘩までしてくれて、すまなくって、というではないか。

我々はあわてた。田中先生はやさしく、「あのねこんなことは私たちはあたりまえのことなのよ。喧嘩じゃあないの」

大笑いであった。

しかし、私は思い出の一コマなどという個人的なことで読者の時間をとる気はない。要は、田中先生も私も中途半端な気持ちではなかったということである。日本の英語教育においてスピーチ・ドラマ系の考え方とノウハウを伝えていきたい。そういう気持ちが原点にあったればこそである。

朗読の為の朗読ではない。頭と心と体を一体化した訓練がキチンと行われないと、トウシューズも履くことができない「白鳥の湖」になる。何をやってもある程度しかいかない。日本の英語教育は素人が考えるような旧派対新派ではない。今、改革論自体がおかしい。それはひとことでいえば、その中心となっている面々の言語ラング観なのであるが今は触れない。ともかくも我々は、学生達が化粧のノリが悪くなった肌にも似て、何をしても身につかない体質にならないようにと必死だったのである。

時は流れていき、数十年して田中先生は定年退職され、私も八年後去った。田中先生には南山大学内に、私は外に自分のアカデミーを立ち上げた。そして私は日頃の訓練の一端をアカデミーの朗読会という形で続け、田中グループにも発表の機会を提供することにした。

ところが先日田中先生から受講生のある高校の先生が、出演順について希望を出してきたときいた。プログラムの構成自体がひとつの明暗、軽重、テーマを考えた作品になってからそれは出来ない。これは学芸会ではない。でもこの人が遅れて出てくるということは田中側のグループ発表はすべてその先生が噛んでいるから全員出来ないことになってしまう。だいたいそういうことはその先生も教育者だったならわからなくてはならない。田中先生もつらいところであることはわかる。出場者の中にはNHKの通訳者でありラジオ講座の講師でもあるS氏なども原点に立ち返って練習され、学生と共に読み手として参加されているくらいだ。わかってくれなければ困る。

まあ、そういったわけで、前期高齢者近江と後期高齢者田中はスケールは小さくなってしまった近江アカデミーでの朗読会での指導をめぐって今も熱いバトルは続けている。片方が倒れるまで続けることになるであろう。

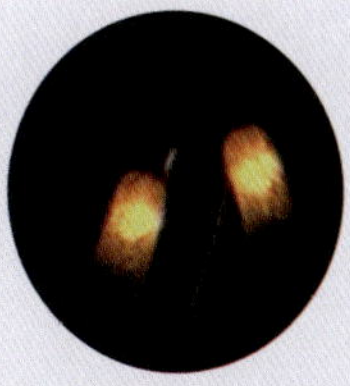

泣くところではない…
――交通事故死した女の子の語り

今度は学生ではなく、先生が泣き出してしまった話である。

英語科が主催している高校生の為のオーラルインタープリテーション・コンテストで、ある審査員がびっくりするような反応を示した。

交通事故の危険性を訴えるウエブページからの「記事」だった。若いドライバーたちに対して、交通事故の悲惨さを、単に伝達するのでなく、心底から理解させるという説得目的を達成させるために、亡くなった少女を直接の語り手に立てている。少女は天国から話しているという設定であった。

登場人物のせりふはない。強いていえば、少女自分が登場人物であり、語り手である。事故にあった当日の朝を回想する。直接的な肉体的な痛みもないし、気持ちの上でも落ち着いていている。ただひとつだけ、最後のところで自分の死を悲しむ親や兄弟を思い、その瞬間、乱れるが、そこに至るまではある冷静さも保ち回顧している風情である。つまり少女は天国に召されてから時間が経っている。少女と少女が語る内容との間にも若干の「距離」がある。involvement の度合が違う。リアルタイムでことが繰り広げられているように語ってはおかしい。

ところが出場者の高校生は、冒頭の“Agony sseized my…”というところからリアルタイムで拷問にあっているように読んでしまった。語り手と内容との距離感覚がごちゃごちゃになっていた。

――5W1Hですね？ 違う、混同するな！その外側の分類だ！

好きなように書きなさい式の作文教育の中に、システィマテックな訓練が入り込んできたのも束の間、もっぱらニュース記事の書き方というものだけという事が多い。

日本でコミュニケーションといえば、マスコミュニケーションとしか捉えられていないことの影響である。

「渋谷の街角で、どこのだれそれが、彼女に薬を渡した云々というのが、5W1H…」

「そう。七つのポイントとは、その話を、芸能新聞が、読者に向かって、惟情報を伝えるためだけなのか、それとも他にあるのかということだ」

「だから5W1Hは、七つのポイントこの中の6番目にあたるWHATが物語とか事件記事の場合の構成要素、あるいは配列にしかすぎない。」

「なぜみな大騒ぎするのでしょうね」

「まったく。このレベルでの配列といったら、5W1H以外にも、時系列配列、空間配列、原因結果、比較対照、その他沢山ある…」

「七つのポイントとはそれらすべてを統括するコミュニケーションの要諦なのですよね」

「そう、課題文の場合は、〈ある朝〉〈自転車通学の途中で〉、〈高校の女子生徒〉が、〈車に跳ねられ〉、〈意識不明のまま亡くなった〉ということになるわけだが、七つのポイントとは、その少女の話を、誰が、誰を想定してどういう目的で語っているかを捕らえることだ」

「すると先に述べたように、安全運転の警告のトークであるらしい、ということが浮かび上がってくるわけですね」

「そう。そして語り手である天国の少女にとっても残された人たちを思って涙することはあっても、基本的には回想者としての静かな語り口調を読み取るのが妥当な解釈だろうね」
いずれにせよ大泣きするところではない。

——なぜ審査員は泣いたか
リスニング教育の無法地帯、日本に生まれ育ったから

問題はくだんの審査員である。感涙にむせび最高点を与えてしまった。態に追われて逃げた話をさも、今追われているように読む指導をしている教師がいたが同じである。情緒的な日本人の情緒が彼の全身を覆ってしまっていた。

コミュニケーションはリーディング、スピーキングばかりではない。コミュニケーションとしてのリスニングというものもある。**批判的鑑賞法的リスニング（Critical and Appreciative Listening）**という批評のジャンルにも属するリスニングはこの、コミュニケーションの七つの要諦（p.008参照）に従ったリスニングである。

英語の場合は、大半の学習者は最低限の情報を聞き取ることにも難儀をしている状態なので、それが大きな影響を与えるコンテストの様なところで出てきてしまったということである。

雪が見えてこない！ それを言っている時に君は心で何を思っているのか！
「姥捨て山」（"The Old Folks Mountain"）のこと

「カット！雪が見えてこない！雪が…」

学生が読み始めてしばらくして私はさえぎっていった。

老母を背負って山を登り、泣く泣く置いて帰る道すがら雪が落ちてきた。だが、まったく雪が見えてこなかった。ここでの"snow"は、雪の白さと、寒さと、今置いてきたお袋はどうしているだろう。寒いだろうなあ…。そういう情感が渾然一体となった瞬間の真実である。

「君の雪は、せいぜい雪だるまの雪にしか聞こえないよ！」

日本語訳がどうのというが、訳させなくともこの一行の言い方で、知性、情緒的レベルの理解程度がかなりわかってしまう。

ではなぜ、「雪が見え」るように読めなかったのだろうか。どうすればいいのか。

私はこういった。


――君はただ文字を読んでいる。意味を読むのだ!!

裏にいる語り手の心を読むのだ!!

語り手がコミュニケーション目的を達成するために、ことばに与えているホンネにたどり着きその心の状態でハ・ナ・ス…のだ！


「文字を読んでいるだけ」とは、字面を読む以上のことをあまりされてこなかったということである。

私が「意味を読むのだ」「語り手の心を読め」と号令をかけるときは、「…雪が降ってきた」といっているときに、この文章の語り手は何を思っているのか、もっと厳密にいうのならば、朗読者であるあなたが、語り手がどう思っていると思うかということである。つまり「せりふした」を推しはかれということである。「心の状態でハナス」も同じことで、単に物語の情景に溶け込むとか、登場人物に自分を重ね合わせよということではない。語り手の心の方に重ね合わせよということである。

それともう一つ大切なのは、これとは真逆のことで、その語り手からも少し離れて彼の大きなコミュニケーション目的を意識して窓の外から追いながら運転していくことである。同化と異化である。

しかし、実はこれでも指導としては不十分である。というのは、果たして〈雪は見えてくるように言わなくてはならないものか〉という点に触れられていないからである。答えは〈そうとは限らない〉。テレビの天気予報官が、〈明日は新潟地方は雪が降るでしょう〉と言ったときに、聴取者にまざまざと雪が降る様子を想像させるようにいったら変であろう。やりすぎだよね、この予報官はということになってしまう。なぜか。それは天気予報の目的は情報を伝達することだからである。

どういう語り手が、姥捨て山の話をどういう目的で話しているか。

昔、そういう風習があったという事実を伝えるだけなのか？だったらことさらに雪を見させるようにいわなくてもいいかもしれない。

昔話をして情感を呼び起こさせたいとまで思っているのか？

あれこれ考え、物語りという形式が選ばれているということから、情緒をゆり動かすことは目的の中に入っているとみてよさそうだということになるとする。

しかし、七つのポイントに従って眼光紙背に徹する勢いで読んでいっても、時代感覚と学生の生活体験が障害になって理解できない部分が出てきてしまう。

「雪が見えてこない」をさらに解説する。

――…snow had begun to fall… の中に閉じ込められた語り手の悲しみ解凍していく。同時に矛盾しているように聞こえるだろうが、snowということばだけ、どんな工夫してもそれだけではダメなのだよ！ 特定の単語の問題ではない…おふくろとの別れ雪は、実は全篇を通奏低音のように君の声の中に、いや君の心の中に鳴り響いていなければならない…

「雪が降ってきた。急に寒気がおそってきた。山は寒い。母はどうしているだろうかと強く思え！」。

雪という自然現象と、それを言っていたときの語り手の心とを別物としてではなく、ひとつのものとして捉えさせるための根気のいる試みが始まる。

秘密兵器――心の立ち位置移動

ただし私はアメリカで演劇を勉強していた時からの秘密兵器を持っていた。それは類似体験や仮想の場面を想像させることである。

「これが自分の母親だと思え！ つよ～く思って…」というものである。

コミュニケーション的解説をするとこんなところか。

実際の母親は平成の世にいる元気な母親である。それを時と場所とか得たところに配置してみる。自分も中に絡む人物として登場する。それも語り手としての自分か、同時代の人物、上の場合でいえば「母を背負う青年」とかして意識の上で配置転換をしてみることもできる。立ち位置を変化させるとは、私が良く使うところのモード転換である。目を閉じてしばらく思いを巡らす。そのうちにその場面が求めている情感が静かに立ち昇ってくる。

これでだいたい決まってしまう。

私などはオセロがデズネモーナの亡きがらにすがりながら、Cold, cold, my girl, even like they chastity… あたりにくると涙が止まらなくなりそうになる。悲しい別ればかり演じてきた業か――。講習会などで例文としてあげるだけでも、込上げてきてしまう。ともかくも涙を出すのはむつかしいことではない。むしろ、いかに感情を抑えるかで私の場合は苦労してきた。でもこれは劇薬である。あまり多用しない方がいい。

でもくだんの学生に限らず情感も内面深く凍りついているのではと思われることが多い。背に腹はかえられぬ。今回も半錠ほど投与させてもらった。

ぴたっと決まった瞬間が訪れる。読み手の目にもうっすらと涙が、こちらの目にも涙がじんわりの浮かんでくるその瞬間が――。作品を通して強い共感が生まれる瞬間がである。今は殆ど枯渇している井戸の、地下にわずかばかりでも水が残っていればそれを引き上げること、それが私の仕事である。

しかし、ここで喜んでしまってはいけない。自分の中でかろうじて雪が降ったとしても、今度はそれを伝えたいという心が残っているかの問題があるからである。これは技術レベルの問題ではない。

別の年の"The Old Folks Moutain"で考えてしまったこと

──悲しい話にも明暗はある。いや、明があるから暗も引き立つのだ。しかし君のはとってつけた「明」だったね。全体は「暗」だ、その中に、ふと漂うさみしい笑顔程度の「明」という意味だったのだよ。もう一度!

この作品は、その後もう一度DUOで読まれた。この年は学生が自主的にやりたいといってきていたので彼女たちに任せてあった。しかし、この私側の「手抜き」が、結果としてどんな決定的な事態を生むことになったであろうということは全く想定外であった。

主人公が母を背負って思い出す昔の話の箇所である、…times his mother soothed and comforted him…などを学生は何と、相好を崩してニカッと笑っているではないか。ちょっと意地悪ない方をすれば、化粧品会社のポスターみたいに私のチャームポイントはこれであるということを意識している決め顔を入れてきた。悔しがったが後の祭り。

それにしてもなぜ?

その時思い出した。私は自分があることをクラスで言っていたことを──。

「どんな悲しい話にも、それなりに、そうでないところはあるものだ。なかったら、作るくらいのことをするのだよ。そのことによって、全体の悲しさを逆に引き立てることになるのだから」

この学生たちは私の忠告をよく聞く学生だったので、真に受けすぎていたようだった。

結果、しるこの甘さを引き立てる隠し味としてひとつまみの塩のつもりが、岩塩をぶち込んだようになってしまった。つまり、「明」がただ明るいだけになっていた。明暗の「明」は、所詮は**全体の「暗」の中に、ふと漂うさみしい笑顔程度の「明」にしかすぎない**という点は押さえられていなかった。

まだね…。若いからね、人生経験の問題じゃあないですか…

そんな外野の声がきこえる。

おそらくそうであろうが、そういってしまっては訓練は成立しない。

朗読会後、現在に結び付けて考えさせた。以前この学生が、「先生彼と別れちゃった」などといってきたことがあるので、それを思い出して私はいった。

「あのね…君、男友達が出来たといっていたね…。でも、前の人との別れを思い出すことはない?」

「あります…」

「それと同じ感覚だ!」ともっていく。

こんなときに、もし「…エッ? あまりないです」ときたら、どうするか。影を引きずることを潔しとしない時代だから大いにありうる。

そしたら、こういっただろう。

「ああ、そうかい、リセットしちゃうのか…三十年後もう一度やろう」。

THE OLD FOLKS MOUNTAIN

まんが日本昔ばなし—Once Upon a Time Japan（3）（講談社英語文庫）

By early afternoon, they were half way up the mountain. The young man picked his way over a series of narrow, treacherous ledges, across a rickety bridge, and up a steep, winding trail overgrown with weeds. Crows were cawing in the treetops overhead. "Ma-a-a!" they seemed to cry.

"Ma! Ma!"

Images from the past ran through the young man's mind. Times his mother had soothed and comforted him, time she'd scolded him. Happy times, hard times, times of worry and times of ease. All the troubles he'd caused her as a mischievous child.

The young man was wiping the tears from his eyes when he suddenly became aware that with every few steps he took he could hear a small snapping sound behind him; he turned his head to look and saw that his mother was breaking the twigs of trees and buses they passed.

"Why are you doing that, Ma?" he asked.

"So you won't get lost on the way back home, son. See? All you have to do is follow the broken-off twigs."

Even at a time like this, his mother was thinking only of him! So moved was he by this realization that he broke down sobbing, unable to walk another step.

This is as good a spot as any, son," said the gentle old woman, spreading her straw mat on the ground. "I'll be fine here. Now you'd better hurry on home before it gets dark."

"Ma...Ma...!" cried the man, clasping her hands in his. He couldn't bring himself to say good-by. At last he tore himself away, turned, and began to stagger weakly down the mountain path. He couldn't even bear to look back.

The young man was following the trail of broken twigs when, blinded by his tears, he stumbled on a rock and fell to the ground. Why bother to get up? he asked himself wearily as he lay there. What good will going home do me? It won't even be home any more, without Ma there...

When at last he sat up and opened his eyes, he saw that snow had begun to fall.

"Poor Ma!" he moaned. "How cold you must be!" It was then that he made up his mind. Law or no law, he couldn't leave his mother to die on that lonely mountain. He ran back up the path as fast as he could.

When he reached the spot where his mother sat, she looked up at him, "What happened, son?" she asked.

"Let's go, ma. Let's go home."

"But, son, we can't. You'll be punished!"

"I don't care! I don't care what they do to me. I can't leave you here, Ma!" So saying, he picked her up and carried her down the path toward home.

しかし、何でも感情を入れればいいのではない！
――〝太宰治事件〟――「走れメロス」（〝Run, Melos, Run〟）

――語り手が登場人物に限りなく入り込んでいる場合書き手の立位置・内容の距離などからくる〝冷め〟をどう考えるか――

約束を守らないのではない。約束を守ることが死を意味する。にもかかわらずそれを守るために川の氾濫、橋の決壊、山賊の襲来などの不運を乗り越えてひた走りにメロスは走って行く――。

ドタキャンなど朝飯前の時勢では想像もつかない話である。先にも出てきた高校生コンテストに二人の女子高生がこの作品を選んだ。まず作品選択に対して讃えたい。彼女たちは本来一人の語りを二人で分かち読みをしたのである。

さて、作品はこのメロスを第三者として外から描写しているかのように見える。ところが、語り手は、登場人物に限りなく同化している描出話法（あるいは抽出話法）という文体をとっている。「メロスは激怒した」が「私は激怒した」に聞こえる。しかし単なる描出話法を越えてくる。というのは途中から、なんとMelos has done... とでもいいそうなところが、I've done my best... になってしまっている。そのうちに、過去が現在にずれ込み、ほとんど同時中継的な切迫感が漂いはじめる。もちろん、ほとんど自分のことであるから心の中の描写も入ってくる。

Run, Melos, Run

二人で本来ひとりの語り手を表現するが役割分担をするのではなく、語り手の人物〔メロス〕への関与 (involvement) の深さと変化に応じて位置が工夫されている！意味はテクストレベルとサブ・テクスト（自分の心の線を演じる相手と）重なる時もずれるときもある

RUN, MELOS, RUN!

太宰治（作）マイケル・フレーズ（訳）ラダーシリーズ Level 1

... Ah, Melos, you've made it this far. You've swum the raging river, laid three bandits low, run like Hermes himself, brave and true Melos, how shameful to lie here now, too exhausted to move. Soon your beloved friend will pay with his life for his trust in you. O unfaithful one, are you not just the sking suspended?

Thus Melos ranted himself, but all his strength was gone. He lay sprawled out in a green field beside the road, and could make no more progress that a worm that crawls. When the body is fatigued, the sprit, too, grows weak. Nothing matters now, he told himself, as a sulky petulance, so unbecoming a hero, found its way into the heart.

I've done my best. I had not the slightest intention of breaking my promises. As the gods are my witness, I taxed my powers to the utmost. I am not an unfaithful man. Ah, could I but cut open this breast that you might see the crimson of my heart whose very lifeblood is love and truth. But my strength has left me, my spirit is exhausted. Cursed be my fate! My name will be an object of ridicule. If I am to collapse here now, it will be as though I'd done nothing in the first place. I deceived my friend. Was this to be my destiny, then? Forgive me, Selinuntius. You were constant in your trust in me. Nor have I deceived you. You and I were good, true friends.. Never did either of us harbor in his breast the dark clouds of doubt. Even now, you patiently await my return...

「語り手が登場人物の心情に同化している抽出話法による太宰のモノローグを、敢えて二人語り（ＤＵＯ）として捉え、かなりの程度にその心の表出に成功していた。よってその努力と技術に対して審査委員長特別賞という形で顕彰する」ことにした。

追認という形をとったことで、まさにその点だけで半狂乱になった審査員がいた。さきの涙、涙の審査員である。

追認理由を、じっくりと時間をかけて発表した。

…この朗読が憲章されることは、英語教育という観点からみた場合、意義もあるという大局的な見地からの判断である。また、この涙、涙氏にも勉強してもらいたいということもあったが、そんなことは彼にとってはどうでもいいことだったようである。

一方、私の方は、この二人の高校生をブラッシュアップするために、大学に呼び、しばらくの間本務校の学生たちを待たせておいて特訓した。

彼女たちは他の入賞者がそうであるように我々のフェスティバルで発表してもらった。

この年もう一つの高校生の入賞グループを招いた。写真からではわかりにくいが空手部のデモではない。それどころか **Peanut Butter Sandwich** というおよそ彼らの視覚的イメージとは関係のないアンバランスが、満場を沸かすという事実にいたく感銘を受けた記憶がある。

PEANUT BUTTER SANDWICH
by Shel Silverstein

――「エクスキューズミ」？ どこから出てくるのかその声は？

中高生といえば朗読中にエクスキューズミーなどといってしまうことはある。よくレシテーション　コンテストなどで中高生などがやっているのを見ることがあるが、これはいただけない。

「エクスキューズミーという声はどこからでてくるのだろう」（笑）

「誰に向かってあやまっているの…」

あくまでも自分は仲間と練習している練習生であって、みなに迷惑をかけてしまっていてすみませんという意識になってしまっている証拠である。**深刻なのは、その分だけ作品の語り手になっていない**ということだ。そしてその分だけその表現が自分のものになることを妨げるから注意して！」

学生曰く。

「つっかえるのだったら役の上でつっかえたことに持っていけということですね。」

しかしやはり「会話」など殆どない文章こそ主流…、

――ポーの「黒猫」("The Black Cat")、「百万回生きた猫」(The Cat Who Lived a Million Times)らの物語りから、随筆、評論文、報道文、受験参考書の英文からメニューまで！

英語力、特に表現力を伸ばそうと思ったら、作品に会話が入っているかどうかはその素材の良否とは関係がない。むしろ会話などが入っていないストレートな語りの方が応用が効く。全体が聞き手に対するホットなセリフである捉え、その展開やリズムを味わい取り込むのである。

―「黒猫」("The Black Cat") by Edgar Allan Poe

ポーの「黒猫」の最後の部分は、個人の身にせまってくる恐怖感。これはどうしてもソロ以外の形式は考えられない。

... But may God shield and deliver me from the fangs of the Arch-Fiend! No sooner had the reverberation of my blows sunk into silence, than I was answered by a voice from within the tomb! By a cry, at first muffled and broken, like the sobbing of a child, and then quickly swelling into one, long, loud, and continuous scream, utterly anomalous and inhuman—a howl—a wailing shriek, half of horror and half of triumph, such as might have arisen only out of hell, conjointly from the throats of the damned in their agony and of the demons that exult in the damnation…

聞いている方の心に恐怖の種を植え付けたら、再び消えることはなく、序々に増幅させていくところなどをきいていると、話全体が語り手のセリフということ、彼のコミュニケーション意図と内容／文体は無関係ではないということがしみじみとわかる。

「このように話してみたいではないか、ねえみんな！」、私がOI活動を現代の言葉の学習者に訴える大きなポイントがここにある。フェスティバルと連動する日頃の授業では、入社試験の緊張感、初の海外旅行のときの不安な気持ちなど、この文章にのせて話してみたらというところまで練習を持っていくいわゆるモード転換をしてきた。そしてそれに対してアドリブで絡みを入れたりする。

原文に戻って、この作品は私の初期に指導した学生、いまは主婦で拙著の『感動する英語！』『挑戦する英語！』で、CDの私の録音を手伝ってくれた浅野保子嬢の十八番になっていったが、いまだ彼女の解釈を越える者はでてこなかった。顔の表情から手に持ったテキストの処理の仕方など、キャデモンレコードのBasil Rathboneより優れた仕上がりになっていると思う。

The Black Cat

THE BLACK CAT

By Edgar Allan Poe

Upon the fourth day of the assassination, a party of the police came, very unexpectedly, into the house, and proceeded again to make rigorous investigations of the premises. Secure, however, in the inscrutability of my place of concealment, I felt no embarrassment whatever. The officers bade me accompany them in their search. They left no nook or corner unexplored. At length, for the third or fourth time, they descended into the cellar. I quivered not in a muscle. My heart beat calmly as that of one who slumbers in innocence. I walked the cellar from end to end. I folded my arms upon my bosom, and roamed easily to and fro. The police were thoroughly satisfied and prepared to depart. The glee at my heart was too strong to be restrained. I burned to say if but one word, by way of triumph, and to render doubly sure their assurance of my guiltlessness.

"Gentlemen," I said at last, as the party ascended the steps, "I delight to have allayed your suspicions. I wish you all health, and a little more courtesy. By the bye, gentlemen, this—this is a very well constructed house." *[In the rabid desire to say something easily, I scarcely knew what I uttered at all.]* - "I may say an excellently well constructed house. These walls—are you going, gentlemen?—these walls are solidly put together;" and here, through the mere phrenzy of bravado, I rapped heavily, with a cane which I held in my hand, upon that very portion of the brick-work behind which stood the corpse of the wife of my bosom.

But may God shield and deliver me from the fangs of the Arch-Fiend ! No sooner had the reverberation of my blows sunk into silence, than I was answered by a voice from within the tomb!—by a cry, at first muffled and broken, like the sobbing of a child, and then quickly swelling into one long, loud, and continuous scream, utterly anomalous and inhuman—a howl—a wailing shriek, half of horror and half of triumph, such as might have arisen only out of hell, conjointly from the throats of the dammed in their agony and of the demons that exult in the damnation.

Of my own thoughts it is folly to speak. Swooning, I staggered to the opposite wall. For one instant the party upon the stairs remained motionless, through extremity of terror and of awe. In the next, a dozen stout arms were toiling at the wall. It fell bodily. The corpse, already greatly decayed and clotted with gore, stood erect before the eyes of the spectators. Upon its head, with red extended mouth and solitary eye of fire, sat the hideous beast whose craft had seduced me into murder, and whose informing voice had consigned me to the hangman. I had walled the monster up within the tomb!

―「百万回生きた猫」(The Cat That Lived A Million Times by Brinsker)(佐野洋子作 1977)

一匹のオス猫が色々な主人に仕え輪廻転生を繰り返していく。彼はちょっとそれが自慢であった。自分が死ぬときは皆、悲しんでくれたが自分自身にはそうでもなかった。ところがある時彼は野良猫になっていた。そして白い猫に出会う。そして本当に愛することを知る。彼女も彼の愛を受け入れる。そしてその猫が年老いて死んだとき彼も幾日も脇に寄り添い、涙が枯れ果てるまで泣く、そして自分もその脇で死んでいく。そして今度は生き返ることはなかった。

感動を呼んだ作品の英語版である。

二〇一二年度の高校生のデュオ(DUO)が印象に残っていた。だが先日ある講習会でそのDVDを受講生たちに見せた時、こういう反応があった。

「私は自分ができないからこんなことをいっていいのかわかりませんが、何かきらいです。帰国子女であるということを鼻にかけているようで嫌いです」

私は言った。

「帰国子女って、鼻にかけるようなものですか」

帰国子女コンプレックスというものがある。外国に行けば英語が話せるなどと煽り立てる商業主義もその蔓延に一役買っている全く根拠のないコンプレックスである。それに比べれば、そういう帰国子女たちのパフォーマンスに注文をつけているのだからコンプレックスからは解放されているように聞こえるが、そこは微妙である。

帰国子女にも色々ある。日本コミュニケーション学会主催のOIフェスティバルでアメリカ人が参加して落選したこともあるくらいだから帰国子女であるとかネイティブであるかは一般の日本人が思わされてきている程大きな問題ではない。

私が人のパフォーマンスを見せたり聴かせる場合には一流の芸で、啓発を受けることを目的としているものである場合と、モデルとしてではなく参考になるものの二種類がある。この子たちのは後者であった。しかも私の指導は入っていない。つまりは十中八九、OIを訓練されていない。にもかかわらず教師である私がわざわざ聞かせるということはそれが優れたものであるからではないかと思い込まされるからである。

この生徒たちは、DUOとしてまとまっていてメリハリがあった。大切なことは、**嫌いだけれどもこういうところはいい、好きだけれどもこういうところはまずい**といえる冷静かつ訓練された審美眼である。日本の学校教育の真空地帯である「批判鑑賞法的聴解」(Critical and Appreciative Listening)の訓練が導入されなければならない。

THE CAT THAT LIVED A MILLION TIMES

Written by Yoko Sano
Translated by Judith Carol Huffman
Arranged for Readers Theatre by M. Omi

VOICE 1: There once was a cat that kept living and dying a million years.

VOICE 2: Dying a million times he also lived a million times. He was a splendid tiger cat.

VOICE 1: A million people loved that cat as their own pet and a million people cried when that cat died.

BOTH: But the cat never cried. Not even once.

VOICE 2: Once the cat belonged to a king *(He hated kings)*. The king was very good at war and was always off somewhere fighting. So he put the cat in a magnificent cage and took him off to war.

VOICE 1: One day the cat was hit by a flying arrow and died. The king embraced him and cried—right in the middle of the battle. The king stopped the fighting, returned to the castle, and buried the cat in the castle garden.

VOICE 2: Once, the cat belonged to a sailor *(The cat hated oceans.)* One day the cat fell out of the boat, but he couldn't swim. So he died. The sailor embraced the cat, who felt like a wet mop now, and cried in a loud voice. He buried the cat under a tree in the park of a far-off city.

VOICE 1: Once the cat belonged to a circus magician,

VOICE 2: to a thief,

VOICE 1: to a solitary old woman,

VOICE 2: to a small girl.

VOICE 1: One day, while riding on a girl's back, the cat got a string wound around his neck, hung himself, and died. Holding the cat, the small girl cried all day. She buried the cat under a tree in the garden. For the cat dying was no big thing.

VOICE 2: Once the cat belonged to no one. He had become an alley cat. For the very first time he became his own cat, his own owner. The cat loved himself. Once a splendid cat, he now was a splendid alley cat.

VOICE 1: All of the female cats wanted to be the cat's wife.

VOICE 2: Some cats gave him big fish.

VOICE 1: Some cats gave him catnip stripes.

VOICE 2: And some cats licked his tiger-like stripes.

VOICE 1: "I have lived and died a million times," the cat said,"but now I am really living." The cat loved himself more than anyone self.

VOICE 2: Just about that time, a beautiful white cat came into his territory. But she wouldn't pay any attention to the splendid alley cat.

VOICE 1: He went to the side of the white cat and said, "I have died a million times!"

VOICE 2: But the white cat just said, "So?"

VOICE 1: The splendid alley cat raised his back a little. After all, he liked himself a lot. The next day, and again the next, he went up to the white cat and said, "You probably haven't finished living once."

VOICE 2: The white cat simply said, "So?"

VOICE 1: One day the white cat spun around and around three whole times—in front of the white house and said, "I was once a circus cat!"

VOICE 2: The white cat still answered," So?"

VOICE 1: The alley cat started to respond, "A million times, I..." But instead he just asked the white cat, "Would it be all right if I sat beside you?"

VOICE 2: The white cat said, "Yes." And from then on, the splendid white cat stayed beside the white cat all the time. The white cat gave birth to many kittens.

VOICE 1: The alley cat never again said, "A million times I, ..." He loved the white cat and all the kittens even more than he loved himself.

VOICE 2: Eventually the kittens grew up and left their parents.

VOICE 1: The cat said contentedly, "They all have become splendid alley cats, haven't they?"

VOICE 2: "Yes," the white cat replied, and the alley cat purred gently to her.

VOICE 1: The white cat began growing older, she became a grandmother, and the alley cat purred to her even more gently. "I want to live with the white cat forever," he thought.

VOICE 2: One day the white cat lay down quietly beside him, stopped moving.

VOICE 1: For the first time, the alley cat cried.

VOICE 2: Night came and morning came.

VOICE 1: Again night came and morning came,

BOTH: and he cried a million times.

VOICE 2: Morning came and night came.

VOICE 1: And one day about noon the alley cat stopped crying.

VOICE 2: He lay silently beside the white cat, and no longer moved.

BOTH: The cat never lived again.

学生の作品選択にあらわれる性格とどう向き合うか

敢えて〝悲しく感動的なもの〟というS子の強さと幻の「幸福の王子」（The Happy Prince）

S子が単身で研究室にあらわれ、こう切り出した。

「先生、何か暗くて、悲しくて、感動的なものをやりたいです」。

我と我が耳を疑った。当節は若い女性は、何かというと、「みんなでやれる、なにか明るいもの、楽しいもの、リズミカルなものがやりたいでーす」などという傾向があり、少々うんざりしていたからである。S子は、暗い感じがする学生なんかではない。自由、闊達の学生であった。スペイン舞踊部にはいっていて、みんなの中心になってやるタイプの子であった。結局はじめ「幸福の王子」をするつもりだった。しかし〝私だったらツバメを死なせない〟という気持から、「マッチ売りの少女」にかわった。流されない精神、彼女はアメリカ留学後、国連駐在員として中国在住していた。

照明はまぶしくていやだという。しかし蛍光灯の明かりでは作品の世界に入りにくいから論外だと私はいった。結局、仲間の一人が黒子として、ろうそくを別な学生が持ち、その光で読むことになった。

――作品の心と絶縁された不思議なM子の涙

学習者の心の問題ということで考えさせられてしまった事件があった。M子は、アメリカとイギリスに合計七年いた。彼女の場合は親の仕事の関係ではなく英語習得目的でアメリカとイギリスにでかけ、語学学校などには行かずに、通常の現地の高校生と同じ環境に自分の身を置いた。カウンセラーにつくなどして予定外の英語のコミュニケーションの場面に長期、身を置くことになったようである。これはつらいことであったらしいが、皮肉なことにこれが彼女の英語入力に貢献したと考えられる。外国滞在年数だけではるかに長い学生はいたが、英語はあるレベルまででは母語話者と変わらない。

私は、M子の英語を皆に聞かそうと教室で指名し、私と英語でしゃべったりさせた。最初は自由に英語を話させてくれると喜んでいたかのようだったが、自分がさらし者になっているように思うようになってしまった。色々な取り方があるものである。〝You're putting me on the spot!〟といいながら泣きながら英語で抗議してきた。この当時は、彼女は誰に対しても心を閉ざして開こうとしない。何を音読しても英語になっているが、なんというか棒読み、どうにもならない。

演劇やオーラル・インタープリテーションには精神治療的な効果がある。この学生には、彼女なりにより高い英語レベルを狙わせ、同時に心の問題を解決する方向を目指してもらいたかった。

心のわだかまりのようなものを捨てるために何かいい作品はないだろうか。君の感情のアキレス腱ってあるかときいてみた。すると母親であるという。多くは語らないし、それ以上聞ける雰囲気ではない。

だが、演劇でよく使う手として、作品の人物を自分に置き換えてみさせた。はたせるかな、ある箇所にきてから泣き出し、止まらなくなってしまった。ところが妙なのである。作品そのものの方にその感情が流れて行かない。読みそのものは冷たく情感のかけらもない。つまり棒読みのネィティブ英語といったところである。作品に刺激されて涙がでたのだろうが、作品の語り手の心には入っていっていない、むしろ語り手には心を閉ざしている。通常は、自分の感情が沸きあがってくれば、素人でも作品を増幅させるかあるいは歪曲するようには作用するものである。

　これは例えていうならば、作品への感情移入のパイプが詰まっているので、感情のマグマが湧き上がってきてもそのパイプを流れていかないで、とんでもないところに流れ出してしまう感じである。

　どうして彼女の感情パイプは詰まってしまったのだろうか。発達段階を考えないで自分の言葉でないものを与えられるとこうなるのだろうか。ただ、M子は本人も一生懸命にがんばったのだろう明るくなっていた。うまく日本社会へ溶け込んでくれればいいとひたすら思った。

――本人に合っているからさせる場合と、合わないからこそさせる場合

見せることを目的とする商業演劇では、なるべく役柄に合う役者を選ぶ。我々の活動は演劇でいえば教育演劇。読み手に合うものをさせることもあるが、合わないものに取り組ませることで弱点に気が付かせる、そして克服させようとする。

　私自身、レッスンだからやらなければならなかったものに喜劇があった。この時、初めて自分は思考も、身体の動きも悲劇タイプだなと痛感した。軽やかなテンポにからだがついていけなかった、克服せよといっても

The Happy Prince

息抜き的な作品
Yellow Submarine と Walking in the Rain

そんなに簡単にできるものではない。また、克服しなければならないものだとも思っていない。ある役を与えられる、ある場面に置かれることによってそれまで潜伏していたその人のパターンが立ち上がって来るということが何度あったことか。そこを叩くか、伸ばすかである。

妙な例だが結婚式を挙げたカップルが、ハネムーンに行くのはなぜかそれは日常の環境の中ではあまり出てこない本性が、異なる時と場所という条件をあてがわれたときに出てくるところを狙っている。これで欠陥が強く出てきたのが成田離婚である。成長のための最初の試練なのかもしれない。

もちろん全体のプログラムづくりを見れば、明るいものは暗いものを引き立て、その逆も真実である。こよなく晴れた青空を悲しと思うせつなさよである。バライティーを持たせえるために軽いものは、軽いものなりの役割を果たす。これが三時間以上、延々と続く朗読会を長く感じさせない要素になってはいるので、仮に歌だけでもそう悪いわけではない。だが明るいだけではだめである。それは打ち上げまでまてばいい。

朗読会はパフォーマンスではない。息抜きではない。私は、ＯＩＦ活動を通して自分が最も提供できるところのものを提供したいと、ただそれだけで多大な課外の時間を割いていた。

――マドンナの歌をやりたい？ＯＩＦはパフォーマンスではないことはわかった上でだね？

いまの学生は外国の音楽が好きである、英語学生だからそういう面がある。しかしだからこそそのような嗜好的な偏りを奨励しないようにしている。しかもなぜかこのような歌のものをやりたいという個人やグループの大半はあまり練習しないで楽しもうという〝魂胆〟を持っていることが多い。深く考え、英語力をつけていく機会などとはあまり考えていない。こういう傾向に対してたいしては私は敏感だった。中途半端な英語と外国のことしかわからない人間をつくるのが外国語教育の目的ではない。

私はこういうように指導してきた。

朗読から入り、情感のしからしむるところ自然に歌になるようにしてみたらどうか、歌い流すのではなく、歌いながらにしてセリフに転じていくようにしてみたらどうかと――。何かのストーリーの途中で歌が入る構成の場合は、**その歌をそこに入れる語り手の目的は何かを考えさせる。付けたしなのか、それともメインで他は補足的説明の関係か、これらの課題に取り組ませる機会**とさせてきた。

文法上の形式は、そのままそれが指し示す表現世界であり、形式と世界を音と身体で学ぶのだ！

「もし最後だとわかっていたら」（“Tomorrow Never Comes”）

——仮定法過去と過去完了で音声も顔の向きでがバラリと変わってしまう…／“過去完了に変えて朗読させてください！

この数年よく演じられるようになった作品がある。9・11同時多発テロの後、アメリカで朗読されたNorman Cornett Marekの詩。

「もしあれが最後だとわかっていたなら、私はあなたが床につくときに、もっと、もっとしっかりと布団にくるんでやっただろう…」。

文法というと話せる英語の敵であるかのように言われるが全くの誤解である。まず原作は、If I knew... ではじまる仮定法過去である。

If I *knew* it would be the last time that I'd see you fall asleep, I *would* tuck you in more tightly, and pray the Lord your soul to keep.

If I *knew* it would be the last time that I'd see you walk out the door, I *would* give you a hug and kiss, and call you back for just one more.

…（中略）

So just in case tomorrow never comes, and today is all I get, I'd like to say how much I love you, and I hope we never will forget tomorrow is not promised to anyone, young or old alike...（後略）

現在の事実の反対の仮定——従ってまだ希望がある。ということはそれだけに留まらない。聞き手のyouは現に生きている目の前の人（たち）である。ということは顔も正面を向き、直接見る目線が示唆される。

しかし、仮定法過去完了だったIf I had known... とする。するともう済んでしまった過去のことであるから途端に悔恨と懺悔であり、顔を彼方を見て目には涙を浮かべているかもしれない。ということは愛するyouはもう目の前にはいない。一方just in case tomorrow never comes, I'd like to say how much I love you... 以下、最後までのyouは前半のyouとは別のyouであり、この人たちに向かって、涙を拭きつつ私のような後悔をしないように、皆さんは現在、愛する人を愛して下さいとなる。つまり、自分の後悔をネタに、あるいはサポートとして説得しているという構造であると解釈することが出来るのである。

文法は大切である。ただし、ある形式、例えば「仮定法過去完了」が意味するところのものを知識として与えるのではなく、語り手がどういう気持を表したいから、他の形式でなく仮定法過去完了の形式を選んでいるという点に着目させ体験させてこそコミュニケーションである。文法をどう捉えるかで文章全体の目的ががらりとかわってきてしまうし、音声も顔の表情も全く違うものになってしまうからである。

さて日本人の情感には仮定法過去完了の方が断然しっくりくる。そこで、ある時からはIf I had known... でもっぱらいくことにした。現に佐川訳に合わせるとしたら、厳密には仮定法過去であると私は思った。

Tomorrow never Comes

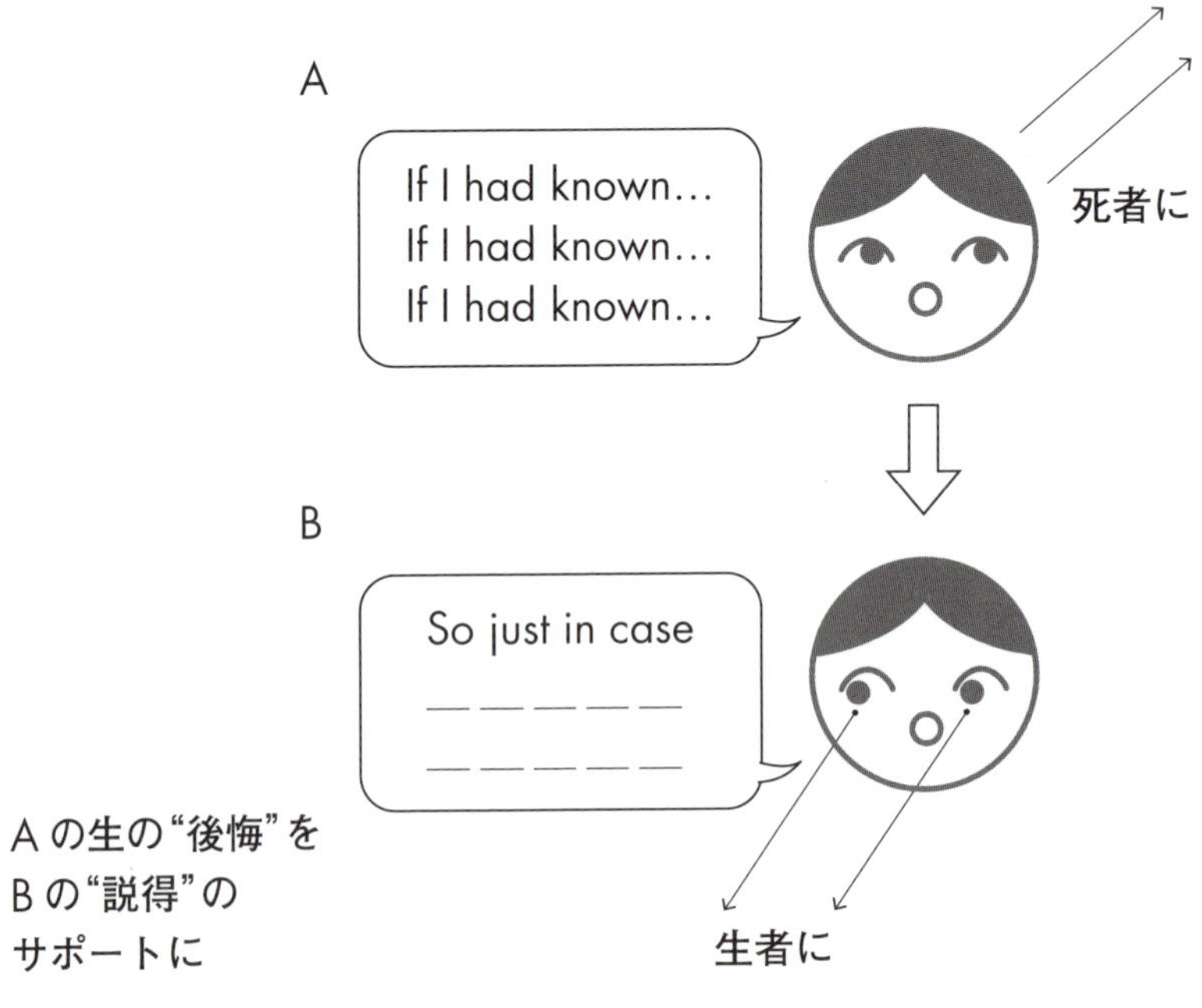

TOMORROW NEVER COMES

最後だとわかっていたなら（過去完了版）

Adapted for Readers Theatre by Makoto Omi
Originally written by Norma Cornet Marek
and translated by Mutsumi Sagawa

VOICE 1: 9・11はアメリカ政府または国際社会にとって最も大きな転換期になった。それまでアメリカ国民にとって最も記憶に残ったのは1963年11月22日のジョン・F・ケネデディーの暗殺だった。しかし9・11はそれを超え最も記憶に残る日となった。アメリカ国民はこの悲劇を永遠に忘れない。

VOICE 2: そして私たち日本国民にとっても今回の東日本大震災は最も記憶に残る日となった。私たちはわすれないようにしたい。若い人にも年老いた人にも明日は誰にも約束されていないのだということを。

VOICE 3: If I had known it would be the last time that I'd see you fall asleep, I would've tucked you in more tightly, and prayed the Lord your soul to keep.

VOICE 4: あなたが眠りにつくのを見るのが最後だとわかっていたら　わたしは、もっとちゃんとカバーをかけて、神様にその魂を守ってくださるように祈っただろう。

VOICE 5: If I had known it would be the last time that I'd see you walk out the door, I would've given you a hug and a kiss, and called you back for just one more.

VOICE 6: あなたがドアを出ていくのを見るのが最後だとわかっていたら　わたしはあなたを抱き締めて　キスをして　そしてまたもういちど呼寄せて　抱きしめただろう。

VOICE 7: If I had known it would be the last time that I'd hear your voice lifted up in praise, I would've taped each word and action, and played them back throughout my days.

VOICE 8: あなたが喜びに満ちた声をあげるのを聞くのが最後だとわかっていたら、わたしはその一部始終をビデオに撮って、毎日繰り返し見ただろう。

VOICE 9: If I had known it would be the last time, I would've spared an extra minute or two to stop and say "I love you".

VOICE 10: あなたはいわなくてもわかっていてくれたかもしれないけれど、最後だとわかっていたら一言だけでもいい…「あなたを愛している」とわたしは伝えただろう。

ALL: So just in case tomorrow never comes, and today is all I get, I'd like to say how much I love you, and I hope we never will forget

VOICE 1: tomorrow is not promised to anyone, young or old alike.

VOICE 2: And today may be the last chance you get to hold your loved one tight.

ALL: たしかにいつも明日はやってくる。でももしそれが私の勘違いで　今日ですべてが終わるのだとしたら　わたしは今日どんなにあなたを愛しているかを伝えたい。

VOICE 3: そして私たちは忘れないようにしたい。

VOICES 4, 5: 若い人にも　年老いた人にも　明日は誰にも約束されていないのだということを

VOICES 6, 7: 愛する人を抱きしめられるのは　今日が最後になるかもしれないということを

ALL: So if you're waiting for tomorrow, why not do it today?

VOICE 1: For if tomorrow never comes, you'll surely regret the day

GROUP 1: that you didn't take that extra time for a smile, a hug, or a kiss,
and you were too busy to grant someone what turned out to be their one last wish.

VOICE 2: 明日が来るのを待っているなら今日でもいいはず

ALL: なぜならもし明日が来ないとしたらあなたは今日という日を後悔するだろうから

GROUP 1: 微笑みや　抱擁や　キスをするための本のちょっとの時間を
どうして、
どうして、
どうして
惜しんだのかと

GROUP 2: 忙しさを理由に　その人の最後の願いとなってしまったことを
どうして
どうして
どうして
してあげられなかったと

VOICE: So hold your loved ones close today and whisper in their ear

GROUP 1: だから今日　あなたの大切な人たちをしっかりと抱きしめよう

VOICE: そしてそっと伝えよう

ALL: that you love them very much, and you'll always hold them dear.

VOICE: その人を愛していることいつまでも大切な存在だということを

ALL: Take time to say

VOICE: "I'm sorry,"...

VOICE: and "please forgive me, ...

VOICE: "Thank you"

VOICE: or "It's okay"

VOICE: 「ごめんね」や「許してね」や「ありがとう」や「気にしないで」を伝える時を持とう。そうすればもし明日が来ないとしてもあなたは今日という日を後悔しないだろうから

ALL: and if tomorrow never comes, you'll have no regrets about today.

学生たちは愛する人との永遠の別れで、を感じながらの自主練の最中であった。

しかし理屈では分かっているようだがむつかしいようである。


――今夜家に帰ったらみな、自分の部屋に入り大切な人が、急にいなくなったことを強く想像してみよ！　泣けて、泣けて…練習が続けられなくなる。その気持ちをしっかりと生け捕りにして持ってこい。


彼女たちは隣と合わせようとすることばかりに一生懸命だった。私の心に何も響いてこない。

この作品は以前にも何回か指導している私でさえ、ある瞬間きまって涙ぐんでしまうなことがあったのだが、今回はまだだった。その日は疲れていて、後ろできいていて本当に眠くなってきてしまった。しかし、半分は学生の出来がそうさせる。

「何だい、それは!!」

私の計画的発破が執行された。そろそろこのあたりでということで、私がうつ、ややきつめのカンフル剤である。いわゆる激を飛ばすのにはタイミングというものがある。一種の〝カン〟である。

「…今夜家に帰ったらみな、頭の中で自分の大切な人と一人〝永久の別れをして〟こい！　父親でも母親でも、恋人でもいい。猫でもいい。…この者がいなくなったと強く思え！　当たり前に思ってきたこれらのいのちをあらためて思え！　そして皆寝静まってとき、その人に向けて語るように音読してこい。

If I had known it would be the last day I'd see you go out the door, I would've called you back and given you a hug and kiss before とね…。

泣けて、泣けて、練習が続けられなくなってしまうかもしれない。そしたらその気持ちをしっかり生け捕りにしてもってこい！」


次の練習日がきた。

変化が生じている。一方、前回休んだ者などはすぐにわかる。歴然と違うからである。グループ矯正はおそろしい。一人練習ではわからないところのものまでみえてしまうからだ。

目がうるうるしている者がでてきている。そこで次の指示を出す。

「愛する人も失った気持ちがわかってきたね。それはいい。しかし、まともに死者にぶつけるいいかたではだめ。品が悪くなる。亡き人に向けている語りを、さらに外から聞いている観客に聞かせるクールな語り手でもあるのだからね。」

近松のいう抑制（restraint）である。アメリカの「プレーボーイ」誌が広めたという裸体＝セクシーという単純な価値観を、無批判な日本人が軽薄にも真似たがってきたことに触れたりする。

「しかも、抑えなければならないことさらの理由がテキスト内にある。解釈のポイント7の中の語り全体の構成をどう考えてきたかな。これは嘆き悲しんでいる語りではない。前半こそ亡き人にむかって語りかけてはいるがその前半の後悔・懺悔のかたまりにSo just in case tommorwo comes,… 以下のトピックセンテンスのサポートとしての機能を与えている。聞いている人にだからみなさん私のように後悔しないようにといって悲しみを乗り越えて必死に語りかけている」

再度こころみる。かなり納得のいくものになってきている。ただ、全体の舞台上での並びが、メッセージと合っていない。

「So just in case. と聞き手を目の前に直接励ましているというのに、後ろの方に隠れていてはいけないよ、S子たち！どこに立っていたらいいだろうね？」

前方に移動してきた。だんだん出来上がっていく。

くどいようだが、この立ち位置の問題は単なる演出上の問題ではない。

話者の気持ちと原文の構成をどう考えるかの解釈の問題である。そして解釈という学習は体を動かしながら気持ちを表明しながら深まっていくということを痛感しながら、指導は続く。

モノローグは芝居の花　英語力をつける主教材

――オーニールの「氷人来たる」("The Iceman Cometh")のヒッキーの告白／「声」("The Human Voice")再び／劇画からの――「ベルサイユの薔薇」のアントワネット王女名モノローグ／書きおろしのブロードウェイのオーディション用作品集等々

木村拓也氏(キムタク)が、テレビドラマで二十数分余の長せりふを、ノーカットで収録したことが話題になった。商業主義が根底にあるテレビドラマで、それだけの長いせりふが脚本に盛り込まれたということは、言語教育環境の改善という観点からは、ちょっとした朗報であると私は思った。

戯曲、ドラマなどというと、だいたいの人はやり取りを反射的に想像する。しかし学校劇などで、もし自分のセリフが一、二行だったらだいたいの人はがっかりする。自分の息子や娘が、学内劇などでその他大勢役で「賛成！賛成！」などしかないとわかったらモンスター親などは学校にねじ込みに行くのではないかと思う。そういったわけでだれでもある程度の分量があることを望む。

実際、モノローグは芝居の花、役者にとっては聞かせどころである。それは登場人物が、あることについて滔々と述べる長ぜりふであったり、いわゆる独白(soliloquey)といってその場にいる特定の人物にではなく、自分の内的な気持ちを吐露する形式の両方を含む。

日本では殆ど真空地帯になっているが、アメリカではいわゆるスピーチとともに、分析対象でもあり練習対象にもなっている。ニューヨークなどの書店や大学内の本屋には、戯曲や映画からの名場面集、オーディション用に書き下ろされた作品集、名場面集、男性モノローグ、女性モノローグ、お笑い系モノローグ集など所狭しと並んでいる。

最初に紹介した、**ジャンコクトーの「声」(The Human Voice)**も、一時間ほどの長いひとり芝居であった。台本はThe New York Public Library for the Performing Artsに収められている英訳のコピーがあったのみ。まさにレア本であった。

私自身も、アメリカ留学時代多くのモノローグを勉強した。演技の最終クラスではオニールの「氷人来る」(The Iceman Cometh)の主人公ヒッキーの愛するが故に妻を殺害してしまったテッドの酒場での一人語りを来る日も来る日も練習した。また、番外編としてはスピーチ体験の延長で、ロサンゼルスで百科事典のセールスをしながら、一時間以上にも及ぶ長いせりふ(セールスピッチ)を、芝居の長せりふの要領で体に叩き込んだこともある。この時の体験は、『週刊文春』(平成15年12月18日号)などで紹介もされたし、拙著(『頭と心と体を使う英語の学ぶ方』(研究社)の中にも書いたが、我々のフェスティバルでは、これらの作品がソロで、内容によってはグループで演じられたりした。

なぜダイアローグでなくモノローグか。これについてはもう私は色々なところで述べてきたが、こうした長ぜりふの中には、個別の表現だけでなくそれがいかに連携しあっているかを総合的に捕らえることができるし、目的達成のための話の展開法が一気に体得できるからである。

もちろん詩から散文、書簡文などありとあらゆるものが基本的にはみな語り手の語りという意味でモノローグである。しかしここでいうものは、劇作家が粋を凝らして書いた口語表現の最高の高まりがあるものである。そしてなによりも英会話番組などに出て来る寸劇の類と違い、人間性の深奥にかかわる感情表現など様々な滋養分を含有した素材でもある。そういうものを練習することによって人間性に対する感受性も養われていくのである。

――日本の劇画のモノローグには傑作が多い

ちなみにもう一つ注目すべき潜在的な素材が我が国にはある。漫画というより例のいわゆる劇画である。絵も物語も言語表現的にも質の高いものが沢山ある。これが英語であったならば…。

そう思った私は、一時期猛烈にこれらを読み漁った。そして、これはと思う名場面の英語版をつくっていった。

「ベルサイユの薔薇」のマリー・アントワネット王女の〝私は王妃である前に1人の女です〟スピーチ、「同棲時代」、「あしたのジョー」のラップ調に訳した口上、「生徒諸君」「ガラスの仮面」「子連れ狼」（課長・島耕作）等々――、フェスティバルでも、何回か登場させてきた。これらの劇画のセリフの多くはモノローグ、長ゼリである。しかし全て私の手元に眠っている。版権の問題もあるが、出版に踏み切る出版社が見つからないからである。我らが朗読会ではこれが単独で、あるいは他の作品の中で登場してきた。

余談だが「ベルサイユの薔薇」のドイツ語版はあとにでてくる「アニーよ銃を執れ」のAnything You Can Doの中でも登場させた。ドイツの北部の町の本屋に美しい装丁で並んでいたので全巻買ってきた。何かで役立つであろうという直観が働いたからである。

上からマリーアントワネットスピーチ：池田理代子『ベルサイユの薔薇』
右はミー君のスピーチ：松本零士『銀河鉄道999』
左はナッキーの男子実習校での別れの挨拶：庄司陽子『生徒諸君』

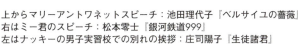

日本の劇画は名スピーチの宝庫――『ガラスの仮面』美内すずえ作（白泉社）…

Momma! I'm not a puppet! I'll not stand for smiling just because someone pulls my strings. I'm a human being. I've got my own will. You've always treated me like a puppet, hidden behind the big names of you and Poppa. No one has ever looked at me as my own person, an independent woman. .. I really do envy Maya Kitajima! Whatever she does people recognize her with her own two hands. Every door she opens she becomes more famous and prettier. Momma, Momma, you've known all along that Maya's a genius, haven't you?

What she does is so natural... like she's breathing or something, but I've had to toil and sweat for years. Just a little opportunity, and she turns into any role she wants. Fragile, delicate glass masks... The one wearing the glass mask is me, not Maya! Momma, I want to beat her to it... I've got to get the lead in the "The Scarlet Angel." I'll never forgive myself if I don't. Only when my own hard work overcomes her gifted talent can I hold my head high and live my own life. The "Scarlet Angel" is me, and no one else. I'll defeat Maya Kitajima! I'll do anything! Maya Kitajima! My own rival!

ママ！わたしはお人形じゃないのよ。相手のいいなりに
なってただニッコリ笑ってるだけなんてがまんできないわ。わ
たしは人間よ！自分の意思があるわ！小さい頃からずっとそう
だったわ。パパとママの名前のかげにかくれていつもお人形扱い
をただひとりの人間として、ただの少女と
．．北島マヤがうらやましい．．．！なに
の力を認めてもらえる。自分の足で自分の
！自分の手で自分の人生の扉をつぎつぎと開
きく美しくなっていっている．．．！ママ．．．
のでしょう？北島マヤが．．．あの子が天才だって
い年月のあいだ懸命に努力して得たものをあの子は
うに自然に演ってしまうのよ。なにかちょっとした
子はどんな役でもやってしまう．．．！もろくてこわ
．．．舞台の上でガラスの仮面をかぶっているのはわ
の子に勝ちたいのよママ．．．北島マヤに勝って「紅
ママ。そうでなければ自分が可哀相すぎる．．．もっ
まれた才能に自分のふりしぼる汗の力が勝ったときわ
って自分の人生を生きられるのよ。姫川亜弓という一
て生きることができるのよ．．．
い．．．！北島マヤに勝って．．．！どんなことをし
．．．！わたしのただひとりのライバル．．．！

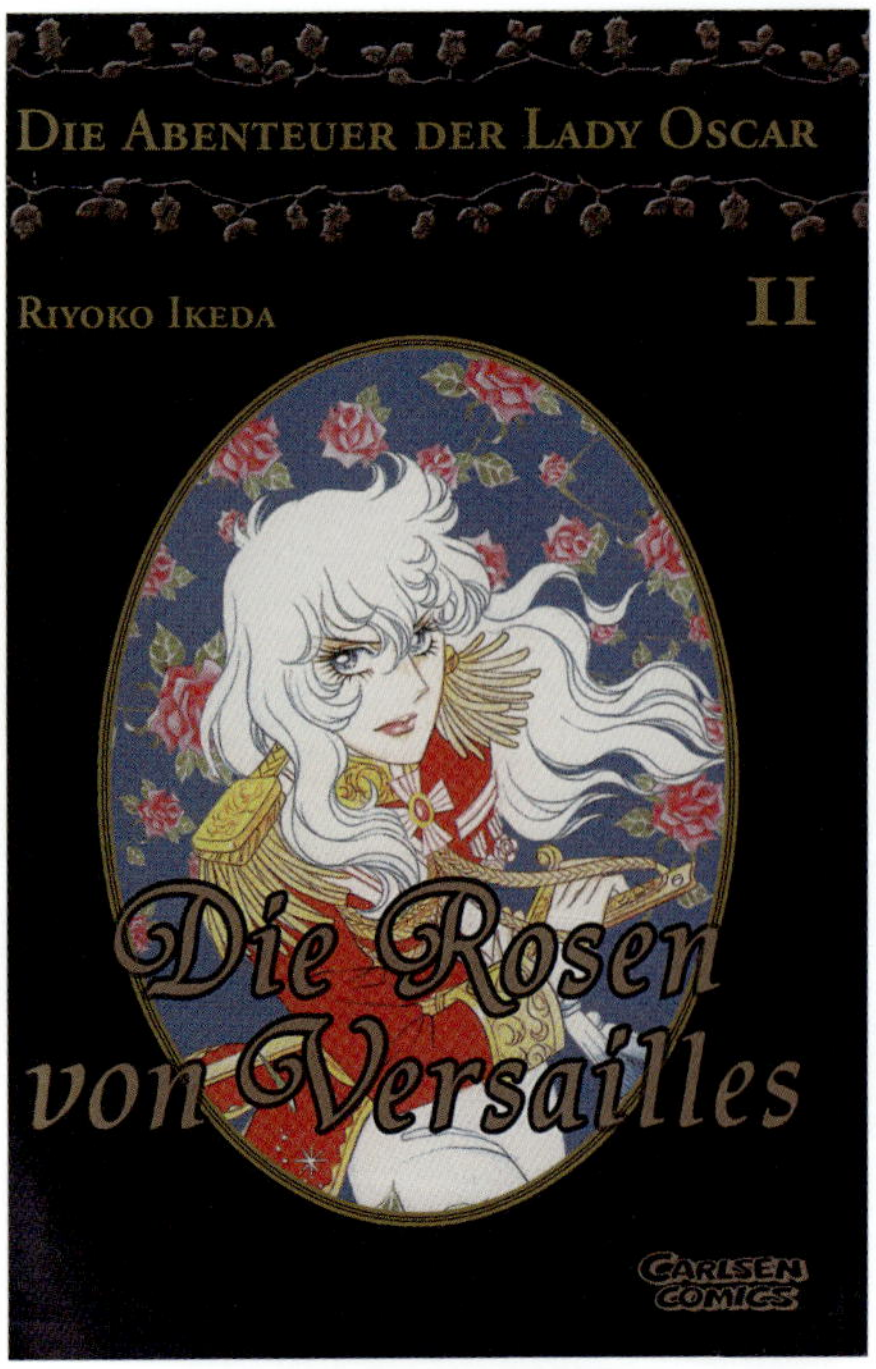

ドイツ語版の表紙
『ベルサイユの薔薇』

——ただ一語、"I got to get the lead in the "Scarlet Angel!"" の"got"を強めるという解釈に到達するためには、僕は『ガラスの仮面』全巻読んでいるんだよ！

文脈で捉えるべきとは正しい読みのイロハだが、ここまで凝る人間もあまりいないだろう。

学生にいわれた。

「え？先生、『ガラスの仮面』好きなんですか？！」

「日本ではそうなっちゃうんだよな…」（苦笑）。

ある出版社が劇画を通す英語学習の企画を出したら、「こういう内容も漫画では今の若い人の心の琴線に触れることは出来ないのではないでしょうか」といってきたことがある。

完全に予想した反応を示してきた。漫画と聞いてちょっとおもしろうそうということで軽く興奮してしまう。そしてその瞬間に「漫画本の企画」についての方に頭が切り替わってしまう。売れ筋かどうかなと考える。しかしそんなことはこちらは全く目論んでいるわけではない。向こうは軽くがっかりする。しかし頭の方は切り替わっていない。

これは日本の教育の盲点でもある。プロから一般学習者まで好き嫌いの話に切り替えてしまうのである。つまりまずは物事の内容に情緒的に反応してしまう。だからそれが自分の感覚に合わないとなると、そこから学ぶべき宝が多々含まれていても心を閉じてしまう。

さて、問題の箇所だが、『ガラスの仮面』全体を通して紅天使という役を巡っての姫川亜弓と北島マヤの争いであることは登場人物にも、本の読み手にもわかっている旧情報である。だからScarlet Angel自体は強めない。役が自分が欲すかどうかの決意こそが大切で、あゆみはI've GOT to get the lead in Scarlet AngelとGOTだけを強めるでもいいたいところではないか——

などのやり取りが交わされた。

小さな声を変質させた練習

——俳優・田村正和の物まねから「王女メディア」の凄愴なる一人芝居（"Medea"）を通して

「私、どうしてもコンテストというもので入賞したいのです」

麻里奈が真剣な眼差しでいった。

そういうものだけを目的とするなどの説教は受け付けない気迫があった。

「わかった」

コンテストに入賞するかどうかとかTOEICのスコアをあげたいなどという短期目標を立てるようなチマチマしたことだけだったら私は通常はしない。コンテストとはいえ、オーラル・インタープリテーションやスピーチを中心とした骨太な訓練を積んでいって、その過程でコンテストにも入賞すれば、英語力はついていくし、英語力があがればTOEICのスコアだってついてくる。そして私の場合は本人の現在の人間力を巻き込んでの訓練であることも納得させてから指導に入る。まずは作品選びから入った。「好きなものを選んでごらん」などとは言わない。完全に優勝請負人と化す。

ちなみに入賞でなく優勝としていることに嫌味と思う人もいるかもしれないが、そのぐらい狙うつもりでなければ得るものはない。

「銀メダルは金メダルを狙うものだけに与えられる勲章である」。「一丈の堀を超えむと思わん人は、一丈五尺を超えんと励むべきなり」（法然）である。

一般的には本人の気質に合ったものにするばかりではなく、逆に合わないものに取り組むからこそ勉強になるのだが、今回は優勝しなくてはならない。そこでまったく自分に合わない作品では芽が出るまで時間がかかりすぎる。そこで中庸をとり、自分でも気が付かないでいる何か深いものが刺激されて表面化してくるという訓練の側面を狙った。

そこでこの麻里奈であるが、かすかな翳りがある。それが何かは精神科医ではないからわからないが、彼女の印象を生かした作品にしたい。同時に聞き栄えがする、また、本人も気にしている弱弱しい声を克服していくという目的に貢献するものにしたい。

結局ジュディス・アンダーソンという二十世紀の有名な舞台女優の演技と解釈でも有名なギリシャ悲劇「メディア」の長ぜりふがいいと思った、これは本人の資質を考えての直感である。

子供への愛より夫への憎しみが深く、夫も愛している子供に手を掛けること彼への復讐を誓うところの恐ろしくも哀れな女メディアのせりふである。

本人に合うから当人は心地良いはずである。が、同時に自分をはみ出しているものであることが大切である。情感的にも音声的にも――。最近の教育は学習者のレベルにあうということばかり気にする傾向があるが、等身大のものばかり与えているのでは訓練にならない。

… I shall not die perhaps as a pigeon dies. Nor, like an innocent lamb that feels a hand on its head and looks up from the knife to the man's face and dies—Nor, like some yellow-eyed beast that has killed its hunters, let me lie down on the hounds bodies and broken spears…

「ダメ！ killedのところ喉をつめるな。それは田村正和式だ。田村式というのは、喉は「あ」ではなく、全体が「エ」でやや喉をつめ渋みをきかしていう。」

Medea

「どういうふうにですか」

「たはテ、むはメ、らはレ、まはメ、さはセ、かはケ、ずは？…」

「ゼですか…。」（笑）

「そう。通して言ってみよう。「テメレメセケゼ」（目をぱちくりさせ眉間にしわを寄せて）」

田村ファンや本人の名誉のためにいうが、日本語の場合はこれでいい。そして何よりも田村氏の魅力になっている。だが、英語では困る。それも聞き手に届かすということになったらますますだ。

この点を学生にもはっきりいってkilledあたりから喉を開いて言うことからやらせる。

「そうだ。そしたらそのまま開きっぱなしで「アー」でspearsまでいくのだ。あーも「アー」、いーも「アー」、うも「アー」、エーも「アー」、オーも「アー」だ。喉はつねに「アー」だ。

これが頭で考えるよりむつかしい。

「息継ぎしない。気が抜けてしまう！」

「種火をきるな！」私が良く使うたとえである。

麻里奈はやってみる。私が実演してみせる。

同時に舞台であるから観客空間に聞こえるように語らなければならないが、復讐への念に燃える女のすごさを表現しなければならない。killed its hunters までオペラポジションで口腔に響かせるが、共鳴の中心を胸にずらして行く胸への共鳴を利かせていって、少しダミ声を混ぜる感じを練習した。

… No like some yellow-eyed beast that has killed its hunters let me lie down on the hounds' bodies and spears…

ところがこれだけが徹底すると、どの歌を歌っても同じ感じになってしまう二流声楽家の発声練習のようになってしまう。

オーラルインタープリテーションになっていることを絶対に忘れないように注意して練習した。… No like some yellow-eyed beast that has killed its hunters let me lie down on the hounds' bodies and spears…

山田耕筰の「(組曲) ロシア人形の歌」が異なる歌手により同じCDに二つおさめられている（「山田耕筰の遺産4」歌曲編Ⅳ、コロンビアCOCA13747)。戦前の声楽家伊藤武雄と、やはりベルカント唱法の最盛期の伊藤久男がうたっているものがある。聞き比べると後者がいかに優れているかがわかる。この違いがオーラルインタープリテーションである。

麻里奈は初期の目的を達成した。しかし、それは始まりであった。これでいいと思うところから後どれだけ余計に練習するかが差をつくる。今度はそれを夏のフェスティバルでの再演のために、練習を重ねさせた。声が隅々までとおり、以前の彼女の英語から考えられないとの聴衆の反応が沢山集まった。

以来、彼女はしっかりした発声で英語を話している。

そして開花してき彼女の〝魔性〟は、どうやら本物なのか、その後、源氏物語の夕顔のでは、六条の宮で益々発揮されることになる。それは意識された自分の魅力である。自分にはこんなものが隠れていたのかということを再発見し、さらに磨きをかけていくことができる、これがオーラルインタープリテーションの潜在力である。

MEDEA

A Broadway play in 1947 starred by Judith Anderson
Adapted by Robinson Jeffers, originally written by Euripides

I'm going to read three scenes from an ancient Greek tragedy "Medea"
In answer to the first woman who questions he what causes her such a deep grief...

This man--this barking dog—this gulled fool—*(Medea rises)*
gods of my father's country, you saw me low on my knees before the great dog of Corinth; humble, holding my heart in my hands for a dog to bite—break this dog's teeth!

(WOMEN cross down stage of rock Right)

Women! It is a bitter thing to be a woman. A woman is weak for warfare, she must use cunning. Men boast their battles: I tell you this, and we know it. *(Starts down steps Center)* It is easier to stand in battle three times, in the front line, in the stabbing furry, than to bear one child. And a woman, they say, can do no good but in childbirth. It may be so. She can do evil; *(WOMEN make pleading gestures to her)* She can do evil!. *(She snarls at them and they turn away)*

I wept before that tall dog. I wept my tears before him. I degraded my knees to him. I gulled and flattered him. Oh, triple fool, he has given me. *(She crosses up Right Center, FIRST WOMAN sits on back Right)* all that I needed: a little time, a space of time. *(Crosses back to Left Center)*

Death is dearer to him than what I am now; and if today by sunset the world has not turned, and turned sharp too—let you dog Creon send two or three slaves to kill me and a cord to strangle me: I will stretch out my throat to it.But I have a bitter hope, women. I begin to see light through the dark wood, between the monstrous trunks of the trees, at the end of the tangled forest an eyehole, a pinpoint of light: I shall not die perhaps as a pigeon dies. Nor like an innocent lamb, that feels a hand on its head and looks up from the knife to the man's face and dies.—No, like some yellow-eyed beast that has killed its hunters let me lie down on the hounds' bodies and the broken spears.—Then how to strike them? What means to use? There are so many doors through which painful death may glide in and catch—Which one, which one?

(She starts meditating down left. THE NURSE comes from behind her and speaks to the FIRST WOMAN.)

Medea now feels there is no returning from the avenge on her husband and his new bride, who is the King's daughter...

Rejoice, women, the gifts are given: the bait is laid. The god's rolls their great eyes over Creon's house and quietly smile. That robe of bright-flowing gold, that bride-veil, that fish-net to catch a young slender salmon—not mute, she'll sing: her delicate body writhes in the meshes, the golden wreath binds her bright heads with light: she'll dance, she'll sing loudly: would I were there to hear it, that proud one howling.

(crosses to Center between pillars)

Look, the sun's out again, the clouds are gone. All's gay and clear. All I wish the deep earth would open and swallow us—before I do what comes next. I wish all life would perish. *(Crosses down to 3rd step and sits)* and the holy gods in high heaven die, before my little ones come home to my hands.

Medea has made a sad decision that the best way to take her revenge on her Jason is to kill her own children, not because the children have done anything wrong, but because it is the best way to hurt Jason.

Loathing is endless. Hate is a bottomless cup. I'll pour and pour. *(She turns fiercely to the Boys)* Children—*(suddenly melting)*—O my little ones! –My babes, my own! *(She kneels to them, taking their hands)* Never, never, never, never shall my own babes be hurt. Not if every war-hound and spear-slave in headless Corinth were on the track. *(Still kneeling; to WOMEN)*

Look, their sweet lips are trembling: look, women the little mouths: I frightened them with those wild words: they stood and faced me. They never flinched. Look at their proud young eyes!

My eaglets, my golden ones! *(She kisses them, then holds them off and gazes at them)* O sweet small faces—like the pale wild-roses that blossoms where the cliff breaks toward the brilliant sea: the delicate form and color, the dear, dear fragrance of your sweet breath— *(She continues gazing at them; her faces changes, THE NURSES sits up and frantically tells her to flee away from here because spears will come, death will come. She looks up from staring at the BOYS. Her face has changed: the love has gone out of it. She speaks in a colorless, tired voice)*

I have a sword in the house. I can defend you. Would you say that his child has Jason's eyes? They are his cubs. They are his blood. As long as they live I shall be mixed with him. Children, it is evening. See, evening has come. Come, little ones, into the house. Evening brings all things home. It brings the bird to the mother. *(She pushed BOYS into house)* We must not think too much: people go mad if they think too much.

「これは笑い話だよ!」
目的の読み違え!
――"Bye Bye Birdie"の母親のモノローグ。

我が国に出ている英文教材の大半は何とはなしに情報伝達型である。情報伝達はコミュニケーション目的の一つにしかすぎないことを理解させるのに一役買ううってつけの素材があった。

BYE BYE BIRDIEというMichael Stewart作のブロードウェイ ミュージカル中の、母親のトークである。

他大の学生がこの作品をあるコンテンスで読んだ時そこに居合わせた、私の学生達はみなこの作品は授業でも扱ってきて知っているので、解釈も違えば違うものだなと思ったようである。どこがどう違ったか。

私は審査員だったのでくだんの他大生にコンテスト後の個人別コメントタイムでこう伝えた。

「読み違えだよ! 完全なる読み違えだよ! 君のは子供に無視されて悲憤慷慨する悲劇の母親のスピーチになってしまっている。しかしこれは悲劇ではない。喜劇だよ! き・げ・き」と私。

「ええ? マジッスカ? 喜劇だったんですか」と目を丸くしてその学生。

これが男子学生だったというのも彼としてはハンディーのある選択をしたものだと思ったがそれはいい。私はいった。

「マジッスよ。君は、この母親の怒り、悲しみ、嫌味をマジに出しちゃったんだよ、」

彼は笑っていいのかどうかという表情をしていた。

「これね。岸壁の母じゃあないんだよ。」

最もこんなことをいうと、「近江先生、今の子供たちに岸壁の母なんて話してもわかりませんよ」などと返してくる人がいるものである。別にいい。わからせようとしているわけでもない。

話を元に戻して、さて、ここで大切なのは、彼の作品BYE BYE BIRDIEに対する予備知識の程度がどうのではない。**オーラルインタープリテーションは作品の内的証拠による精読学習である。**彼は母親のすねる様を聞かせて笑いを取ろうとする劇作家のコミュニケーションの意図を読み取り損ねたわけでそこだけを指摘しただけである。

「僕なんか、聴衆の笑い声すら台本の裏に聞こえるよ」

渥美清の寅さんシリーズ15巻の、『レモン騒動』などがまさにそれである。彼は大真面目でタンカを切るが、最高に愉快である。すべては劇作家の意図を、どこまで登場人物が受け継ぎ、解釈者が捉えることができるかである。

BYE, BYE, BIRDIE

by Michael Stewart

... So it's come at last! At last it's come! The day I knew would come at last has come at last! My sonny boy doesn't need me any more! Well, what are you waiting for? Get rid of me! *(she indicates the garbage can)* Put me out with the garbage! Just throw me out with the used grapefruits and the empty cans from the Bumble-Bee salmon. Never mind putting a lid on. Leave it open so a hundred thousand pussycats can walk all over a Mother. And by the way, sweetheart darling, I got some good news for you. I got the report from the hospital. It's absolutely definite. I got a condition. Never mind what kind of condition, a condition. And the one thing doctors can't cure is a condition.

I don't want you to worry, though. Just wait'til Mother's Day, wrap me in a flag, and dump me in the river! *(Then rising from the garbage can)* Well, I feel better now. Everything is as it should be. A mother is lying on top of a sanitation truck bound for the City Dump, and a son is running around in saloons with a Mexicali Rose who came over for the fruit picking season and stayed to ruin an American woman's life!

会話文なら薫り高き戯曲の名場面を

——「ライムライト」（"Limelight"）の踊り子と老道化師／「欲望という名の電車」（"A Streetcar Named Desire"）のブランチとステラ、ブランチとスタンレー、／「ガラスの動物園」（"The Glass Menagerie"）／「アンティゴネ」（"Antigone"）の姉妹イズメネとアンティゴネ／ハムレットとオフィリア（"Hamlet"）を通して（→ P.82）等々

ことばの能力を伸ばすためにはモノローグを基本教材とすべきであるといってきたが、もし会話を扱うのならばそれから最大限のものを引き出すための条件が二つある。

ひとつは、料理でもまず食材選びであるように本物を扱うということである。OIという訓練を使いながら貧弱な教材ではもったいない。即生活対応ということを考えて「空港で」とか「道案内」なものが選ばれる傾向があるが、精神性とか目に見えないものに価値を置けない戦後の日本の教育は推し進めることはいかがなものであろうか！。

我々が扱ってきた作品（主として抜粋）は「ライムライト」の踊り子と老道化師／「欲望という名の電車」（"A Streetcar Named Desire"）のブランチとスタンレーのやり取り、「アンティゴネ」（"Antigone"）の姉妹、「ガラスの動物園」（The Glass Menagerie）、枚挙にいとまない。

二つ目は演劇やスピーチの訓練の流れを汲む方法を適用するということである。これを使うから、タフな素材でもその栄養素をしっかりと摂取することができる。（その方法は、登場人物の数だけのサブ・テクスト（＝せりふした）を想定し心の動きを線で捉えていくことである。（pp. 86-87**(Hamlet)** を参照）。

「アンティゴーネ」（"Antigone"）by Jean Anouilh, translated by Lewis Galantiere

千万人といえども我ゆかん——王に刃向うことは死を意味することになることを知っていながら意思を曲げないアンティゴネと、それを思いとどまらせようとする姉イスメネとの絡みの場面。

原作は Sophocles のギリシャ悲劇。

——生に未練がないわけではない、
私は主義のために死を辞さない。
Antigone（上は Duo で、下は Solo で）

Antigone

Based on the Jean Anouilh's translation

Ismene. At least you can try to understand.

Antigone. Understand! The first word I ever heard out of any of you was that word "understand." Why didn't I "understand" that I must not play with water — cold, black, beautiful flowing water — because I'd spill it on the palace tiles. Or with earth, because earth dirties a little girl's dress. Why didn't I "understand" that nice children don't eat out of every dish at once; or run in the wind so fast that they fall down; or give everything in their pockets to beggars. Understand! I don't want to understand. There will be time enough to understand when I'm old... If I ever am old. But not now.

Ismene. He is stronger than we are, Antigone. He is the king. AND THE WHOLE CITY IS WITH HIM.

Antigone. I am not listening to you.

Ismene. His mob will come running, howling as it runs. A thousand arms will seize our arms. A thousand breaths will breathe into our faces. Like one single pair of eyes, a thousand eyes will stare at us. We'll be driven in a tumbrel through their hatred, through the smell of them and their cruel, roaring laughter. We'll be dragged to the scaffold for torture, surrounded by guards with their idiot faces all bloated, their animal hands clean-washed for the sacrifice, their beefy eyes squinting as they stare at us. And we'll know that no shrieking and no begging will make them understand that we want to live, for they are like trained beasts who go through the motions they've been taught, without caring about right or wrong. And we shall suffer, we shall feel pain rising in us until it becomes so unbearable that we know it must stop: but it won't stop: it will go on rising and rising, like a screaming voice. Oh, I can't, I can't, Antigone!

Antigone. How well have you thought it all out!

Ismene. I thought of it all night long. Didn't you?

Antigone. Oh, yes.

Ismene. I'm an awful coward, Antigone.

Antigone. So am I. But what has that to do with it?

Ismene. But, Antigone! Don't you want to go on living?

Antigone. Go on living! Who was it that was always the first out of bed because she loved the touch of the cold morning air on her bare skin! Who was always the last to bed because nothing less than infinite weariness could wean her from the lingering night!

Ismene. Antigone! My darling little sister!

Antigone. No! For heaven's sake! Don't paw me.! You say you've thought it all out. The howling mob; the torture; the fear of death; They've made up your mind for you. Is that it?

Ismene. Yes.

Antigone. All right. They're as good excuses as any.

Ismene. Antigone, be reasonable. It's all very well for men to believe in ideas and die for them. But you are a girl!

Antigone. DON't I KNOW I'M A GIRL? HAVEN'T I SPENT MY LIFE CURSING THE FACT THAT I WAS A GIRL?

Ismene. Antigone! You have everything in the world to make you happy. All you have to do is reach out for it. You are going to be married;you are young; you are beautiful –

Antigone. I am not beautiful.

Ismene. Oh, yes, you are! Not the way other girls are. But it's always you that the little tough boys turn to look back at when they pass us in the street. And when you go by, the little girls stop talking. They stare and stare at you, until we've turned a corner.

Antigone. Go back to bed now, Ismene. The sun is coming up,

Ismene. What are you going to do?

NURSE [from off-stage]. Come, my dove. Come to breakfast.

Antigone. Please go back to bed.

Ismene. If I do – promise me you won't leave the house. YOU'LL LET ME TALK TO YOU ABOUT THIS AGAIN? PROMISE!

Antigone. Very well then – I promise. [ISMENE exits.] Poor

Ismene!

二人読み（DUO）で読ませた。蘭奈はアンティゴネ——。クールに、感情をあまり動かさずにいう。下手な棒読みではない。上手な棒読みである。

欄奈はどうしてもアンティゴネ側をよみたかった。それはいい。ところが素の彼女と役との間にちょっと困った化学現象が起きていることに気がついた。

彼女は自分自身も認めるが、どうせ世の中そんなものじゃあないですか。私は私の道を行きます。他人に深くかかわりあっていることなんかできません。

彼女の心の中に通奏低音のようにながれているこの波動が、解釈者としてひとまず自分を白紙にもどして、役を理解することを妨害してしまっている。自分の心の波立ちをリセットしないでそのまま役に書き込んでしまっていってしまう。

引き留めようとする姉イスメネを振り払うのだが、基本的にはそれがアンティゴネのスタンスだからいい。しかしとして徹頭徹尾それをやってしまう。

イスメネのAntigone, don't you wanto to go on living?: に対する

Who wept that was always the first ouit ofbed beause she loved the touch of thecold morning air on her bare skin? Who ws it that was always the last to bed becauswe nothing less than infinite weariness could wena her from the lingering night? Who wept when she was little because there were too mnay grasses in the meadow, too many creatures in the field, for her to know and touch them all?

という強い決意の間に垣間見るふと見せる生への執着、あるいは未練、それでなければ懐かしみのかけらもないところさえと、あくまでもそういうものではない？と理屈を述べているふうに言ってしまっている。つまり「にべもない」雰囲気になってしまうのである。

覚悟を決めた身にとってはすべて邪魔くさくなってしまうのか——。

これがテンポも音調も単調さとなってあらわれてしまっている。これは聞かせるという視点からはつまらないものになってしまうものであるという点がひとつある。

浪曲などで、「行かねばならぬ、いや行かねばならぬのーだー！　止めてくれるな…」などという時、主人公は多かれ少なかれ後ろ髪をひかれる思いでいる。このプラス、マイナスの両方の感情の狭間でギシギシする抵抗感があるがそれがない。だが欄奈はそもそもショットカットなのでないのだろうなどと、ふざけている場合ではない。（もっと学生たちは型から規制して心を誘発させるということもあり、髪の毛のセットの仕方、衣装などが変わると心持がかわることがあるから、それからいけば髪の毛を長くセットすればよかったのかもしれないが——）。

打開策として練習中役を交代させてもみた。蘭奈にイスメネ役を読ませてみることとさせてみたのである。

...His mob will come running, howling as it runs. A thousand arms will seize our arms. A thousand breaths will breathe into our faces. Like one single pair of eyes, a thousand eyes will stare at us. We'll be driven in a tumbrel through their hatred, through the smell of them and their cruel, roaring laughter. We'll be dragged to the scaffold for torture, surrounded by guards with their idiot faces all bloated, their animal hands clean washed for the sacrifice, their beefy eyes squinting as they stare at us. And we'll know that no shrieking and no begging will make them understand that we want to live, for they're like slaves who do exactly as they've been told, without caring about right or wrong And we shall suffer, we shall feel pain rising in us until it becomes so unbearable that we *know* it must stop. But it won't stop; it will go on rising and rising, like a screaming voice. Oh, I can't, I can't, Antigone! (*A pause*)

こういう場合役に引かれて、異なる自分が出てきたりする。しかしこの学生の場合は、かなりの重症のようだった。**セリフは一生懸命に、あなたはまだ若い、美しいとかいいながら、声の調子が真逆で、死にたいものはフン、勝手に死んだらの感じが漂うのである。**

ある効果を狙って意図的にそうすることがあるが、ここでは合わない。

さて、百歩譲って、ここまではそういうアンティゴネであろうと譲歩したとしても、この相手に対する「無関心」が、聴衆とのコミュニケーションに対する無関心として表れてきてしまった。練習を覗いている私すらも全く無視されていしまっている感じである。語りかけがない。目線も、声もである。

こうなってしまうとやっかいである。OIFは作品と聞き手とのコミュニケーションであるからだ。

だが、もともと音読とはテキストをただ読むことであるという程度の教育背景がある。だとするとここから先は自分たちだけで練習していたのでは埒が明かない。

——イスメネ側の問題の最大のもの
パトスに訴えての説得構造の典型なのに…。

スピーチでも劇の指導でも何でもかんでも感情を入れればいいというかのような指導は、最も望ましくないものである。医者に患者の様態を報告する看護婦が身振り手振り七転八倒して伝えることはしない。

ところがこの作品のイスメネのセリフは違う。

近いうち恐ろしいことが起こるわよ、それでもいいのという時、彼女は、非説得者のアンティゴネはもとより、聴衆の**聴覚、触覚、視覚、嗅覚らのあらゆる感覚を刺激することで思いとどまらせようと説得しているところだから、この場合はてらうことなく感情移入をして構わない。**

事実、この大スピーチに対してアンティゴネが呆れて"How well you have thought it all out!"といっているくらいだ——。

この箇所は、そういった意味で教師にとっては非常にすぐれた練習教材となっている。

さて、蘭奈は感情をだすのに抵抗感を感じるらしい。でも、ここが大切な点なのだが、

「いやでも、これは君個人のセリフではなくイスメネの問題なのだ」

かくして学生は役とそれを演ずる役者は異なるということを実感する。

——聞き手は一様ではない、この部分は自分相手のつぶやきと解釈しよう、など…

長いセリフの中は、すべて同じ聞き手——聴衆であろうと相手役であろうと——に投げかけられているというと考えるのは深い解釈とは言えない。もちろんそう考えるかどうかは解釈者によるが、聞いている側の感覚からしては、おもしろみのないスピーチになりがちである。

——相手にではなく、ある部分をぼそりと独り言として扱うことで全体に変化が生じ、深みが増すことなどを体験させていきたい。

アンティゴネのDon't you know that I was a girl? Haven't I spent my life cursing the fact that I was agirl? などはさだめしその候補であろう。勿論必ずしもその解釈をとらなければならないものではないが、当初の作品

の黙読で To Whom と Why を決定済みにしてしまって、後は動かさないという単純なものではないのである。

「なるほどいいですね…」と学生。

「イスメネにきかせるというより聴衆にだけに語りかけるアンティゴネの心情吐露だ」

「そういう風に切り換えてみるわけですね…」

彼女はいいはじめる。ところがそれまでと同様に表側の声である。

「だめだ、だめだ、イスメネに弱みをみせたら突っ込まれるぞ」

言い直す。

「今度は聴衆に届かない…」(笑)

肩の力を抜いて、しかも音程を下げて語る感じをいってきかせる。

こぼれ話③

数列1234…だけでのコミュニケーション練習 成績不振者をたしなめたり、帰りの遅い亭主をしかったり、弁解したり…

晩さん会で何か芸を頼まれた女優が、やおら立ち上がってなにかを朗誦しはじめた。終わると皆、感動して何ですかシエクスピアですか、モリエールですかと聞いた。

彼女曰く「私は目の前のメニューを自分の国のことばで読み上げただけです」——。

私は、よく1234の数列を使って、表題のような練習をする。（ちなみにポイント、ポイントに、つなぎの文を入れるとやりやすい）

「ちょっと君、きてごらん。」と言って成績が記載してあるノートなどを取り出すジェスチャーを入れながら、

“Listen, your recent TOEIC score, you know... I'm afraid 1234567,,,3, 4, 5, 6, 7, 89!You see... Well,... 12345?......Good. 12345678910.,,4,! 5! 6! Huh???...., 67879…123, 1234...?”

口先だけではない。気持ちを込めていう。学生には何か弁解してみよとふる。

...Well, Mr. Omi... this may sound like an excuse, but 12345678910, and so123456789…”

そして最後全員に向けて、「なんて弁解していた？」とたずねる。音調から本音を読み取らせるわけである。

ロメオジュリエットのバルコニーの場面を123... でやってきかせたりすることもあった。

意味というものは結局、それを発話している語り手が与えているものであるということ、それを探り当てようとする解釈が学習の意味を再確認させたい意図がある。またその理解に立って声だしするから文章のレトリックが体に刷り込まれて抜けにくくなるといういつもの点に帰着するのである。

単におもしろいだけの練習ではない。

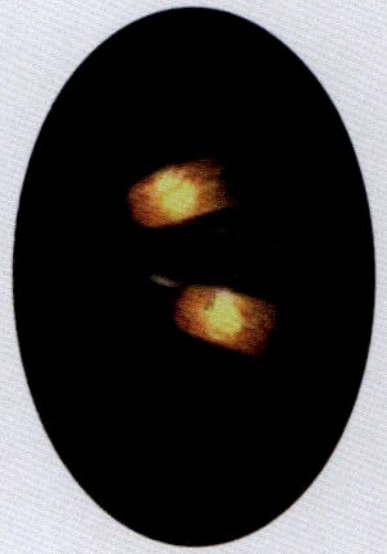

シネマ名場面集

――「嵐が丘」（《Wuthering Heights》）「ローマの休日」（"Roman Holiday"）「カルメン」「カサブランカ」（"Casablanca"）「ある愛の詩」（"Love Story"）の結婚式、最後を「サウンド・オブ・ミュージック」の"So Long, Good bye"の歌をメドレーでつなぐ

映画のシナリオももちろん使ってきた。映画といえば、皆、それぞれ多かれ少なかれ、アーチストの横顔と共に数々の名場面が髣髴とし、熱い青春の血が蘇るもの。だが、実はそれが問題である。つまり多くの日本人にとって映画あくまでもエンターテインメントであり、思い出であり、心を豊かにするもので終わってしまう。

なるほど近年、映画を英語学習の教材として扱うことはなされてはきた。しかしなぜか自分が演ずる側に回るということが思いつかない。セリフをおずおずと声にだしてみたりしても身体はレシーバーを耳に当ててブツブツ言うか通勤電車の中で聞いたりする程度で、立ち会って実際にしてみるということはあまりしない。輪読するまでのことはあっても、多くは身体が介在していない音声練習になってしまっている。

しかし演ずる側に回って練習すればいろいろなことが見えてくる。そして、素晴らしい表現法がより身につきやすくなるのは、他の素材の場合と全く同じである。

あくまでも抜粋である。あるテーマのもとでいろいろな場面が選ばれ、ナレーションでつないで発表するということをよくしてきた。

しかし、あくまでも授業との連携である。アメリカで学生俳優をしたディレクやOIの勉強をし、今日まで教壇と課外で時間を費やしてきた私のこだわりである。好きなようにという、いかにも当節風な放任ではないし、レベルは世間にある大学のESSのドラマサークルの自己満足的な英語劇とは違う。

どんな場面を選んでも、オフ・フォーカスの意識は忘れるなといってある。つまり作品全体を、その作品を受信しようとする人に向けて語っているという劇作家目線で語る自分を意識させることで、作品全体の表現を根こそぎ奪い取ることができる。

とはいえ、映画の場面を取り上げようとする場合、多くの人の頭の中にはすでに俳優たちの演技の残像が強烈に残っている。従って、そのときの感動やイメージに逆らうことなく、むしろそれを利用してオンステージフォーカスでさせる。遠慮なくオードリー・ヘップバーンになり、アンジェリーナ・ジョリーにならせる。

以前、学生が女子大生に人気のある男性教員と「ある愛の詩」の結婚式の場面をやりたいといったので、オフフォーカスでするようにいっておいたが、ふたをあけてみたらオンステージになっていたことがある。

「何でオンステージでやったの」と私はきいた。

彼女は答えた。

「せっかくだから直接見つめ合いたかった」

Roman Holiday

Casablanca

ちなみにこの作品がもとになって三十年後、卒業生の実際の結婚式で、私が司祭をやる人前結婚式の朗読劇台本を書くことになるとは想像もしていなかった。

——オンステージの方が映えた「カルメン」（“Carmen”）

オンステージを基本とするが、オンステージの方が映えるものはある。だったらそうする。どういう皿を使うかは料理による。

「カルメン」の最後の場面がそうだった。ホセを振り払おうと逃げるカルメン、それを引き留めるホセ、さらに逃げるカルメン、カルメンが軽蔑の気持ちで振り向きざま唾をするところは「かまうことないから吐け」といった（結局それだけはできなかったが）。最後はホセがカルメンを刺すが、すぐさま彼も銃で撃たれる。

　セリフと動きががんじがらめになっているこの台本は頭の中に場面を想像してオフフォーカスで読み上げる方法をとると、少々苦しい。またセリフも入りにくい。つまり言葉はそれだけ自分のものになりにくくなる。これは避けたい。最終目的は適切と思ったフォーカスは取ればいい。ここでは、言葉を自分のものにしていくことである。迷うことなくオンステージをとった。

　しかし、映画も基本的に対話素材なのでの訓練の中核は、人物ごとの心の線を台本の余白に書き、通して、自分はこの場面で何をしようとしているのかをしっかり認識させ、同時に相手のセリフまで取り込んだ語り手の線も意識させるようにする。

　対話素材からの学びを多くするために以下のような訓練をよく放り込んだ。

左右のコミュニケーションを、上下（奥・面）に切り替えると、聴衆との語りであるという意味がわかるだろう？ Carmen 指導より

——役の交代練習——自分と相手役を交代してみる練習。ハムレット役がオフィリアに、オフィリア役がハムレットを交代して演じてみるなど。

テネシーウイリアムズの「ガラスの動物園」のフットボールの花形のジムが内気なローラに、勇気を持てと説得する場面でのこと——。私はいった。

「はい、ここでジムとローラを交代して！」

不意にいわれると、当事者は驚く。周囲も始まる前から笑い出す。ところが、実際にしてみると、ジム役の学生が実は、女性的なシャイなところがあることがわかったり、ローラをしていた学生が意外な開放性があったりという具合に驚かされたりすることが多い。筋肉隆々の男性舞踊師が「今度は僕が女をしてみるからね」とかいって、実に細やかな女を演じたそうだ。が、「なるほどやっぱりそうだったか」と周囲が妙な納得をしたほど決まっていたそうだ。

狙いは何か。第一にお互いの隠れていた自分やパートナーの側面を発見できること、第二に、練習中には聞いていただけの相手のセリフが自分自身の中にどの程度取り込まれていたかどうか発見することができる英語学習的意味がある。もし、交代してみて全く動きが取れないと、相手を理解していなかったばかりではなく、その分だけ、どこか自分の役作りやセリフの解釈にも問題があるとみてよい。

学生とこんな話をしたことがある。

「結婚生活においても、夫婦の仕事を入れ替えてみるのもお互いをどれほど理解していたかがわかるし、そうして得た理解が、結婚生活そのものをトータルに捕らえることにプラスするのかもしれませんね」

「人生はドラマというが、実生活に生かすドラマメソッドだね」

この練習は、役もセリフもかなり自分の中に入ってきた段階で、突発的に、そして即興感覚でさせてみるといい。交代練習があるというので、あらかじめ準備してきた学生がいたが、それで何もならない。一つを一生懸命に追及することが、それが正しい追求であれば、もう一方につながっているという実感を味わってもらうためである。実は与えられた立場を深く研究する過程で自然に相手も取り込まれているものは取り込まれていると信じていればいいのである。

見学者の先生がいった。

「いろいろ面白いことをするのですね。でも、中高の現場ではなかなかそこまでしている暇があるか…。与えられた役を覚えるだけでていっぱいです。」

いろいろ遊びを入れても最終的に自分の役に戻ってはくる。しかしそのときに何かが違っている。理解も断然に深まっている。言葉を着実に覚える、使えるように覚えていく、総合的な学習の効果である。

——相手役を次々と換えていく練習

ハムレット役の役者、オフィリア役の役者をそれぞれ一列になって待機させる。ディレクターの合図と共に次々と新しいパートナーと話しを続けていく練習である。つまり「はい、ハムレット！」と言ったら、途中でも次のハムレットがでてきてオフィリアの渡り合う。しばらくして、「ジュリエット！」といったら、次のジュリエットに交代する。

狙いは、刻々と変化するコミュニケーション場面に言語的、非言語的に対応する切れの良さをつくっていくことであるといえようか——。

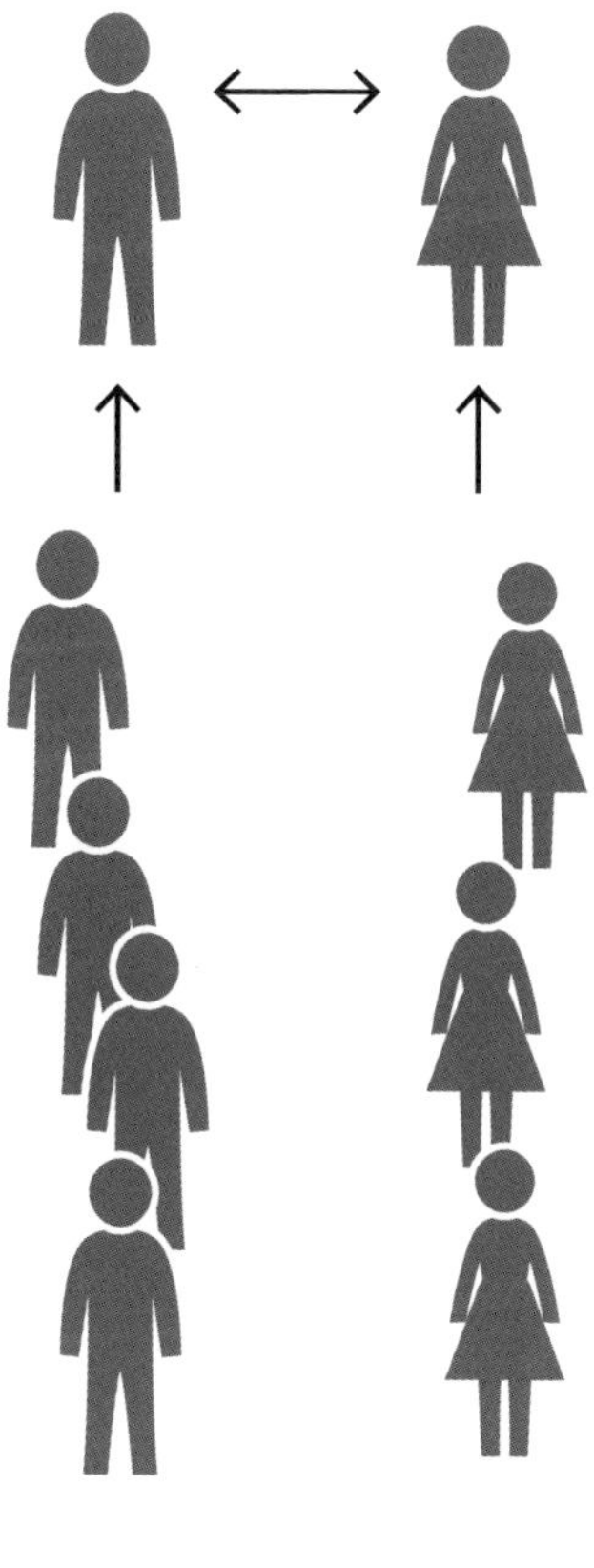

詩こそ素晴らしい語りだ…貧困な表現力の打開のかぎ

マザーグースの［ジャックが建てた家］（"The House that Jack Built"）――異なる解釈から食物連鎖の話に応用／「レモン哀歌」（"The Lemon Elegy"）／ワーズ・ワースの「水仙」（"The Daffodils"）／「誰に」を意識していない不気味な声を直す――「青春」（"Youth"）のこと――種火を消すな！・その発声では作品は死ぬ！／兵隊の行軍、キップリングの"Boots"のこと――おい兵隊の君たち、次回までに自分の履歴書を書いてこい！――

朗読というと多くの人は詩の朗読を想像する。作家の自作自演の催しなどもある。いずれにせよ詩の朗読はあくまでも日常生活から切り離された、趣味の活動として捉えられてしまっている。

中高校の英語のテキストに詩が載せられてきたことはあった。しかし、殆どが申しわけ程度である。しかも、ほとんどが自由選択扱いであるところに、関係者の言語観の貧困さと認識不足があらわれていた。しかしこんなところにもいつまでたっても本当の表現力は育たない原因がある。

詩は鑑賞用の特殊言語ではない。生きたことばとしてそれから雄弁のからくりを引っ張りだすことが出来るかけがえのない言語教材である。

そもそも「詩」とは何だろうか。すべては人の語りである。その語り相手は決して特定の人ではなく、場合によっては自分自身へのこともあれば、神に向けて、あるいは目の前には居ない恋人であることもあろう。いずれにせよ語りながら思いがあふれて高揚した思いがあるリズムを生むこともあろう、言葉が高められきらきらと光を発することもあろう、その時の発話がいわゆる詩ではないのか。この発話を詩と呼ぼうが散文と呼ぼうが、そういうことは研究者でもない限りあまり意味がない。実際、詩人でもない限り、さて今から詩を書くぞ、何を書こうかという場合は少ないのではないか。

「バラという花はバラと呼ばれなくても甘く香ることにかわりはない」である。

フェスティバルで扱ってきた詩にはいろいろあったがリズミカルで明るい詩の中で、圧倒的に人気のあった作品といったら、マザーグース（英国古来のわらべ歌）の**"The House that Jack Built"**、〈ジャックの建てた家〉であろう。

ジャックの建てた家　THE HOUSE THAT JACK BUILT

This is the house that Jack built.

This is the malt
That lay in the house that Jack built.

This is the rat
That ate the malt
That lay in the house that Jack built.

This is the cat,
That killed the rat,
That ate the malt
That lay in the house that Jack built.

This is the dog,
That worried the cat,
That killed the rat,
That ate the malt
That lay in the house that Jack built.

This is the cow with the crumpled horn,
That tossed the dog,
That worried the cat,
That killed the rat,
That ate the malt
That lay in the house that Jack built.

This is the maiden all forlorn,
That milked the cow with the crumpled horn,
That tossed the dog,
That worried the cat,
That killed the rat,
That ate the malt
That lay in the house that Jack built.

This is the man all tattered and torn,
That kissed the maiden all forlorn,
That milked the cow with the crumpled horn,
That tossed the dog,
That worried the cat,
That killed the rat,
That ate the malt
That lay in the house that Jack built.

This is the priest all shaven and shorn,
That married the man all tattered and torn,
That kissed the maiden all forlorn,
That milked the cow with the crumpled horn,
That tossed the dog,
That worried the cat,
That killed the rat,
That ate the malt
That lay in the house that Jack built.

This is the cock that crowed in the morn,
That waked the priest all shaven and shorn,
That married the man all tattered and torn,
That kissed the maiden all forlorn,
That milked the cow with the crumpled horn,
That tossed the dog,
That worried the cat,
That killed the rat,
That ate the malt
That lay in the house that Jack built.

This is the farmer sowing his corn,
That kept the cock that crowed in the morn,
That waked the priest all shaven and shorn,
That married the man all tattered and torn,
That kissed the maiden all forlorn,
That milked the cow with the crumpled horn,
That tossed the dog,
That worried the cat,
That killed the rat,
That ate the malt
That lay in the house that Jack built.

This is the horse and the hound and the horn
That belonged to the farmer sowing his corn,
That kept the cock that crowed in the morn
That waked the priest all shaven and shorn,
That married the man all tattered and torn,
That kissed the maiden all forlorn,
That milked the cow with the crumpled horn,
That tossed the dog,
That worried the cat,
That killed the rat,
That ate the malt,
That lay in the house that Jack built.

マザーグースの「ジャックが建てた家」(The House That Jack Built)

——食物連鎖の話に応用できるレトリック——

「まず誰が話しているか、いや、この場合は、そもそも何人の話者がいるか」。少なくとも二つの異なる解釈が考えられる。

解釈① 二人の語り手が自分の情報の新奇性をもって相手を出し抜こうとする、そのうえでそ掛け合いを第三の聞き手に聞かせようとする

語り手が二人いると考える解釈では、互いの優位性を誇示する。「これはジャックが建てた家の中に寝かしてあった麦芽を食べてしまったネズミだよ」「いやこれはジャックが建てた家の中にあった麦芽を食べてしまったネズミを殺してしまった猫だよ」と自分の方が新しい情報を掴んでいるというニュアンスを込めて切り返していく。

ある時、同じビートで最後まで刻んでいくお決まりのパターンになってしまった。最後まで聞いているのは堪えられなかったので。待ったをかけた。

「これはね、解釈のポイント7についていえば、どんどん新しい情報が積み重なり最後はとてつもなく長くなるいわゆる積み上げ歌というんだ。新しい情報のみを強調してあとは流す。全体が2—3—1のイントネーションになるようにいきたいところだね。This is... が2で、the maiden all forlorn that milked... は新情報で3の高さ、それ以下はすでに相手がいっていることだから1のイントネーションで流してしまえばいい」

「違う！動詞のところまでが新しいことだろう、そこまでは母音を延ばしてゆっくりといって——。」

軽い拍手すら起こるレベルにはなってきている。しかし、**それぞれが自分のパートをきちんとやったという感じはするが、かみ合いがない。原因はすぐにわかった。**

「相手のいった部分をよくきいていなかったから、ただリズムあわせになってしまっているんだよ。相手の中に自分の言い方へのヒントがある。This is the maiden all forlorn that milked the cow... と出てきたらまずそれを聞くのだ。なるほどと心で受け止めて、こちらは、その上に行くものとして ...the man all tatteted and torn that kissed... と丁度いい強さでからんでいけることになる」。

二人ではなく二グループの対立として練習させることもした。

「これは二者の掛け合いだけではない。こういう掛け合いをしているということを聴衆に向けて語るようにしている作品であるということだ。」

皆うなずく。

そういいながら、Thi is the maiden all forlorn hat miked... the cow... と観客空間を包み込むように弧を描きながら最後は、隣の相棒に声を渡すようにいう手本を示す。

The House That Jack Built

解釈② 語り手は一人。たとえば農園のガイド嬢。訪問者に、情報を伝達するという目的

農場を紹介するという目的、情報伝達目的と解釈することもできる。

次の問題は語り手は何人いるかということである。

「標準的な解釈で一人というところだと思います」

「そうだろうね。案内人が複数名というのは圧迫感がありすぎるからね」

「からだは、移動しながらということになるよね」

「はい。ガイドブックを見ながら、固定位置から説明しているという状況も考えられますね」

「なるほど、カーナビ時代的な解釈だな」

いずれにせよ活字で説明するのはむつかしい。CDをつければいいというものではない。YouTubeにいろいろな朗読が出ているが批判鑑賞法的に聞くことをすすめる。多くが、カラフルで動きのある映像付きであってもそれはコンテント（What）の描写であって、語り手と場面の関係が見えてこない。語り手は固定位置にいるものであるという前提が間違っている。

身体と意味との関係について——第三の解釈か

学生達はさらに自分たちで考えて色々つくってきた。

「おい、何かがおかしいぞ！」

その結果判明したのは意味と身体のズレであった。

ことごとくこんな具合になってしまっていた。

This is **the dog**（といってソッポを向く）that worried the cat that killed the rat that ate the malt that lay in the house that Jack built

This is **the cow with the crumpled horn**（と言ってソッポを向く）that tossed the dog that worried the cat that killed the rat that ate the malt that lay in the house that jack built.

正しくはこれは、相手がすでに言っているから互いにわかりきっている情報（＝旧情報）たとえばThe cat that killed the rat…の直後、こちらが提供する新ネタすべてを相手に誇示しなければならないので、その中で中心になる動詞までは言い終わってからソッポを向くなら向くことが大切だ。名詞を言っただけで逃げてしまったら相手はなんだかわからない。

そこで、次の正しい形を教えた。

This is **the dog that worried**（ソッポを向く）the cat that killed the rat that ate the malt that lay in the house that Jack built

This is **the cow with the crumpled horn that tossed**（ソッポを向く）the dog that worried the cat that killed the rat that ate the malt that lay in the house that jack built.

しかし、先のものも含めて、原文をどう解釈しても出てこない強烈な感情、従って声も支配している。言っている内容とは直接関係のない意味が支配している。文字列に意味を与えるのは語り手——まさに言語パロール観である。周囲の反応にもあった。「おもしろいのです。なにか夫婦喧嘩をしているのです！ところが言葉ではそういっていないのです！」

意図的にこういうチグハグさを出したとしたら非常にむつかしい演技をしたことになる。

最後にもうひとつの解釈がでてきた！

語り手がふたりだが、競い合いあいでもない、単に情報を分かち合っている——

女性向けの商品コマーシャルで2人のセールス嬢の語りで仲良く情報を分担して発信するというものである。

この素材は実生活への応用性のないただ、楽しいだけの教材であると思いがちであるが、思い違いである。食物連鎖をはじめ、**物事の因果関係を説明するレトリックが隠されている非常に汎用性のあるトーク**であるということである。

──『青春』（Youth）──
「誰に」を意識していない不気味な声を直す

Samuel Ullman
(1840〜1924)

Samuel Ullmanの"Youth"には原詩と、のちにリーダーズ・ダイジェスト社が出した版とふたつある。拙著『挑戦する英語！』には、どっちを載せるかで編集者と意見が合わなかったが、結局両方載せることにした。

通常、オリジナルの方がいいものであるが、これに関する限りは、ダイジェスト社版のほうが優れていると私は思っていた。理由は一言でいえば文体的なものであった。

Youth

本のCDでは、原詩を読んだ浅野嬢は朗読会ではリーダーズ・ダイジェスト版の方を読んだ（付属DVD）

YOUTH

Samuel Ulman

Youth is not a time of life — it is a state of mind; it is a temper of the will, a quality of the imagination, a vigor of the emotions, a predominance of courage over timidity, of the appetite for adventure over love of ease. Nobody grows old by living a number of years; people grow old only by deserting their ideals. Years wrinkle the skin, but to give up enthusiasm wrinkles the soul Worry, doubt, self-distrust, fear, and despair — these are the long, long, years that bow the head and turn the growing spirit back to dust. Whether seventy or sixteen, there is in every being's heart the love of wonder, the sweet amazement at the stars and the starlike things and thoughts, the undaunted challenge of events, the unfailing childlike appetite for what next, and the joy and the game of life. You are as young as your faith, as old as your doubt; as young as your self-confidence, as old as your fear, as young as your hope, as old as your despair. So long as your heart receives messages of beauty, cheer, courage, grandeur, and power from the earth, from man and from the Infinite, so long you are young.

When the wires are all down and all the central place of your heart is covered with the snows of pessimism and the ice of cyncism, then you are grown old indeed and may God have mercy on your soul.

いろいろな意味で私の生活が一変させられた２冊の本

さて、グループ発表で行ったときのことである。学生達は自分たちで練習してきたところで私に見せにきた。

聞きながら私はぞっとした。私は言った。

「君たちの語り相手はお互いではない、こちらだよ、こ・ち・ら！――今どんな顔をして僕が君たちを見ていたか気が付いたかい」

返事がない。

「これだけ大勢が読んでいて、声はガンガン聞こえてくるけれど変なんだな、今、聞き手はたった僕一人だ。にもかかわらず、君たちのだれひとりからも語りかけられているという感じが僕はしない。見られているという感じすらしない」

顔が上がっていないというわけではない。かなり練習しているから声も大きいし、空で言える。だが、だからこそ不気味なのである。頭を飛び越えていってしまう。一般に詩と聞いただけで特殊なものと思うのか、聞き手がなくて唸ってしまう傾向がある。偏見が声になっている。げにおそろしやである。

「ブキミだよ！」私は言った。

「皆一生懸命なのだが、メッセージが伝わってこない。朗読しようとしている学習者がいるということしか伝わってこない。」

「意識の問題だ。君たち、誰一人として、誰に向けているという意識もなければ顔を上げながら心が何も見ていないからだ！」

結局作品解釈である。

「誰に向けて」「なんのために」をつかみ直す必要があった。

「姥捨て山」の「雪が見えない」の場合は、ソロであったが、こちらはグループ、「雪」の場合は「内容」把握だったが、ここでは「聞き手」を把握していないという問題である。

どうしても表現に結びつかないときには、その問題箇所が、うまく言え**ることが答えになるような問いかけを英語でし、答えが出たところで、「そう！そうした感じで僕に対してしゃべってみよ」**、とやる。

英語の授業において、教師が生徒に内容を問う型にはまった質問とは違う。教師として問うのではない。Listen, Yumi, I'm no good. I'm through. I'm old and you can't teach an old dog new tricks. と絡んでいく。すると、くだんの生徒の方もYou are not old. などと即興的に言ったりする。これに対してYes, I am... と返す。すると反射的に

No, you're not. Youth is not a time of life. It is a state of mind. It is a vigor of the emotions... You are not old-Well, you are as old as you feel と返してくるかもしれない。そこで、すかさず、

「そういう調子で言ってみて」

といって持っていく。

指摘して再び練習に入った。

「ぐっとよくなった」。

高村光太郎『智恵子抄』――レモン哀歌（The Lemon Elegy）より

コンテストに出たい、入賞したいという学生のことは以前にもあったがもう一人出てきた。

読みたいと言ってきた作品が高村光太郎の「智恵子抄」の中の「レモン哀歌」（"The Lemon Elegy"）であった。その前年にも別の学生が同じ作品で優勝している。何か柳の下の土壌を狙うみたいで抵抗があったが、その学生にとってははじめてだからしょうがない。しかし、それにしても審査に通りにくい作品を選んだものである。私は好きだがそれとは関係がない。

私は、その頃には、指導をして入賞させ、時に賞状授与者になったりというのがいやになっていた。しかし、入賞が一つの動機になるのならばと思って指導することにした。いずれにしても勉強のためにやっているから迷わずすればいいのだが、今振り返ってみて、こうして入賞した学生たちの中には、その業績を履歴に加え、就職試験とかに役立てようとかという不純な動機がある場合もあるようである。いやな世の中になったものである。虫も殺さぬ顔をしながら打算。まあ、そっぽを向かれるよりは必要とされるほうがいいかと割り切りさっそく勝ちに行くコミュニケーションに取り掛かり始めた。


「今回のジャッジは誰かわかっているか。審査員に外国人がいるか」

「います。GとLときいています。」

「うーん」

コンテストに出る学生を指導するのに、審査員の名前を尋ねるなど、いやみだといわれそうだ。一生懸命に練習すれば結果はそれについてくるのではないかという声なき声もきこえる。しかし一生懸命にやれば戦争に勝てると信じた日本人の根底に流れる精神主義のようで限界がある。

審査員も聞き手である。そしてコンテストの結果を左右する重要な聞き手である。それを意識することもコミュニケーションの学習である。

次に『智恵子抄』という作品そのものだ。これは、どの作品も外国人には受けそうにもない。

日本の英語関係者は外国人に弱いので、外国人ならばだれでもスピーチコンテストの審査員になれると思っているところがある。しかし、「古池や蛙とびこむ水の音」をきいて笑い出してしまうような審査員だったらどうするのか。

ある工夫をした。

オーラル・インタープリテーションでは、イントロは一般的に行われることであるが、ありきたりの背景説明ではなく、あの有名な「智恵子は東京には空がないという…」の詩を入れることにした。意図は、このやや動的な詩と静的な本詩の対比をつくるためにである。こうすることで、シャーロットリー（Charlotte Lee）の言うところの**変化と対照（Variety and Contrast）**が生まれ、単調さが救われた感がした。

学生が言った。

「素肌にメークをするようなものですね？」

「すっぴんでもこの作品は美しい。それを引き立てるためにちょっとメークを施すというところだ。偽装では決してない。君の選んだ作品を引き立てるためのイントロだからいいのだよ」


さて、本詩である。

智恵子はいった。レモンを食べたいと。智恵子はカリリと噛んで覚醒した。しかしそれも束の間、そのまま息を引き取っていった——。

凝縮された情感。

「息を引き取る前の一瞬の命の輝きがあったという But just at the end, Chieko found Chieko again. All life's love into one moment fallen は、思い切って明るさを出したほうが、その後が引き立つ。表情を気持ち明るくいったほうがいいのではないかな」

それからいよいよ息を引き取るところにくる。

「たっぷり時間をかけて、ここをさらっと言ってしまったら作品が死んでしまう。」

外から、内からつくっていく。学生にいわせながら　私もリズムをとっていう。

「… And then, with it いち、にー、さん　your engine… いち、にー、さん… stopped… いち、にー、さん」——。

「タイミング的にはこうだ。しかし要は、言葉の背後に流れる気持ちだね。光太郎は間のところで智恵子の最後の光景を見ているのに違いない。だから君も光太郎と同じが見たであろうものを想像していって。ゆっくり、決してあわててはならない」

「情景を思い浮かべるのですね」

「というより語っている人の心に入るのだ。この二つは違う」

ともすると流暢さだけを追い求める訓練に走りがちな時代に全く逆行しているから意味があるのだという気持ちが私の中にあった。鼻からさじを投げずにすればついてくる学生はついてくる。

それにしてもこういうものが堂々と発表でき、その世界を共有し合えるようなりたい、それもことばを勉強している人間ならばことばを通じて——。これまた異文化コミュニケーションの訓練の場でもある。

彼女は優勝した。フェスティバルでも披露した。だがそれだけで音沙汰はなかった。

私は思った……。名古屋にも空がない……。

LEMON ELEGY（レモン哀歌）
高村光太郎『智恵子抄』より

Chieko-sho is a collection of poems dedicated to the memories of his wife Chieko by Kotaro Takamura.Chieko said, "I'm looking for the sky. There is no sky over Tokyo. I hate such a dirty sky, Kotaro... What I want to see is a much much bluer sky, a deep bottomless sky, the kind of clear blue sky, which you can see over the mountains of Atatara." But she was never to see the blue sky she had so longed to see again.

The poem I'm going to read is about Chieko on her deathbed, who seemed to show, for a second, a spark of life when she tasted her favorite lemon...

So intensely you had been waiting for lemon.
In the sad, white, light deathbed
You took that one lemon from my hand
And bit it sharply with your bright teeth.
A fragrance rose the color of topaz
Those heavenly drops of juice
Flashed you back to sanity.
Your eyes, blue and transparent, slightly smiled.
You grasped my hand, how vigorous you were.
There was a storm in your throat
But just at the end, Chieko found Chieko again.
All life's love into one moment fallen.
And then once, as you did on an mountain top you let our a great sigh
and with it your entire engine stopped.
By the cherry blossoms in front of your photograph, today, too, I will put
a cool fresh lemon.

—Poetry and Prose of Takamura Kotaro
by Hiroaki Sato

THE DAFFODILS「水仙」 by William Wordsworth

I wandered lonely as a cloud
That floats on high o'er vales and hills,
When all at once I saw a crowd,
A host of golden daffodils;
Beside the lake, beneath the trees
Fluttering and dancing in the breeze.

Continuous as the stars that shine
And twinkle on the Milky Way,
They stretched in never- ending line
Along the margin of a bay:
Ten thousand Saw I at a glance,
Tossing their heads in sprightly dance...

The waves beside them danced; but they
Outdid the sparkling waves in glee:
A poet could not but be gay in such a jocund company:
I gazed— and gazed— but little thought
What wealth to me the show to me had brought.

For oft, when on my couch I lie in vacant and pensive mood,
They flash upon that inward eye,
Which is the bliss of solitude;
And then my heart with pleasure fills,
And dances with the daffodils.

——ワーズワースの「水仙」（"The Daffodils"）

ひところは英語の教科書にはよく出ていた有名な詩である。

「水仙の花の広がりを理解して声に出すということですね」。

「と思うだろう。違う！」

すると別な学生がこういった。

「語り手は誰かということですよね。この場合は老人…」

「年配者でなければピンと来ないね。そこでまず彼に向き合うことだ。これは空間軸の移動。しかし、この場合は花は花でも彼の網膜に映った若き日に見た思い出の花だ。ということは、君たちは時空を飛び越えてその心情を想像し、さらにはこの人は誰にどういう目的で語っていて、どういう表現をしているかまで理解し、理解したように声に出そうとすることでなければならないのだ。時間軸の移動でもある。」

「オーラルインタープリテーションは異文化理解訓練でもありますね」

「そう、この作品では介護実習の心も養っている。はい、では読んでみて！」

最後にまとめた。

「施設に出掛けていって介護の真似事をするのが無意味などと言っているわけではないんだよ。ただ、地味なリーディングからはじまるOIにおいてだって、いやOIという代理実体験でこそ、実体験ではかなわない素晴らしい心の体験が出来るのだ。」

なお、この詩は退職する教員と学生のグループ読みの中で読まれたことがあるが、考えさせられる点が沢山あった（p.157参照）

——兵隊の行軍、キップリングの"Boots"

兵隊の君たち、次回までに自分の履歴書を書いてこい！

イギリスの作家 **Joseph Rudyard Kipling** (1865–1936) によるこの詩は、エロキューション教師の間にとってのスタンダードナンバーになっているようである。

私は Elizabeth E. Keppie というスピーチのテキストで出会っている。Choral Verse Speaking! An Avenue to Speech Improvement and Appreciation of Poetry—For Use in Senior High Schools and Colleges (1939)

詩の群読の形式は、**コーラル・スピーキング**（**Choral Speaking**）という括り方がされることがある。特にそのリズム性が強調される場合にそういわれるようである。

BOOTS

Written by Rudyard Kipling
Adapted for Choral Verse Speaking by Makoto Omi

ALL: We're foot—slog—slog—slog—sloggin' over Africa —
Foot—foot—foot—foot—sloggin' over Africa —
Boots—boots—boots—boots—movin' up an' down again!
There's no discharge in the war!

GROUP 1: Seven—six—eleven—five—nine-an'-twenty mile to-day —
Four—eleven—seventeen—thirty-two the day before —
Boots—boots—boots—boots—movin' up an' down again!
There's no discharge in the war!

GROUP 2: Don't—don't—don't—don't—look at what's in front of you.
Boots—boots—boots—boots—movin' up an' down again;
Men—men—men—men—men go mad with watchin' em,
An' there's no discharge in the war!

GROUP 1: Try—try—try—try—to think o' something different —
Oh—my—God—keep—me from goin' lunatic!
Boots—boots—boots—boots—movin' up an' down again!
There's no discharge in the war!

GROUP 2: Count—count—count—count—the bullets in the bandoliers.
If—your—eyes—drop—they will get atop o' you!
Boots—boots—boots—boots—movin' up an' down again —
There's no discharge in the war!

GROUP 1: We—can—stick—out—'unger, thirst, an' weariness,
But—not—not—not—not the chronic sight of 'em —
Boot—boots—boots—boots—movin' up an' down again,
An' there's no discharge in the war!

GROUP 2: 'Taint—so—bad—by—day because o' company,
But night—brings—long—strings—o' forty thousand million
Boots—boots—boots—boots—movin' up an' down again.
There's no discharge in the war!

(次の GROUP 1, 2は重ねて)

GROUP 1: I—'ave—marched—six—weeks in 'Ell an' certify
It—is—not—fire—devils, dark, or anything,
But boots—boots—boots—boots—movin' up an' down again,

An' there's no discharge in the war!

GROUP 2: We're foot—slog—slog—slog—sloggin' over Africa —
Foot—foot—foot—foot—sloggin' over Africa —
Boots—boots—boots—boots—movin' up an' down again!
There's no discharge in the war!

ALL: We're foot—slog—slog—slog—sloggin' over Africa —
Foot—foot—foot—foot—sloggin' over Africa —
Boots—boots—boots—boots—movin' up an' down again!
There's no discharge in the war!

兵隊が密林や沼地を疲れ果てながら行軍していく。しかしそれは「内容」（WHAT）である。それより大切な解釈のポイントがある。

あれ、あれ、あれ、あれ…なんだこれは

作品の紹介があってしばらくしたら、観客席のどこからともなくWe're foot, foot, ... のコーラス（せりふの）にのって、少人数のグループが舞台に上がってきて、そのまま聴衆を見ずに歩き去っていってしまったのである。

しまったと思ったが後の祭りであった。

完全なるオフフォーカスとオンフォーカスの混同であった。学生達は語り手ではなくて兵士になってしまっていたのだ。行軍を外から見ている聴衆などは初めから眼中になし。だったら遠くに去っていくという感じをだすのには、会場から出ていくでもしなければならなかったわけである。

学生たちは兵士であるまえに語り手であるということを忘れていた。

登場人物は兵隊であるが、同時に語り手である。問題は行進しながら自分たちの心情を故国にリアルタイムで送信しているのかどうか。つまり同時中継か。それとも現在形で語ってはいるが、語っている内容は過去で聴衆に向かって語っているのか…。足踏みをしながら、しかし別な年、舞台にのっているという演出をしたグループは読み手であるということを忘れていなかったといえるから去って行ってしまうよりはいい。いずれにせよ、立ち位置がわからなければ声はでない。そしてこういうことを確認していくのが読みである。

さて、そうは言うものの兵士が去っていく情景は出したかった。といってもそれは見ている観客の頭の中に想像させる情景である。「船はやがて点となり水平線の彼方に消えていった」というのは、陸の上の視点から言えることで、船に乗っている人間が言ってはおかしいが語り手達だから問題はないはずである。そこで私は第一連を最後に再び持ってきて、聴衆の

耳に残るであろう去りゆく兵士の声を被せることにした。こうすることで実際に固定した地点にいる聴衆の目前から消えることなく、遠のいていく兵士達の感じを出せる。

／u／と／ʊ／の発音

いわゆる二種類の「ウ」がでてくる。（u）と（ʊ）である。英語教員でも正しく発音している人は少ない。

違いは長さではない。全然違う母音である。「ウ」と「ア」の中間であるものであるという不正確なことしか紙面ではいえない。出し方も前者は口をすぼめるものであるが、後者はすぼめない。bootsが前者、footが後者。これを逆転させてると、実にさまにならない。しかもbootsもfootも行軍そのものを感覚的に表現しているので最後までついてまとうから不適切な発音では悲劇——あるいは喜劇である。私はつぶやく…。

「こりゃあ、負け戦だな」

テンポもメッセージのうち

テンポもメッセージのうちである。

「はやすぎる！　これはファッションブーツで山の手通りを歩いているのとは違うんだ」

平成生まれの学生たちの体験には、兵隊が泥沼に足が埋まってしまって、それを引き出すのに苦労するという抵抗感などない。でもそれがこの作品だ。ジャングルの泥沼を疲れ切った体にムチ打って行軍している者の気持ちに近づこうとする。だからいい勉強になる。想像力の訓練にもなる。

目をフロアに完全に落としてはいけない

体は疲れていても、目をフロアに完全に落としてはいけない。そもそも、自分で if your eyes drop, they'll get atop of you… などと言っている。がんばっているところも伝えたい。目がメッセージの大半を伝える。首はうなだれていてもうつろな表情、ギラギラしている表情は聴衆の方に向いている。

英語科の教授たちが全員でてきて、学生たちと発表したことが思い出される。又、足踏みをすることで行進していることを暗示したグループもあった。一箇所に留まっているから読み手のスタンスは崩されていない。

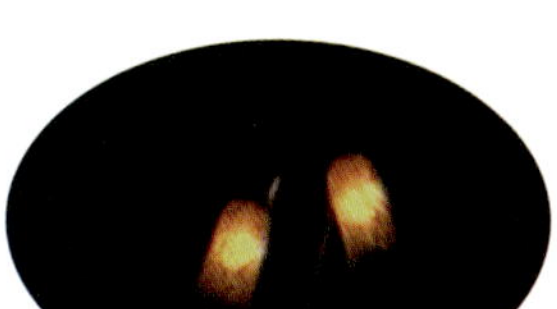

兵隊の君たち、次回までに自分の履歴書を書いてこい！——

森繁久彌の回顧談である。が、「屋根の上のヴァイオリン弾き」だったか、グループで同じセリフ、歌で、踊りだったかをしなければならない箇所で、アメリカから招いたディレクターに、言われたそうである。何でも合せればそれでいいというものではない、そんなことでわざわざ自分を呼んだのかと。森繁達はそこで、なんと役の人物の履歴書を書いてこいと言われた。

私は、外面でなくて内面を掴めということで、私はせりふしたを掴め、とよくいってきたが、趣旨として同じことである。それぞれの人物に生活、歴史が、かかえているものがあるはずだ。

「おい兵隊の君たち、次回までに自分の役の履歴を考えてこい！」

家に年老いた両親が待っていて気になる兵士もいるだろう、コミュニケートが取れない恋人を待つ者もいるだろう、そういうことに対する気持ちが行軍している自分の心の中には流れている。自分がどんな経緯でここにきているかということを考えさせてみるのである。どうみても作品から人物の生活は浮かび上がらない。でも仮でもいいから命を与えさせるのである。

ちょっとした個人的逸脱によって全体が活きる。ジャズに即興的な部分を入れるのに似ている。we're foot,foot, foot foot sloggin over Africa… などといいながら、急に弱弱しくなるものがいたかと思えば、は発狂したような声が入ったりしても全体としてもリアイティのある表現となっていく。

この日の指導が終わったところで私はこういった。

「おい、もう帰るの？ この後の“The City Mouse and the Country Mouse”を見ていったら。参考になるところがあるから――」。

こういう誘いに乗る学生は伸びる。

「これだけやったんだから今日はこれでいいでしょう」ではダメである。

いま文科省を通して教育現場に広まっているCAN-DOリストやシラバス的発想からは出てこない光景であった。

ドイツ語版の「町のネズミと田舎のネズミ」(Die Stadtmaus und die)

――ただ動物の鳴き声を真似ればいいというものではない。世直しにつながる訓練に結びつけよ。

ドイツ語の非常勤講師の先生が学生を連れてきた。アメリカのリーダーズシアター協会の出している英語とドイツ語のバイリンガル作品だ。

私は申しあげた。

「先生、ぜひ指導の様子をご覧くださいね」

この後も学生の指導を継続してもらうためにである。この活動は、遊びや息抜きではない。英語ばかりではない、ドイツ語でもスペイン語でもすべて外国語授業とも連動する本流である。それもすべての基礎となるリーディングともつながることで、この後の指導にも生かしていただきたかったからである。

この頃の私は、指導を自分と学生達だけの密室の秘め事としてエネルギーを注いでいることに終ってしまうのではないかという焦りを感じていた。少しでも多く伝えていきたい。

「もちろんそのつもりです」と先生は言われた。

この練習の中で町のネズミが田舎のネズミを訪ねていく場面で、彼の眼に映った田舎の情景について語るところの指導の展開が記憶に残っている。

STADTMAUS: Ich hatte wirklich vergessen, wie es ist,unter kühen zu leben.

[LESER 2 & 5 make animal noises remaining bta.]

LESER 2 & 5: Muh!
STADTMAUS: Und unter Hühnern.
LESER 2 & 5: Gack, Gack, Gack.
STADTMAUS: Und unter Pferden.
LESER 2 & 5: ieh, ieh, ieh.

以下は英語の当該箇所である

CITY MOUSE: I had quite forgotten what it is like to live in the midst of cows
READERS 2& 5: MOO!
CITY MOUSE: And chickens,
READERS 2 & 5: Cluck, cluck, cluck!
CITY MOUSE: And horses.
READERS 2& 5: Neigh!
COUNTRY MOUSE: I suppose it's strange after the excitement of the city. But it's warm and comfortable. We live in peace together and there's plenty for all…

From THE CITY MOUSE AND THE COUNTRY MOUSE

牛、にわとり、馬、豚、猫の鳴き声が出迎えたという箇所である。

読み手が二人づつになっている。

こういう場合、だいたい書いてある通りに読んでしまう。このグループも、この段階では御多分に漏れずそうだった。いってみれば書いてあるように音声化してしまったのであるが、こんなところに深いところに結びつけられるどうかの分かれ目になる解釈のポイントが隠されている。

「よく考えて。先ず動物たち——登場人物（動物？）は、郵便局の窓口みたいに、行儀よく順番待ちしていて、おい今度はあなたの番よ馬さんよなどというはずもなかろう。時間差で泣いているわけではない」

皆、それはそうだという顔をしている。

そこで皆鳴き声の箇所は、同時に泣くことにしたが問題があった。同時にいうから混ざる。互いに邪魔しあって何を言っているのかもわからない。

「混声にするという形で、隣に合わせてしまっている…だから生きていないのだ」

「…」

「牛のニワトリも馬も、そこにきて急にモーモー、コケコッコーって泣きはじめるのではない。それこそこの話が始まった最初から幕の閉まるまで存在している。そしてそれぞれの人生（？）を歩んできてそこにいるはずだ」。

同じ「モー」でも今腹が減っているからのモーなのか…。

ニワトリだって、ただコケコッコーではない。お産を前にかなりヒステリックになって、かなりのハイキーでカッカッカッといっている若いめんどりかもしれない。また、そこから離れたところには、からすの赤ちゃんに「赤いお帽子ほしいよ、赤いおくつも欲しいよ」と「カーカー泣かれて」どうしたものかと自己内コミュニケーションにいそがしい「コケコッコのおばさん」がいるかもしれない。

後の方では豚もでてくる。猫まででてくる。猫は猫で魂魄この世に留まりて不気味に泣く黒猫かもしれないし、何回目かの転生を繰り返して、今この農場にきていて日溜りで少女と遊んでいる『百万回生きた猫』かも知れない。これらのかずかずの命が居合わせている生活に思いを致すことが大切なのである。動物の数ほどのサブ・テクストが流れているということに思いを致すことが大切なのである。

具体的にどうすればいいだろうか。「鳴き声の表示箇所より、少し前のところから皆、思いを込めて語るように泣いてみて…マイペースでいいから」

その瞬間、場に魂が宿った。

――ただし、より大きなコミュニケーションの意図を崩さない範囲で

ただしやりすぎたら作品をこわす。動物たちになりきってはいけない。それは正しい解釈ではない。そもそもここはあくまでも町のネズミが語るところの田舎の光景だからだ。

だから、もし農場に出かけていって、動物が泣いているところを録音しておいて流すようなことをしたとすると、それは過度なリアリズムであって真実をつかんでいるどころか逃してしまうことになる。我々にとって重要なのは、作家目線である。田舎の光景ではなくて、**語り手＝作家のネズミが、いなかの光景と判断したところのものなのだ。もっと正確に言えば、解釈者である我々が、ネズミの心に田舎の光景と映った真実はこういうものであったろうと想像したものなのだ。それは解釈者が自らの声や非言語を駆使することで、聞いている者の頭の中に彷彿とさせるようとすることができるのである。**

………

近年、ものづくりもこのような時間のかかることはことはしない傾向がある。はじめから余計に思われることはいっさいさせないように教育までなってしまっている。

板前の修行にいったら、結論を期待しているような者は即刻お払い箱だ。考えさせること、感じさせることが果たして余計なことか、受験にマイナスになることだろうか――。

ちなみに、右の一連の活動も含めてＯＩの訓練は、世界の情勢を冷静に、しかも当事者の気持ちになりながら眺めるのにも貢献している。ある群団がテロリストというレッテルを貼り付けられると、その群団が、どういう目的で誰に向かって何をしたいのかという分析は今の日本人はやめてしまう。テロとは機能である。テロリストでなくてもテロ的であるということはありうる。世の中を是々非々の目で見るようになるための訓練にも通じる。

…

そういう点などに注意して指導して下さいとお願いして私は次のグループの指導に行った。

――「シェイクスピア名場面集」のこと
シェイクスピアはショパン

Happyのところに来て急にhappyになるの？ "Hamlet"の尼寺に行きゃれ！とサブテクスト（せりふした）のこと／「世界はすべて舞台である」（"All the World's a Stage…"）、は見事な時間配列パラグラフ！／ジュリエットに届かせてはならないが、観客には届かす！／オリビエの"Othello"

十人中の十人の英語学習者が、シェイクスピアなどというと、もうそれだけで話せる英語とか、コミュニケーションだとは縁遠いものと想像して一種独特の蔑むような笑いを浮かべる。

「先生は、シエクスピアの専門ですか」という調子に――。続いて、

私はそんな難しいことは知らないけれども現代の英語は不自由なく使えますよーてなことを言う。しかし得意になっている人に水を掛けたくはないが、そういう人の殆どの英語は、ゴリゴリ、バリバリ、あるいはチャラチャラである。

メディアや、教育の刷り込みは恐ろしい。これほどまでに現代人はすぐ明日から商売に直結するーそれ自体も錯覚なのだが――ビジネス英会話表現を学んでいたほうがいいという妄想に取り付かれている。

シェイクスピアは、英語国において演技やスピーチを勉強しようとする者にとっては、ピアニストにとってのショパンのようなものである。たとえモダンやジャズ演奏が最終目的であろうとも通るいわばマストなのである。

そういったわけだから、私は演劇、スピーチ学を学んで日本に戻ってきてからはしばらくは、学会の研究発表でも、果ては自分の結婚式の余興でも演じまくったものである。しかし止めた。間違いなく、OIとはそういうものであるという印象を植え付けているようであったからだ。そして以後は、学生にも英語力をつける隠し味として使うのに留めてきた。

だが、ある年、ESSの中の卒業する年度の学生たちが、あっけらかんとしてシェイクスピア名場面集をするのだと言ってきた。だったらそれが英語学習にとって有意義な活動にさせたい。

その夜、私は「じゃあやろうか」、と言った。他の作品の指導で疲労困憊だったが始まったら昔の血が騒ぐ。私は解釈によってこのように代わるなどを実際に言って聞かせて、演じて見せて指導した。ロメオとジュリエットの自害の場面、オセロがデズネモーナを殺害する場面、「真夏の世の夢」、そしてライティングのクラスでは別口に練習させてあったグループによる「お気に召すまま」の、All the world's as Stage… の群読である。

「よくテキストを見ろ。そんなこと書いてないはずだぞ」

もちろん急だったから私は台本などはもっていない。そんなものはいらない。腐ってもアメリカの演劇専攻生である。五、六時間分ぐらいの主要な場面は体に入っているからいらない。

学生たちは呆気にとられた表情をしている。

「ああ、そうですね…」

「だろう？」

解釈の違いが、そのまま音声にあらわれくるということをわからせるために、どれどれの録音をきいておけ、これと、あれにを比較してきいておけなどの具体的な指示も出しておいた。自己表現者になるためには他人のものに触れていなくてはならない。オリビエの歴史的な名演「オセロ」などは、まさに時代を超えて彼女らの心に響いたようである。聞く行の大切さ、見る行の大切さである。

Happyのところに来て急にhappyになるの?“Hamlet”の尼寺に行きゃれ!とサブテクスト(せりふした)のこと

ハムレットの有名な第三幕第一場の例の「生きるか死ぬかそれが問題だ」の独白の最後のところにオフィリアの姿を目撃してハムレットが次のように言うところがある。

「千晶、いったい君のハムレットはどこからキレルのだい!」

「尼寺へいきゃれ!」の部分が、全然さまにならないので私はすかさず叫んだ。

「…Get thee to a nunnery! からです。」

「何を言っているんだ。それは文字通り言葉として切れている箇所ではないか。僕が聞いているのはそういう烈しいセリフを放つ心の準備はどのあたりからできているのだということだよ。火山だっていきなり爆発するのではない。爆発にいたるまで地下のマグマ活動があって、その間にいくつかの小爆発もあろうが、基本的にはグーと抑えられている。オリビエを聞いたといったね。I never gave you aught というあたりとか随所で小さな爆発が感じられただろう。ともかくもついに我慢しきれなくなってバーンとくる。だがマグマの活動が盛んになるのはどのあたりで、その原因は何だっただろうか」

千晶はやっと答えた。

「オフィリアから贈り物を返されるあたり」です。

「そうかな。ハムレットには〈生きるか死ぬかそれが問題だ〉の独白の段階で、自分の母親に端を発した女性に対する巨大な不信感や絶望感があるよね。そこに恋人のオフィリアが入ってきても、基本的にはこの段階で、もう女性に対して心を閉ざしている。贈り物を返されたら不信感に駄目を押されたかもしれないが、もっと前からキレかけている」

「私のは女性不信への募りがなかったというわけですね…」

数日たってからの彼女の声は、明らかに解釈は修正されていた。

しかし、ここで更に千晶はこういった。

「この間から、ハムレットは〝キレタ〟ということを当然のことと考えてきましたが、実は自分が復讐という目的を達成するためにはオフィリアを巻き込むことはできない。彼女の心を自分から離れさせるために、彼女をむしろ保護するために仕組んだいつわりの〝キレ〟であったという風には考えられませんか」

解釈と表現は役所の窓口のように二分されているわけではない。表現を通してみて、再び解釈に疑問が湧き上がり、再び考えるという往復作業があり、解釈が、修正、深化されていく、当然表現も変わっていく。

「問題になっているところの解釈を整理してくと—」。

1　オフィリアまで含めての女性不信をこめて「乱心する」ハムレット

2　オフィリアを巻き込ませないために、「乱心を演技する」ハムレット

決着をつけないと声も表情も定まらないし、英語が体に入っていかない。そこでたとえば解釈2で設定して先にすすむことを確認しあう。

「ではやってみて」

「乱心の演技の演技ですね」

彼女は演じる。

「ちょっと待った!」

「演技であることがオフィリアにばれてはまずい。だから、彼女には狂ったように語るが、聴衆には、これはオフィリアを思っての偽りの乱心であることを目配せなどで伝えるのだ。」

「先生は、アメリカでオセロをだますイアーゴの表情が、それでは相手

GET THEE TO A NUNNERY... from HAMLET

(生きるか死ぬかの独白の後に続く部分である)

HAMLET : —Soft you now!
The fair Ophelia! Nymph, in thy orisons
Be all my sins remember'd.

OPHELIA :
Good my lord,
How does your honour for this many a day?

HAMLET :
I humbly thank you; well, well, well.

OPHELIA :
My lord, I have remembrances of yours,
That I have longed long to re-deliver;
I pray you, now receive them.

HAMLET :
No, not I;
I never gave you aught.

OPHELIA :
My honour'd lord, you know right well you did;
And, with them, words of so sweet breath composed
As made the things more rich: their perfume lost,
Take these again; for to the noble mind
Rich gifts wax poor when givers prove unkind.
There, my lord.

HAMLET : Ha, ha! Are you honest?

OPHELIA : My lord?

HAMLET :
Are you fair?

OPHELIA :
What means your lordship?

HAMLET :
That if you be honest and fair, your honesty should admit no discourse to your beauty.

OPHELIA :
Could beauty, my lord, have better commerce than with honesty?

HAMLET :
Ay, truly; for the power of beauty will sooner

transform honesty from what it is to a bawd than the force of honesty can translate beauty into his likeness: this was sometime a paradox, but now the time gives it proof. I did love you once.

OPHELIA :

Indeed, my lord, you made me believe so.

HAMLET :

You should not have believed me; for virtue cannot so inoculate our old stock but we shall relish of it: I loved you not.

OPHELIA : I was the more deceived.

HAMLET :

Get thee to a nunnery: why wouldst thou be a breeder of sinners? I am myself indifferent honest;but yet I could accuse me of such things that it were better my mother had not borne me: I am very proud, revengeful, ambitious, with more offences at my beck than I have thoughts to put them in, imagination to give them shape, or time to act them in. What should such fellows as I do crawling between heaven and earth? We are arrant knaves,all; believe none of us. Go thy ways to a nunnery!

...

役にわかってしまうと演技のクラスで指摘されたといっていましたね」。

「映画では、菊池寛原作の「藤十郎の恋」の戦前版。芸のために、長谷川一夫の藤十郎が入江たか子のお梶に対してでなく、観客にこれはいつわりの恋であるというかすかな情報を送っている。この目線は長谷川の独断場だ。オンステージ・フォーカスの中のオフ・フォーカス（pp.16~18）だ」

と、学生達は見たことのない映画であろうが、勉強する気があったら見ればいいのであるから、私は遠慮等はしない。

次のように持っていった。

「ハムレットにはオフィリアのコミュニケーションをとりながら、同時にそのやり取りを聴衆にも届けなければという付加が加わる。舞台の上の相手役へのコミュニケーションと観客にむけての劇作家目線に近い」

「だから俗にいう役になり切ることは正しくないのですね。なり切ったら敵役を殺してしまうことになりかねない……」

「正しくは、役に同化しつつそれを外から見る冷めた目、異化する心が必要なのだ。適切、不適切含めて考えうる立ち位置には以下のようなことが考えられる。

1　乱心のハムレットになりきる役者→（乱心ではないという解釈に従えば、これは明らかにまちがっている）

2　乱心を演ずるハムレットになりきる役者→（1よりいいが、作品としての視点が後退する）

3　乱心を演ずるハムレットと、観客には乱心であることを示唆するダブルのコミュニケーションをする役者　（もっとも適切なスタンスで、言語形式を身に着けようとするが学習者はこの立場にこそ立つべきである）

講義から実地モードに再び入る。

オフィリアを巻き込ませないために、わざと冷たく振舞うハムレットを演ずる覚めた役者を実地指導する。もちろんこの場合のオフィリア「役」の役者（学習者）も、あくまでも役者だから、ハムレット役がオフィリアに見せない本心の顔も見せながら聴衆にはコミュニケートをしているということも承知でいる。

ハムレットのGo thy ways to a nunnery! の一本のセリフを声に出すということの中にこれだけのことが含まれている。そして、こういうことにこだわるのは、言葉を学習しているときにおいて、それが意識に刷りこまれていくかどうかを決めるのは、ひとえにそれを言うときの心で何を思っているからである。

「世界は全て舞台である」（All the World's a Stage…）は時系列パラグラフの傑作！

練習期間中の授業で私はこう言った。

シェイクスピアのメドレーでよく出てくるのは「お気に召すまま」（As You Like It）の中のJaquesのモノローグである。

「おい、君たち一生懸命にやっているだろう。All the world's a stage….あれは見事な時間配列のスピーチはない。あれを使って、日本の季節のうつろいを外国人に説明している場面にモード転換してみなさい」

「ちょっとハイになった感じでですね…」

ライティング、スピーチングの指導でパラグラフといって、こうした味わいのあるスピーチをどんどん使う練習

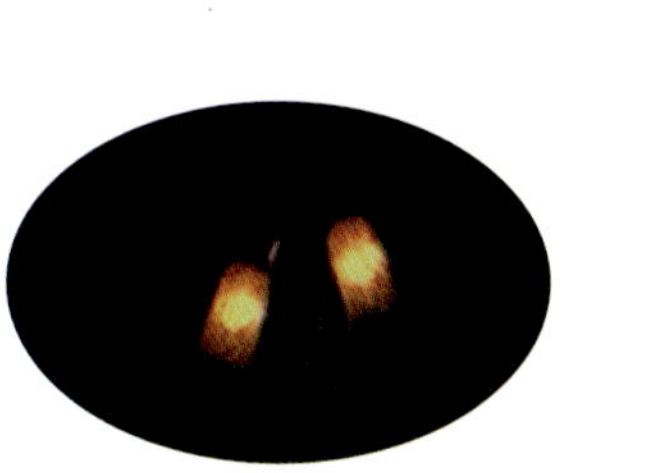

ALL THE WORLD'S A STAGE from "As You Like It."
By Shakespeare
as a sample piece of paragraph of Chronological Order

All the world's a stage,
And all the men and women merely players:
They have their exits and their entrances;
And one man in his time plays many parts,
His acts being seven ages. At first the infant,
Mewling and puking in the nurse's arms.
And then the whining school-boy, with his satchel
And shining morning face, creeping like snail
Unwillingly to school. And then the lover,
Sighing like furnace, with a woeful ballad
Made to his mistress' eyebrow. Then a soldier,
Full of strange oaths and bearded like the pard,
Jealous in honour, sudden and quick in quarrel,
Seeking the bubble reputation
Even in the cannon's mouth. And then the justice,
In fair round belly with good capon lined,
With eyes severe and beard of formal cut,
Full of wise saws and modern instances;
And so he plays his part. The sixth age shifts
Into the lean and slipper'd pantaloon,
With spectacles on nose and pouch on side,
His youthful hose, well saved, a world too wide
For his shrunk shank; and his big manly voice,
Turning again toward childish treble, pipes
And whistles in his sound. Last scene of all,
That ends this strange eventful history,
Is second childishness and mere oblivion,
Sans teeth, sans eyes, sans taste, sans everything

All the World's a Stage... を群読でシェイクスピアの美しい時系列パラグラフのサンプルである。

をさせたものである。

ローレンスオリビエ（Larence Olivier）の「オセロ」(Othello)

言語観が百八十度転換するかもしれない、

巧みな心理作戦のために、妻デズネモーナが不貞を働いていると思い込まされたオセロは嫉妬と復讐の念を滾らす。それを見て、イアーゴの「そうはいってもお前は彼女を愛しているから、今は怒ってはいるが気が変わるさ」（Your mind perhaps may change）といわれる。心理作戦に引っかけられ意地でもそんなことはないというのが次のセリフである。

Never Iago. Like to the Pontic Sea whose icy and compulsive course ne'er feels retiring ebb but keeps due on to the Propontic and the Hellespont; even so my bloody thoughts, with violent pace, shall ne'er look back, *ne'er ebb to humble love*, till that capable and wide revenge swallow them up. Now by yond marble Heaven, in the due reverence of a sacred vow I here engage my words.

「で、君だったらどういう？」

二、三人にきくが、皆似たり寄ったりである。それ以上のものは期待はしていない。ここは一応は自分の体を通してみるという経験が聞く前に有効だからである。

「きみたちはテキスト通りの意味で、怒りと嫉妬で全体を塗っている。勿論オセロの気持ちをそう解釈するのならばそれでいい。じつは大多数の役者はそのように解釈している。ところが、これはどうだろうか。（そこでローレンスオリビエを聞かせる）。

殆どの学生が絶句して、深いものに打ちひしがれる。

オリビエはNe'er, Iagoから一息に怒りと嫉妬の感情でまくしたて、そのまま最後まで行くかと思いきや、ne'ever ebb to humble のところまできたとおもったら絶句し、すすり泣くように… loveといい、再び怒りの情を振り絞り最後まで持っている。文法的にはne'err ebb to huble loveとでもいうところhumble で絶句するところに絶妙な間（ま）が生じている。

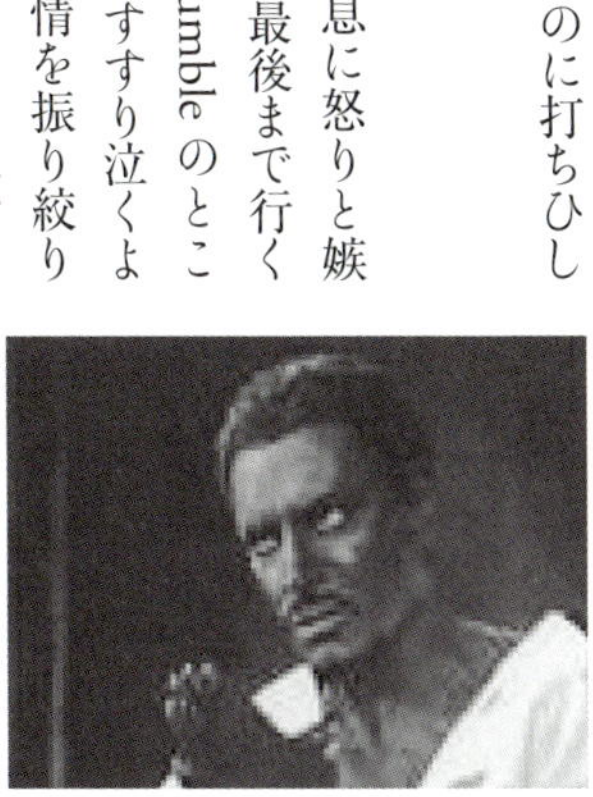

ローレンス・オリビエ

「さあ、ここでどんなことを学んだかな？」

学生Aが言う。

「英語教育におけるスラッシュというものが、そのまま音声の切れ目であるかのように指導するということがいかに言葉の本質からかけ離れた活動であるかということを有無を言わさずに突きつけます」

「まったくね。音声はホンネの線に従っている」

学生Bがいう。「意味というものは、まさに語り手が与えているという言語パロール観を裏付ける例だと思います」

You Tubeでオリビエの解釈を聞いておくことをすすめておいて散会した。

Othello

書簡文で構成した朗読劇（＝リーダーズシアター）その①

「日本で一番短い父への手紙」（"The Japan's Shortest Letters to Dad"）は「雄一君の父・貴乃花への手紙」も加え、英語と日本語で交互に構成／ユーゴーや岡倉天心、ナポレオン等の愛の手紙（"Love Letters From the Past and Present"）

Romeo and Juliet

優れた書簡文は東西古今に沢山ある。

これらの朗読といったら、通常は書簡文そのをソロで読むというスタイルが想像されるだろう。もちろん、そういうこともあった。

しかし、『日本で――』は、一般からの応募作品から選ばれて本になった。英訳が付いていたので、日本語、英語両方、同じ資格で交互に朗読した。手紙といっても、短い。何点か並べて読ませた。すると前後にどういう作品がくるか、その組み合わせによって、単独では出せない作品総体としての味わいが生まれた。この組み合わせの効果というものは我々のフェスティバルのすべての出し物についていえるダイナミックスであった。

はしがきに当たるところも、そのまま編者の語りとして組み入れてきた。実は個人的には、この部分の方がスピーチとしてすぐれていて私は好きである。

VOICE 1: When "A Brief Message from the Heart Letter Contest" started with "Short Letters to Mom," a number of people thought, as I found later that the next in the series would naturally be "Short Letters to Father."

VOICE 2: To be honest, we worried the number of entries might drop off when it came to father, since, as compared with mother, the father in our eye was an only too flimsy creature.

VOICE 1: We may have had illusions of more or less dispirited fathers who had been compelled to fight it out as "company warriors" but now have found many of their battlefields vacant or no longer existing.

VOICE 2: As it turned out, the number of entries rose to a total of 73,933 the highest ever. The letters were filled with sons' and daughters' expectations of father, sympathy with father, or attachments to a lamented father.

続いて、手紙そのものに入る。

VOICE 3: お父さん、気づいていますか?
私とお父さん、二人の写真が
まだ一枚もないことを（女性20歳）

VOICE 4: Father, have you ever noticed there is not

a single photograph of the two of us together?

さて、口からスルスル出るのでわかったつもりでいてわかっていないことがあるので注意が大切だ。

お父さんのお墓参りに行くと
なかなか帰ろうとしない母…
いつまでも夫婦なんだね（女性27歳）

Visiting Dad's grave,
Mom never seems to want to leave.
Even death cannot come between them

情感的に入っていきやすい。語句もむつかしくない。読み手の学生たちも私もつい理解していたつもりで練習していた。しかし、ある時に待てよと思った。

語り手は女性だということはわかる。だが、語り相手は誰か。「いつまでも夫婦なんだね」から、つい母親にしゃべっているように思ってしまうが、なかなか帰ろうとしない母を外から見ているからこれは違うらしい。場所は墓の前か。すると一緒にきている妹とか誰かに向ってささやいているのか。しかし、また、これ全体を亡き父に向けている語りとして取れなくもなさそうである。つまり「お母さん、なかなか帰ろうとしないんだよ、お父さん…」の感情である。だとすると英語版はVisiting Dad's grave…と言うよりVisiting your graveなのではないかという疑問である。そして、大切なことはその辺の決着がつかないと、どういう声の調子で、体を誰に向けていいのか何もできなくなってしまうというところである。

次の作品も、そうである。

シベリアの看守と泣いて別れたなんて―
きっと、いい人だったんだよね、お父さん。

That my father wept with his prison guard
Before leaving Siberia—
He must surely have been a good man.

「ちょっと待った！そういう風に誰が、誰に向けて、どういう目的で言っているのか。これはむつかしいよ。色々考えられる」

そのようにお父さんにではなくて、お母さんか誰かに言っているのか、少なくとも訳文はそれである。つまり「お父さん」は呼びかけでなく「お父さんという人は」という主語である。このことはちょっと呼びかけのような「お父さん」が学生の声の調子が気になって出てきた疑問であった。だが、もし英語が

That you wept with your prison guard
Before leaving Siberia—
You must surely have been a good man.

「つまりお父さんあなたはいい人だったんだよね」とは取れないかという疑問はある。どう取るかで声の調子が全く変ってくる。

いずれにせよ、こういう解釈上の気づきが、**黙読だけで理解する練習からでは育ちにくい。声に出して表現したり、体のことを考えているからこそ気がつく点である。**そして、そういう問答は練習の期間中ひんぱんに起こる。そして解釈が深まっていくのである。**解釈領域と表現領域は水と油のように分かれているのでは決してない。**

この手紙の最後には、横綱貴乃花の息子の雄一君の、父への手紙を入れ、変化を持たせようとした。

THE JAPAN'S SHORTEST LETTERS TO DAD

Selected and Written by Makoto Omi for Readers Theatre
Based on the English translation by Patricia J. Wetzel
Copyright Muraoka-cho Cultural Foundation 1998

VOICE 1: When "A Brief Message from the Heart Letter Contest" started with "Short Letters to Mom," a number of people thought, as I found later that the next in the series would naturally be "Short Letters to Father."

VOICE 2: To be honest, we worried the number of entries might drop off when it came to father, since, as compared with mother, the father in our eye was an only too flimsy creature.

VOICE 1: We may have had illusions of more or less dispirited fathers who had been compelled to fight it out as "company Warriors"& but now have found many of their battlefields vacant or no longer existing.

VOICE 2: As it turned out, the number of entries rose to a total of 73,933 the highest ever. The letters were filled with sons' and daughters' expectations of father, sympathy with father, or attachments to a lamented father.

VOICE 1: 父がコップに残したビールは
父の残りの人生のようで
寂しくなりました。(男性・29歳)

VOICE 2: The beer that Dad left in his glass
Was like a little of his life left behind,
Making me feel lonesome

VOICE 3: 背中の中に全てを隠していた父。
退職して初めて気づきました。
背中、丸くなったね。(女性・31歳)

VOICE 4: My father who hid everything under his business suit.
It wasn't until you retired that I noticed
Your shoulders had gotten round.

VOICE 5: 父さんとケンカした夜に泣きました。勝ったから泣きました。
Dad, the night you and I quarreled I cried. I won and I cried.

VOICE 6: Father, haven't you ever noticed there isn't still a single photograph of the two of us together?

VOICE 1: お父さんのお墓参りに行くと
なかなか帰ろうとしまい母…
いつまでも夫婦なんだね（女性・27歳)

VOICE 2: Visiting Dad's grave, Mom never seems to want to leave Dad's grave.
Even death cannot come between them.

VOICE 3: シベリヤの看守と泣いて別れたなんて、きっといい人だったんだねお父さん

VOICE 4: That you wept with your prison guard before leaving Siberia,
you must have been a good man, Dad.

VOICE 5: 「真直ぐ歩けないのよ」お父さんが言った。
「眼鏡のせいよ」と私。
頭の腫瘍とは言えなかった。（女性・58歳）

VOICE 6: My father said, "I can't walk straight."
"It's your eye glasses." I just couldn't tell him it's a tumor.

VOICE 1: Lastly, a letter to his retiring father from his son.
A Letter from Yuichi to Takanohana

VOICE 2: My Papa has retired from Sumo which he has been doing for fifteenyears. Papa really worked hard for the sake of our family even when he was injured, even when he was sick When he won in sumo he used o say, "Well, because you supported me, thank you,Yuichi. Now, I want to say "Thank you," back to him.Papa worked hard, I'm going towork hard, too. I want to say thank you, Papa, a million times. Thank you, Papa!

2007夏　「日本で最も短い父への手紙」

物語を朗読劇で――語り全体がセリフとして分担され…

「葉っぱのフレディー」（"The Fall OF Freddie, the Leaf: A Story of Life for All Ages"）台紙の色が時系列パラグラフを表す…

―「葉っぱのフレディー」（"The Fall of Freddie, the Leaf"）、／「おおきな木」（"The Giving Tree"）／アニメでない幻の「シンデレラ物語」（"The Story of Cinderella"）

演技と朗読の違いのことは以前にも述べたが、もうひとつ明確にしておかなければならないことがある。それは両者の違いはコミュケーションの激しさの違いではないということである。演技が登場人物に対するのに対して朗読は対聴衆というだけのことである。向いている方向が異なるだけで、その相手に対しては目いっぱいのエネルギーは注がれている。

――「葉っぱのフレディー」（The Fall of Freddie, the Leaf）は東京書籍の英語教科書にも載っている人気の作品だ。また何年か前に、聖路加病院の日野原重明氏によって子供たちによるミュージカルにも仕立てられアメリカで上演されたこともある。

「生まれること」「変化すること」が「永遠の命」へとつながる意味を、フレディとダニエルの会話を通してわかりやすく語りかけている。

ＥＳＳの学生が20名ほど、これを読みたいといってきた。

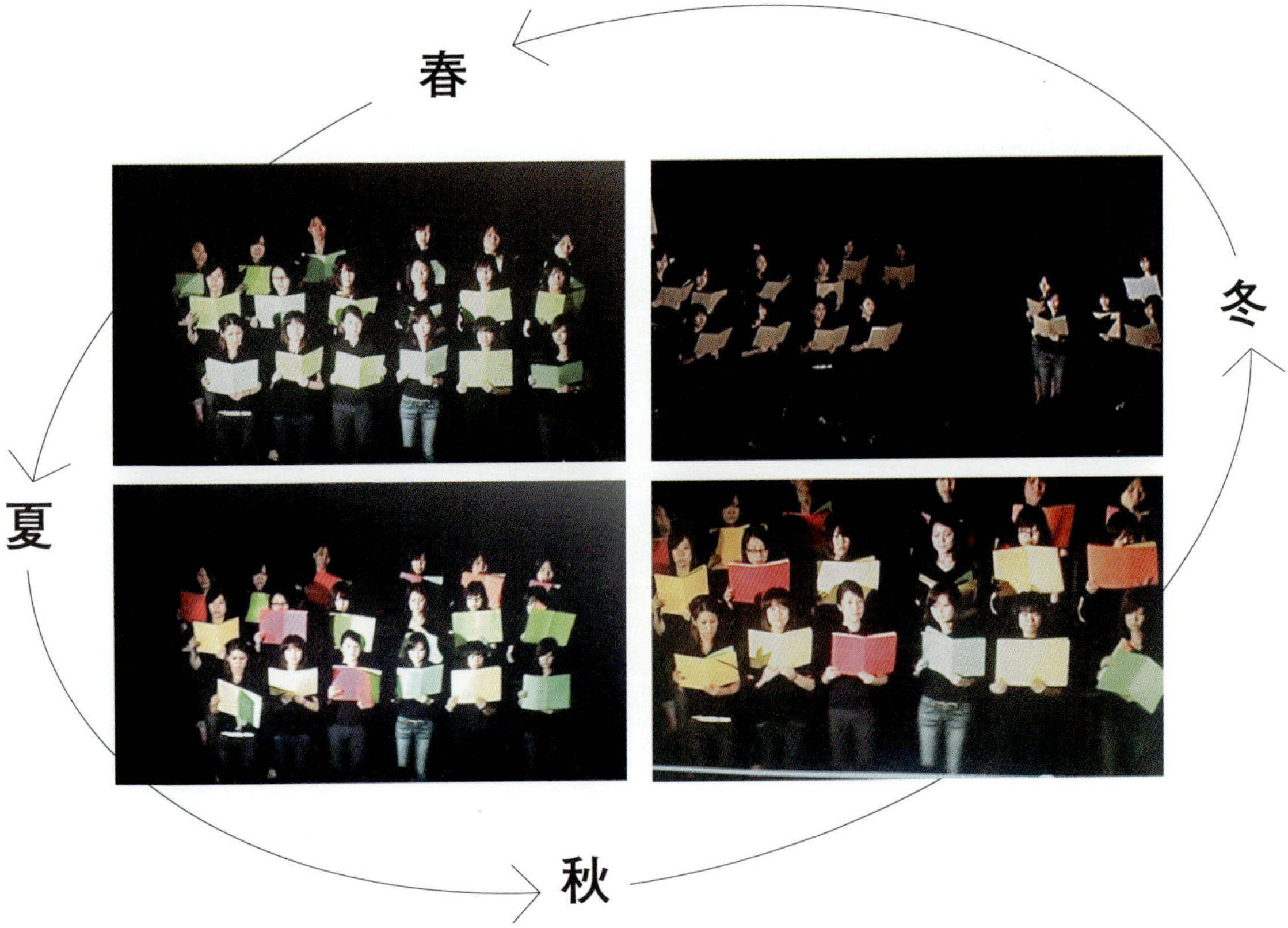

THE FALL OF FREDDIE, THE LEAF：A Story of Life for All Ages,

by Leo Buscalgia
Adapted for Readers Theatre by M.Omi

VOICE 1: Spring had passed.
VOICE 2: So had Summer.
VOICE 1: Freddie, the leaf, had grown large. His mid section was wide and strong, and his five extensions were firm and pointed.
VOICE 2: He had first appeared in Spring as a small sprout on a rather large branch near the top of a tall tree.
ALL: Freddie was surrounded by hundreds of other leaves just like himself, or so it seemed. Soon he discovered that no two leaves were alike, even though they were on the same tree.
VOICE 3: Alfred was the leaf next to him.
VOICE 4: Ben was the leaf on his right side,
VOICE 5: and Clare was the lovely leaf overhead.
ALL: They had all grown up together. They had learned to dance in the Spring breezes, bask lazily in the Summer sun and wash off in the cooling rains.
VOICE 6: But it was Daniel who was Freddie's best friend. He was the largest leaf on the limb and seemed to have been there before anyone else. It appeared to Freddie that Daniel was also the wisest among them.
VOICE 7: It was Daniel who told them that they were part of a tree.
VOICE 8: It was Daniel who explained that they were growing in a public park.
VOICE 6: It was Daniel who told them that the tree had strong roots which were hidden in the ground below.
ALL: It was Daniel who explained about the birds who came to sit on their branch and sing morning songs. He explained about the sun, the moon, the stars, and the seasons.
VOICE 1: Freddie loved being a leaf. He loved his branch, his light leafy friends, his place high in the sky, the wind that jostled him about, the sun rays that warmed him, the moon that covered him with soft, white shadows.
VOICE 2: Summer had been especially nice. The long hot days felt good and the warm nights were peaceful and dreamy. There were many people in the park that Summer. They often came and sat under Freddie's tree. Daniel told him that giving shade was part of his purpose.
VOICE 9(Freddie): "What's a purpose?"
ALL: Freddie had asked.
VOICE 10(Daniel): "A reason for being, "
ALL: Daniel had answered.
VOICE 10: "To make things more pleasant for others is a reason for being. To make shade for old people who come to escape the heat of their homes

is a reason for being. To provide a cool place for children to come and play. To fan with our leaves the picnickers who come to eat on checkered tablecloths. These are all the reasons for being."

GROUP 1: Freddie especially liked the old people. They sat so quietly on the cool grass and hardly ever moved. They talked in whispers of times past. The children were fun, too, even though they sometimes tore holes in the bark of the tree or carved their names into it. Still, it was fun to watch them move so fast and to laugh so much.

GROUP 2: But Freddie's Summer soon passed. It vanished on an October night. He had never felt it so cold. All the leaves shivered with the cold. They were coated with a thin layer of white which quickly melted and left them dew drenched and sparkling in the morning sun. Again, it was Daniel who explained that they had experienced their first frost, the sign that it was Fall and that Winter would come soon.

ALL: Almost at once, the whole tree, in fact, the whole park was transformed into a blaze of color. There was hardly a green leaf left.

VOICE 3: Alfred had turned a deep yellow.

VOICE 4: Ben had become a bright orange.

VOICE 5: Clare had become a blazing red,Daniel a deep purple and Freddie was red and gold and blue. How beautiful they all looked. Freddie and his friends had made their tree a rainbow.

VOICE 9: "Why did we turn different colors, when we are on the same tree?"

VOICE 10: "Each of us is different. We have had different experiences. We have faced the sun differently. We have cast shade differently. Why should we not have different colors?" Daniel said matter-of-factly. Daniel told Freddie that this wonderful season was called Fall.

VOICE 9: One day a very strange thing happened. The same breezes that, in the past, had made them dance began to push and pull at their stems, almost as if they were angry. This caused some of the leaves to be torn from their branches and swept up in the wind, tossed about and dropped softly to the ground.

ALL: All the leaves became frightened."What's happening?" they asked each other in whispers.

VOICE10: "It's what happens in Fall. It's the time for leaves to change their home. Some people call it to die."

VOICE 9: "Will we all die?"

VOICE 10: "Yes, Everything dies. No matter how big or small, how weak or strong. We first do our job. We experience the sun and the moon, the wind and the rain. We learn to dance and to laugh. Then we die."

VOICE 9: "I won't die!"

ALL: said Freddie with determination

VOICE 9: "Will you, Daniel? "

VOICE 10: "Yes," when it's my time."

VOICE 9: "When is that?"
VOICE 10: "No one knows for sure,"
ALL: Freddie noticed that the other leaves continued to fall. He thought,
VOICE 9: "It must be their time."
ALL: He saw that some of the leaves lashed back at the wind before they fell, others simply let go and dropped quietly. Soon the tree was almost bare.
VOICE 9: "I'm afraid to die. I don't know what's down there."
VOICE 10: "We all fear what we don't know, Freddie. It's natural,"
ALL: Daniel reassured him.
VOCE10: "Yet, you were not afraid when Summer became Fall. They were natural changes. Why should be afraid of the season of death?"
VOICE 9: "Does the tree die, too?"
VOICE 10: "Someday. But there is something stronger than the tree. It is Life. That lasts forever and we are all a part of Life."
VOICE 9: "Where will we go when we die?"
VOICE 10: "No one knows for sure. That's the great mystery!"
VOICE 9: "Will we return in the Spring?"
VOICE 10: We may not, but Life will.
VOICE 9: "Then what has been the reason for all of this? Why were we here at all if we only have to fall and die?"
ALL: Daniel answered in his matter-of-fact way,
VOICE 10: "It's been about the sun and the moon. It's been about happy times together. It's been about the shade and the old people and the children. It's been about colors in Fall. It's been about seasons. Isn't that enough?"
ALL: That afternoon, in the golden light of dusk, Daniel let go. He fell effortlessly. He seemed to smile peacefully as he fell.
VOICE 10: "Goodbye for now, Freddie."
GROUP 1: Then, Freddie was all alone, the only leaf on his branch. The first snow fell the following morning. It was soft, white, and gentle; but it was bitter cold. There was hardly any sun that day, and the day was very short. Freddie found himself losing his color, becoming brittle. It was constantly cold and the snow weighed heavily upon him.
GROUP 2: At dawn the wind came that took Freddie from his branch. It didn't hurt at all. He felt himself float quietly, gently and softly downward. As he fell, he saw the whole tree for the first time. How strong and firm it was! He was sure that it would live for a long time and he knew that he had been part of its life and made him proud.
VOICE 9(Freddie's Voice): Freddie landed on a clump of snow. It somehow felt soft and even warm. In this new position he was more comfortable than he had ever been.
VOICE 10(Daniel's Voice): He closed his eyes and fell asleep. He did not know

that Spring would follow Winter and that the snow would melt into water. He did not know that what appeared to be his useless dried self would join with the water and serve to make the tree stronger.

ALL: Most of all, he did not know that there, asleep in the tree and the ground, were already plans for new leaves in the Spring.

「先生、私フレディーをしたいです…。」

「きみたちね、自分の役があるという風に考えないことだ。皆が大きな語りのひとりナレーターで、フレディーやダニエルらの人物はそのナレーターのあやつる言葉にしかすぎない。そもそもフレディーは皆に先駆けて散ってしまう。だけれども僕らはVOICE 9として復活させてある。たとえば、VOICE 9 (Freddie's Voice): Freddie landed on a clump of snow. It somehow felt soft and even warm. In this new position he was more comfortable than he had ever been. ダニエルもそうだ。VOICE 10 (Daniel's Voice): He closed his eyes and fell asleep. He did not know that Spring would follow Winter and that the snow」

「家に帰って学校であったことを報告するあなたは、話の中に出てくる先生や友達とは違うということですね」

原文の、誰が言った。誰が答えたという、つなぎをどうするか

「先生の台本では原文のFreddie had asked とか He said Daniel had answered.. とかの部分が、残っていたり、カットされていたりしていますね…」

「最終的には全体としての印象による。残っているほうが、その方が作品というスピーチに忠実だし、全体の作品にビートを与えるし僕は好きだ」

「しかもここではその部分を全員に言わせていますね」

「人物の会話は肉、それ以外は骨格なのだ。肉はうまくとも骨格がしっかりしていなければもはや作品ではない」

芝居のブロッキングとは違って、読み手（語り手）同士の、定位置からの移動であるが、これは"**Oh, Life!**"や"**How Huans Have Fought...and Loved**"にも出てきたが、ここでも同じである。

台紙の色も解釈を考えること

台紙の色のことなどは本質とは関係ないと思われそうだが、全く違う。コミュニケーション七つのポイントのうちの七番目の話しの構造的な特徴としては春夏秋冬、そして再び春が巡るという時間配列であろう。これを表現する方法としてはスピーチそのものの高低強弱遅速などによる以外に、視覚的に訴えるとしたらどんなことができるだろうかと考えさせた。

「葉っぱたちの並び方を変えるというのはどうですか」

「それもいい。しかし春は青、夏は緑、秋はオレンジ…手に持った台本の操作で色を変えるあたりがわかりやすいのではないか」

果たして、葉がひらひら舞い落ちる感じが連想され、それが命の移ろいゆくさまを連想させたが、それもこれもすべて作品の文意を考えさす解釈学習である。

――アニメでない幻の「シンデレラ物語」（"The Story of Cinderella"）

シンデレラというと多くの人はディズニーのアニメを想像する。わが国では殆ど知られていないものに、幻のウォルトディズニー社の朗読シリーズというものがある（1960 Walt Disney ST.3903-3935）。

このシリーズを買い取ることを講談社のディズニー部門に持ちかけたが、立ち消えになったままである。

とにかくスピーチがすぐている。小学校の英語教育には私は否定的だが、子供たちには一流の芸に触れさせることは限りなくいいことである。ひとつの出版社でむつかしければ国が動いてでも実現すべきで価値があるシリーズである。要は価値がわかるかどうかということである。

仲良し四名組の発表は、これをもとに構成したものである。教室で全員に渡してきかせてもあった。オーラル・インタプリテーションは物まねではなく、手本がない状態で解釈と音声を考えていくところに活動の真骨頂があるが別系統の訓練としてこれはと思ったモデルを真似、換骨奪胎までいかなくても原作に準ずるものに仕立てて発表していくことは多いに奨励されていい。

歌はもとより、十二時が迫る柱時計の音、すべてを人間の声で表す。コンパクトな長さのリーダーズシアターに仕上げた。登場人物のセリフは最小限に抑えられているが、語りそのものが聞き手への熱いせりふになっている。演劇ではなく朗読である。動きはある。しかし朗読である。なんといってもテンポの軽快さが印象に残る。思い入れが強く、ゆったりと語りゆく物語朗読の固定イメージを破ってテンポの軽快さが生かされていた。テンポもメッセージなのである。

物語りの思入れたっぷりの固定イメージがぶち破られていた。学生たちはお手本のいいところを学習して四人版に生かしていた。

The Story of Cinderella

登場人物の会話がある物語「おおきな木」（"The Giving Tree"）をデュオで読む

一つの物語を二人で演ずるＤｕｏ（デュオ）で思い出に残るものに、Shel Silverstein の木と少年の物語、**The Giving Tree** がある。

木は少年が成長していく上において必要なものをわけ与えてきた。やがて少年はおとなになり、人生をいろいろ経験すべく木のもとを去っていく。しかし、人生に疲れて木のところに戻ってきたときには、木も少年にボートを与えるために自分のからだをくり貫いたりしてきたために、もう切り株だけになってしまっていた。

「もうあげるものはないよ」。

「僕も何もほしくない。ただ、座って休める場所だけがあったなら」

「だったらいい休み場所があるよ」

そういって老木は、かつての少年を切り株に座らせる最後の場面が人生を考えさせる。

高校生のコンテストの優勝パフォーマンスとして出場してもらったパフォーマンスは、オンステージ・フォーカスではあったが、それなりにまとまっていた。

これを短大生二人でさせたのだが、"Once upon a time, there was a tree…"と一人がいい始めたところで、私はすかさず止めて言った。

「何か変なんだな。」

「声は二人とも十分に大きい。しかし何かかみ合わない。君は、一人練習だけをしてきただろう。しかも自分のセリフだけの！ だからいけない。だから何かこぶのようにぴょこんと出てしまっている。いや、自分のパートを正しく読むということは、全体の中でその部分が何の働きをしていて、どのくらいの重みであるかを理解しなければならない。のっけから気が入りすぎているのも妙だ。」

自分にあてがわれたパートのみを、一人練習するときに陥りがちな弊害である。最近の学生のパターンである。これではいくら練習しても蟻地獄。練習すればするほど、変な方向に進んでいってしまう。もし相手も同じような間違った一人練習をしていたら目も当てられない。それぞれがそれぞれのパートを一生懸命にいっているために、なおかみ合わない。一人はハ長調で、もう1人はト長調で歌っているようなものである。一人で練習するときも全体を自分で最初から終わりまで話してみることが大切である。そもそもが一人が語る話を分担読みしているだけなのだから。

一方それぞれのパートをかため、きちっと合わせているがために逆に、独特の硬さが感じられることもある。これもきくとわかる。練習といえば、二人だけで練習してきた弊害がでてくる例である。これがそうでないかどうかを本人たちに分からせることも大切である。そういう時には、演劇界では時々行なわれる練習をさせる。

「パートを交代してやってみなさい」。

木と少年のせりふを急に交代させてみるのである。

「エエッ⁉」

がたがたである。

お互いに相手に反応していなかったから相手のセリフが全く入っていない。そして相手のセリフがだめな分、本来の自分のパートもどこかに弱い部分があると思って反省させる。相手のせりふもできなければならないのですかなどと間の抜けたことは言わせない。自分のパートの行き方は、相手側の言葉の中にもヒントがある。相手のセリフを自分のセリフを深める材料とみるのである。いや、そもそも相手役も何もない。ひとつの作品であるという認識が大切なのである。

以上、一人で練習であろうと、複数名であろうと、いわゆる自分のパートにしか意識がいっていないと妙なものができあがるという例である。

某バレエ団のK氏は、なかなか要領を掴めない男性ダンサーに、「僕が女性かわりになってあげる」とかいったそうである。K氏は通して女性ができた。男色だというK氏の面目躍如。それだからだろうというのは当たっているかどうかわからないが、舞台で踊る男役の心の流れと動きを深く研究しているから、相手のフリまで勢い覚えてしまっていたのだろう。「ともかく家へ帰って作者と自分との二人だけの格闘をしないさい」。

その他、一つの決め手になる強勢の問題のことが記憶にある。

"I don't need very much now. Just a quiet place to sit and rest." The tree said, "Good! An old stump is good and rest. "Come boy, sit down and rest." and the boy did, and the tree was happy. という最後の部分である。」

An old stump IS good to sit and rest. とISを強めることについての理由と練習である。

それにしてもこの作品や、その他青少年向けの作品を書いてきたShel Silverstein は自殺しているのはなぜだろう。病跡学は作品の中に傑出した人間の疾病などを発見しようとする読み方を基盤にする。オーラルインタープリテーションも精読で、基本的には作品の外にでて事実を突き止めるようなことはしないで、あくまでも作品の中の証拠(internal evidence)を求めようとする。これらを通してこの著者のどういうことが読み取れるだろうか。

"Oh, Life!"――チャップリンの"Limelight"とデール・カーネギーの"How to Stop Worrying and Start Living"の1節などから構成

チャップリンの戦後の、しかも彼としては初めてのトーキーである「ライムライト」という映画をご存知の方も多いだろう。

チャップリン扮する老喜劇役者、キャルベロが、脚の骨折で将来を悲観して自殺をしようとしたバレリーナのテリーを更生させようとする。ところが彼自身も落ち目、客入りも悪く契約期限の来る前に解雇されて悄然としてアパートに戻る。命の恩人の落胆ぶりを見て彼女は彼が自分に言ってくれたように励まし返し彼を救う。必死に語る為に自分の脚が悪いことを忘れて立ち上ってしまう。狂喜するテリーとそれを見て喜ぶ彼の姿があった。

"Oh, Life!"は、この主客が転倒する有名な二つの場面をつないで、最後にカーネギーの"How to Stop Worrying and Start Living"の生きるための指針を加えて希望を失うなというメッセージの小品に私がまとめたものである。

励まし、励まし返されるあの場面を経験させたかったからである。

チャップリンの「ライムライト」
左は名優クレアブルーム（Clair Bloom）

OH, LIFE!

Compiled and Edited for Readers Theatre by Makoto Omi
Sources: "Limelight", produced and directed by Charles Chaplin
"How to Stop Worrying and Start Living" by Dale Carnegie

VOICE 1(Narrator): The setting is the London of 1914. Calvero, an elderly music hall comic, a great star, saves a young ballet dancer from suicide.

VOICE 2(*Calvero*): Yes, life can be wonderful if you are not afraid of it. All it needs is courage, imagination, and a little dough. Now what's the matter?

VOICE 3(*Terri*): I'll never dance again. I'm a cripple.

VOICE 2: You are in hysteria. You make yourself believe that.

VOICE 3: But is it true?

VOICE 2: It is. Otherwise you'd fight.

VOICE 3: What is there to fight for?

VOICE 2: Ah, you see. You admit it. What is there to fight for? Everything! Life itself, isn't that enough... to be lived, suffered, enjoyed? What is there to fight for? Life is a beautiful, magnificent thing! Even to a jellyfish. What is there to fight for? Besides, you have your art, your dancing.

VOICE 3: I can't dance without legs.

VOICE 2: I know a man without arms who can play a scherzo on a violin and does it always with his toes. The trouble is you won't fight. You are giving in, continually dwelling on sickness and death, but there's something just as inevitable as death, and that's life, life, life! Think of the power that's in the universe, moving the earth, growing the trees, and that's the same power within you if you only have the courage and the will to use it.

VOICE 1: Calvero saves her from suicide, and rekindles her will to live.
On his part, however, he is not the great star he once was. His manager even suggests that Calvero go under a different stage name. Even that didn't bring success into a new series that just got underway. The first night turned out to be a total failure. Most of the audience walked out on him. Torn and tattered, he returns home to his apartment, swearing to himself he would never go back to the stage again.

VOICE 2: I'm not going back.

VOICE 3: Why?
VOICE 2: They've terminated the contract.
VOICE 3: But they can't do that.
VOICE 2: They can. They have.
VOICE 3: But you were engaged for the week. You can insist.
VOICE 2: It's no use. I'm finished. (*Sobs*) Through.
VOICE 3: Nonsense. Are you, Calvero, going to allow one performance to destroy you? Of course not. You're too great an artist. Now's the time to show them what you're made of. Now's the time to fight.(*She stands*)Remember what you told me standing by that window? Remember what you said? About the power of the universe, moving the earth, growing the trees and that power being within you. Well, now's the time to use that power and to fight. Calvero, look... I'm walking... (*Sobs*) Calvero!
VOICE 1: The most important thing in life is not to capitalize on your gains. Any fool can do that. The really important thing is to profit from your losses. Tt requires intelligence, and it makes the difference between a man of sense and a fool.
VOICE 2: So, to cultivate a mental attitude that will bring us peace and happiness, let's do something about Rule 1.
VOICE 3: When fate hands us a lemon,
ALL: let's try to make a lemonade.
VOICE 1: You and I ought to be ashamed of ourselves. All the days of our years we have been living in a fairyland of beauty, but we have been too blind to see, too satiated to enjoy.
VOICE 2: If we want to stop worrying and start living, Rule 2 is
VOICE 3: Count your blessings not your troubles.
VOICE 1: Finally, let us remember these words of William James: "Much of what we call Evil... can often be converted into a bracing and tonic good by a simple change of the sufferer's inner attitude from one of fear to one of fight." So... let's
ALL: fight for our happiness! O, earth, you're too wonderful for anyone to realize you! Do any human beings ever realize life while they live it — every, every minute?

——演劇はSHOW〈見せる〉のに対して、OI〈朗読〉はSUGGEST〈示唆〉する

読み手は何人いても彼らは登場人物ではなく皆が作家目線、作品そのものの視点に立つ。小道具「回転いす」。頭の中の電気をオフにすればいいこと。

「ダメだ、ダメだ。いくら場面をナレーションでつないでも、座っている場所と位置が全く同じでは時の経過がわかりにくい」

それだけいって、戻ってきてみて驚いた。学生たちは今度は場面ＡとＢの間で照明を消していたのである。私はすかさず言った。

「君たちはどうしてすぐに電気を消したがるのかね？」

学生たちは「暗転のつもりでした」という。

「なぜ暗転なの。場面は独立していても話は続いているという感じは出してもらいたい」

「…」

学生たちは何の疑問もなく「入退場」や「着替え」をしたがる。これも暗転と同様、演劇の影響である。演劇と朗読は表現の仕方が基本的に違う。演劇はSHOW〈見せる〉する。朗読は基本的にSUGGEST〈示唆〉する。**OIは登場人物ではなく皆が作家目線、作品そのものの視点に立つ**。だから完全なブラックアウトはあり得ない。

場面転換も登場人物の入退場も、朗読者は自分の言葉の抑揚、顔の表情、小道具代わりに使われる台本で観客の頭の中で起こすと考える。電気は消さなくても頭の中でオフにさせる。「退場」は回転いすや箱に腰かけたまま後ろを向けばそれでいい。「入場」は半回転して正面を向く。立っている場合は背を向ければいい。それでも気にならないように人間はできている。

要はせりふがないからその場にいないのではないということである。

「キャルベロもテリーも語り手として常に存在しているので消える瞬間はないね」

このことは重大な点で、演劇だって同じである。場面は変わってもコミュニケーションは継続している。ゼロということはありえない。薄明かりのままセットチェンジして、着替えて別な役で出てくる演出とてあるくらいである。

ある英語劇祭で、場面変化が多すぎ、そのたびに暗転させるのでまるで戦時中の燈火管制のような演出に停電ばかりで話のつながりがわかりにくかったことがあった。

今回も「どうしたらいいでしょうか」と学生にきかれた。

「最初の場面から次の場面は、位置交換するだけで、時間の経過が感じられるだろう。カルベロとテリーの精神的な優位さもかわっているし」

「なるほど。そして位置を交換するときはそのまま椅子を持って移動すればいい」

「すべて見せてしまえばいいのですね」

「そうだ。君たちはテリーでもなければキャルベロでもない。たまたまそれぞれキャルベロのせりふが、テリーのせりふが多い語り手なのであって、コミュニケーションの相手は観客である。だから電気を消してしまったら、語り手の自分まで抹殺してしまうことになり、話はそこで終わってしまうだろう」

A方式　語り手3人が聴衆（聞き手）に対する。そのまま話の冒頭部を分担して

B方式　ナレーターと登場人物を分けている。登場していない間は背を向けて立つことがある。

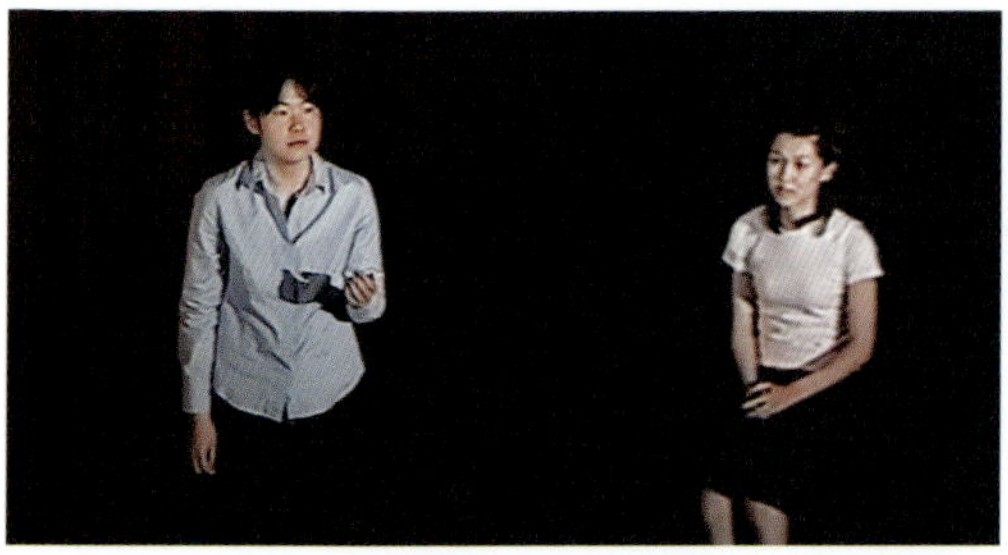

左：キャルベロ　右：テリー　それぞれの語り相手は観客空間の中に想定する（オフフォーカス）

あえてクロシングすることで時間経過とテリーとキャルベロの立場の逆転と時間の経過を感じさせる。

あるいは箱や椅子を演者で持ってくることで時間の経過をあらわすこともある

テリーとキャルベロの立場の逆転を示唆する

大団円でキャルベとテリーが人物の外にでてきたことで、3人語り手とも作品の語り手であることがはっきりする。

ことばの背後にあるもの、再び

右の問題が解決して、残ったのは結局、やはりことばの問題であった。

「まず前半の君のキャルベロだが声が絶対的に弱い。自殺しようとしている女性を必死に救おうとしているのに、ボーッという顔をしていてはいけない。」

「そして」ともう一人を指して私は言った。

「立場が逆転してからのテリー、君も同じだよ。命の恩人が、生きるか死ぬかの瀬戸際に立たされているというのに、その冷たさは何だ!!」

日本人のうるわしさからか、相手に合わせようとしてしまう。叱咤激励にせよ、絶望感にせよその感情を持続できず、途中で萎えてしまう。

それでいながら、いたわり、いつくしみあっているかというと、どっこい人は人、他人は他人という現代病はどす黒く影を落としている。イントネーションが、強勢がどうという問題だけではない。心の問題、人間性、育ち、社会の問題である。言葉を直そうということは、その学習者の生き方とも向き合わざるをえない。多くの場合、学習者を根こそぎ変えるぐらいの覚悟が求められる。

逆に、言葉を指導することは、それによって、内面まで変化させうる。つまり、内から外を変えると同時に、外から内を変えることも可能になる。

指導のポイント――それは、結局原文の熟読、とくに言葉そのものでなく、背後にある感情を線で捉える解釈の勉強に立ち戻らせることである。つまりそのことばで語り手は何をしようとしているかということを探るのである。

名演説のさわりをナレーションでつないだ "How Humans Have Fought … and Loved"

その頃はオバマの第一政権の時で、どこもかしこもオバマであった。演説を英語教材としてみようともしなかった頃に較べれば、ことばの学習素材としての演説に関心が高まってきたのはいいことだし、私などもそれに多少は貢献してきたのかなという思いはある。しかし東西古今の名スピーチはオバマ以外にも沢山ある。

今自分の手元にある **The World's Greatest Speeches** (Dover 出版) にはソクラテスらからパトリック・ヘンリーの「自由を与えよ、さにあらずんば死を」(**"Give Me Liberty, or Give me Death"**)、チャーチルの **"Toil, Blood and Sweat"**, マッカーサーの「老兵は死なず」(**"An Old Soldier Never Dies"**)、など二十六人のスピーカーのスピーチが収められている。他にも **A Treasury of The World's Great Speeches (Simons and Sons)** などがある。

これにフィクションかノンフィクションか混沌とした神話化したスピーチ、たとえば「モーゼの十戒」(**"Ten Commandments"**)、マーク・アントニーの **"Friends, Romans and Countrymen…"** などが入ってくるとその数はますます増える。ドラマの世界からの長ぜりふまで含めるとその数は星の数ほどもあり、何ともいえないロマンを感じる。アメリカのスピーチ・ドラマの学生にとってはいずれも分析対象になっている。

"How Humans Have Fought … andLoved" はそうした名演説の抜粋を、あるテーマのものにまとめて演じたものだった。

人は戦う時もあれば愛する時もある、その振幅の一端を伝え人間は過去から今まできたのだという一体感を感じさせることを目的として基本的には時間配列でナレーションを入れてつなげた。形式は、ソロもあればグループもある。その混合もある。クロッシングや編隊の組み方も元のスピーチが高められたり、または全く違う味わいがでてきて、全体的に朗読劇仕立てだった。

　現代人は分類好きな人間になってしまった。だからここでたとえば、**チャップリンの「独裁者」におけるスピーチ**を入れたりすると、それは映画だろう、フィクションではないかなどということを気にする人がいるが、それは無粋というものである。その声はチャップリンの真実の吐露であるし、名スピーチだからそれでいいのである。第二次大戦中、ヒトラーに間違えられた床屋に扮してチャップリンが平和を訴えかけた。ヒットラー的なレトリックを使った、おおがかりなモード転換によるスピーチになっている。学生も私も、政治的スタンスであるとか、あるいは好き嫌い、スピーカーの社会的評価がどうであったなどの点では前面に出さずに虚心坦懐に眺め学べるものがあると信じて吸収するという立場をとることがＯＩ活動の基本的姿勢であることを知っている。

――それは地下鉄の女子高生の地べたずわりだ！　戦う心がアブセント！／グループ演技しようとするからこそ明らかになった身体の要素

　指導をしていてますます確信してきたことがあった。それは、いわゆるスピーチの多くは、何らかの意味で人生を戦いぬいてきた人間たちの叫びであるのだが、そうしたスピーチが持つ身体性が、最近の学生たちの弛緩した身体に合っていないのではないかということである。

　全くおそろしい。学習者も指導者も、時代の真っ只中に棲息しているから気がつかない。そこに作品といういわば異文化がぶつけられるからこそ浮かび上がる社会の病理である。いや、この身体性は個人レベルだけでなく今回はグループ表現にも当てはまる。いやグループで行うがゆえに見えてきた。

　その年のグループの学生たちは、初めは舞台に座っていて、スピーチごとに立ち上がってくる振りをつけた。これは二つの意味で強烈な違和感を覚えた。

　私は言った。

「地下鉄の地べた座りの女子高生と同じじゃあないか！戦うということに対する気構えも、大将たちの気品とか風格といったものがゼロだ――」。

　それだけではなかった。

「それでは立ち上がるまで、スピーチそのものは始まっている。始まる前に壊れてしまっている」。

　ことばと身体とは連動する。一致するとは限らないが連動する。演出家の鈴木忠志は、馴れ合いになっていた言葉と身体の関係を断ち切り、意外な組み合わせに目覚めさせる為に、排泄行為をする動きをさせながらジュリエットのセリフを言う試みまでさせたという。こうして最終的には適切な組み合わせを発見していったわけだが、これは言葉の学習にも当てはまる。身体性ということはこういうことを指すのであって、「山本く～ん、そこをジェスチャーを入れてアイハブアドゥリームとやったら」などというような末端的なことばかりすることではない。

――句読点は文法的な単位、息継ぎ箇所ではない！　スラッシュの指導がサブ・テクスト（セリフした）の理解を妨げる／気息音/p/――文脈の中での発音指導

　次に続くのは、パトリック・ヘンリーの「自由を与えよ、さにあらずんば死を」**(“Give me Lliberty, or Give me Death!”)**である。

…. Shall we acquire the means of effectual resistance by lying supinely on your backs and hugging the delusive phantom of hopes, until our enemies shall have us hand and foot? ... There is no retreat but in submission and slavery! Our chains are forged! Their clankings may be heard on the plains of Boston! The war is inevitable—and let it come. I repeat it, sir. Let it come!

It is in vain sir to extenuate the matter. Gentlemen will cry Peace, Peace, but there is no peace. The war is actually begun! The next gale that sweeps from the north will bring to our ears the clash of resounding arms! Our brethren are already in the field! Why stand we here? What is it that gentlemen wish? What would they have? Is life so dear, or peace so sweet, as to be purchased at the price of chains and slavery? Forbid it, almighty God. I know not what course others may take, but as for me, give me liberty or give me death!

「はい、まず解釈してきたように読んでみて」といつものパターンで私は切り出す。そして学生は読み出す。

――気息音（aspiration）の /p/ に怒気がプラスされている

「パッ！パッ！パッ！ by lying supinely... だ。それから Gentlemen may cry peace, peace, but... の /p/ も同じだ」

――しかし発声、発音、句読点は息継ぎ箇所ではない！

「句読点が見えるような読みじゃあないか。字を読むのではない。文字の背後にある語り手の心をどう読み取るかだ、語り手のパトリック・ヘンリーのかわりに君が声にだしてみよということだろう。金輪際、句読点は息継ぎ箇所ではない！」

オーリン・ウエルズ（Orson Welles）の名朗読を聴かせて、感想を求める

「... There is no retreat but in submission and slavery! Our chains are forged! Their clnkings may be heard on the plains of Boston! The war is inevitable—and let it come. **I repeat it, sir, let it come.** といって、2回目の come まで基本的に1息でいっています」含み声で actually begun の /gʌ́n/ と /kʌm/ が途切れている…」

「そう、そして come のあとの終止符で休むのではなく **It is in vain sir to extenuate the matter. Gentlemen will cry Peace, Peace, but there is no peace. The war is actually begun!**

――文を飛び越えて韻を踏ませる！

文を飛び越えて韻を踏むことができる。これが実にきれいだ。

The war is inevitable—and let it **CÓME** I repeat it, sir,let it **CÓME**. It is in vain sir to extenuate the matter. Gentlemen will cry Peace, Peace,but there is no peace. The war is actually **BEGÚN!**

学生はしみじみといった。

「it is in vain, sir... のところできちんと休んでいたりしたら、この韻の味わいは出てこないわけですね…」

――外国人審査員の涙――激しいスピーチから妻を思う、スピーチとの落差か…

東京での音声表現フェスティバルでこの作品を我々の学生が演じた時、知り合いの審査員氏が別の外人審査員F氏が泣いていたよと報告をくれた。チャーチル・F・ルーズヴェルト、ケネディ、キング牧師、チャップリンなどと続きと続き、最後はレーガン大統領の「私は人生の黄昏に旅立つ」であった。アルツハイマーを宣言した故レーガン元大統領の妻への感謝のスピーチに入りはじめた時のことである。

… Unfortunately, as Alzheimer's Disease progresses, the family often bears a heavy burden. I only wish there was some way I could spare Nancy from this painful experience. When the time comes I am confident that with your help she will face it with faith and courage…

この外人審査員氏は、個人的なことで悩んでいたことは知っていた。レーガンのナンシーを気遣う気持ちに打たれたのか。本国に残してきたのに心ならずも別れなければならない妻への慙愧の思いがだぶったのだろうか——

だとしても、レーガンのスピーチ単独の力ではない。組み立ても関係していたと思っている。前半部分では勇壮で激しいスピーチが続け、最後に、やさしさを強調する内容を持ってきたという組み立てである。しかも、語り口が、男声から複数の女性たちに代わっていたことがまた趣の違う形で心に迫ったのではないか。そういう複雑な環境にいたならば心情的にはレーガンになって妻に声をかけたいところだろう。それを学生とはいえ、そして教師として庇護し、いたわらなければならない彼女たちに逆に静かにいたわるかのように語られたら、たまらないだろう——

あなたありがとう。この外国人審査員にはそうまで聞こえたかもしれない。

一つの作品の中の異なるものをどう並べるか——それ自体が、一つの作品の構成を考えることと同じである。ともかく、この作品はその後、朗読会でも、作品を差し替えながら何回か行ってきた。いわゆる人生に真剣に向き合う、気品というか、そういうものを漂わせ、いわゆる今時の女子学生たちが演ずるまでに自分たちを持っていくことはできるのだということを私は訴えたい。

Friends, Romans and countrymen, lend me your ears.
I've come to bury Caser, not to praise him…
神話と現実が交差する世界のスピーチも登場する…
真実の心と優れた表現があること、それが大切である…

HOW HUMANS HAVE FOUGHT AND LOVED
—The World's Great Speeches—

(モーゼの十戒)

VOICE 1: MOSES PROCLAIMS THE TEN COMMNANDMENTS. *Compliled by M.Omi based on "The World's Greatest Speeches (Dover) and" A Treasury of the World's Great Speeches (Simons and Sons)*

ALL: Honor thy father and thy mother, as the Lord thy God hath commanded thee: that thy days may be prolonged, and that it may go well with thee, in the land which the Lord thy God giveth thee.

VOICE 2: Thou shalt not kill.

VOICE 3: Neither shalt thou not commit adultery.

VOICE 4: Neither shalt thou steal

VOICE 5: Neither shalt thou bear false witnesss against thy neighbor.

VOICE 6: Neither shalt thou desire thy neighbor's wife, neither shalt thou covet thy neighbor's house, his field, or his manservant, his ox, or his ass, or anything that is thy neighbor's

(マークアントニー)

VOICE 2: ORATION ON THE DEAD BODY OF JULIUS CAESAR. *The funeral oration of Mark Antony over the dead body of Julius Caesar is accepted as an oratorical masterpiece. Although it was the imaginative creation of Shakespeare for his play, "Julius Caesar," it is based on the historical writings of Dion Cassius and Plutarch.*

VOICE 7: I come to bury Caesar, not to praise him.
The evil that men do lives after them;
The good is oft interred with their bones;
So let it be with Caesar. The noble Brutas
Hath told you Caesar was ambitious:
If it were not so, it was grievous Fault,
And grievously hath Caesar answere'd it.
....

VOICE 8: I speak not to disprove what Brutas spoke,
But here I am to speak what I do know.
You all did love him once, not without cause:
What cause withholds you then to mourn for him?

VOICES 7 & 8: O judgement; thou are fled to brutish beasts;
And men have lost their reason. Bear with me; My heart is in the coffin there with Caesar,
And I must pause till it comes back to me.

(エドワード8世) 王冠を捨てた恋

VOICE 1: エドワード8世　―王冠を捨てた恋―
新国王エドワード8世が即位したのが1936年1月。それから9か月後の10月になって、エドワード8世がシンプソン夫人と深刻な恋愛関係にあることが表沙汰になった。王位をとるか、それとも王位を捨ててでもシンプソン夫人との愛を貫くか。悩みぬき、そして内閣と相談したあと、国王は12月にBBCの放送を通じて退位を発表した。

VOICE 2: You all know the reasons which have impelled me to renounce the throne. But I want you to understand that in making up my mind I did not forget the country or the Empire, which, as Prince of Wales and lately as King, I have for twenty-five years tried to serve: But you must believe me when I tell you that I have found it impossible to carry the heavy burden of responsibility and to discharge my duties as King as I would wish to do without the help and support of the woman I love. And I want you to know that the decision I have made has been mine and mine alone. This was a thing I I had to judge entirely for myself.'

(『独裁者』のチャップリンの演説)

VOICE 1: CHAPLIN's SPEECH IN "THE GREAT DICTATOR"
Soldiers! Don't fight for slavery! Fight for liberty!
In the 17th Chapter of St. Luke, it is written: "The Kingdom of God is within man" — not in one man nor a group of men, but in al all men! In you! You, the people,have the power... the power to create machines. the power to create happiness! You, the people, have the power to make this life free and beautiful—to make this life a wonderful adventure. The in the name of democracy- let us use that power—let us all unite.

(老兵は死なず)

VOICE 2: DOUGLAS MACARTHURS "An Old Soldiet Never Dies"

VOICE 3: I am closing my fifty-two years of military service. When I joined the army, even before the turn of the century, it was the fulfillment of all my boyish hopes and dreams.

VOICE 4: The world has turned over many times sine I took the oath on the plain at West Point, and the hopes and dreams have long since vanished, but I still remember the refrain of one of the most popular barracks of that day which proclaimed most proudly that old soldiers never die; they just fade away.

ALL: And like the old soldier of that ballad, I now close my military career and just fade away, an old soldier who tried do his duty as God gave him the light to see that duty. Good-by.

(JOHN F. KENNEDY Inaugural Address)

VOICE 2: *On January 20, 1961, John F. Kennedy became the35th President of the United States. He was the youngest man ever to be elected President. After poet Robert Frost recited a poem, JFK took the oath.*

VOICE 3: In the long history of the world, only a few generations have been granted the role of defending freedom in its hour of maximum danger. I do not shrink from this responsibility—

VOICE 4: I welcome it. I do not believe that any of us would exchange places with any other people or any other generation. The energy, the faith, the devotion which we bring to this endeavor would light our country and all who serve it—and the glow from that fire can truly light the world.

ALL: And so, my fellow Americans: Ask not what your country can do for you—ask what you can do for your country.

My fellow citizens of the world: Ask not what America will do for you, but what together we can do for the freedom of man.

VOICE 3: Finally, whether you are citizens of America or citizens of the world, ask of us here the same high standards of strength and sacrifice which we ask of you.

VOICE 4: With a good conscience our only sure reward, with history the final judge of our deeds,

ALL: let us go forth to lead the land we love, asking His blessing and His help, but knowing that here on earth God's work must truly be our own.

(キング牧師)

VOICE 5: *MARTIN LUTHER KING, JR. "I Have a Dream"*

The time is August 28, 1963. The place as in from of the Lincoln Memorial in Washington, D.C., The speech was delivered before 200,000 people.

VOICE 6: I say to you today. my friends, that in spite of the difficulties and frustrations of the moment, I still have a dream. It is a dream deeply rooted in the American dream.

VOICE 7: I have a dream that one day this nation will rise up and live out the true meaning of its creed: "We hold these truths to be self-evident; that all men are created equal."

VOICE 8: I have a dream that one day on the red hills of Georgia the sons of former slaves and the sons of former slave owners will be able to sit down together at the table of brotherhood.

VOICE 5: I have a dream that one day even the state of Mississippi, a desert state of sweltering with the heat of injustice and oppression, will be transformed into an oasis of freedom and justice.

ALL: I have a dream that my four little children will one day live in a nation where they will not be Judged by the color of their skin but by the content of their character. I have a dream today...

(私は人生の黄昏へ旅立つ—愛する妻ナンシーへ)

VOICE 1: "Nov. 5, 1994 My Fellow Americans, I have recently been told that I am one of the millions of Americans who will be afflicted with Alzheimer's Disease.

VOICE 2: Upon learning this news, Nancy and I had to decide whether as private citizens we would keep this a private matter or whether we would make this news known in a public way.

VOICE 3: In the past Nancy suffered from breast cancer and I had my cancer surgeries. We found through our open disclosures we were able to raise public awareness. We were happy that as a result many more people underwent testing.

VOICE 4: They were treated in early stages and able to return to normal, healthy lives. So now, we feel it is important to share it with you. In opening our hearts, we hope this might promote greater awareness of this condition. Perhaps it will encourage a clearer understanding of the individuals and families who are affected by it.

VOICE 1: At the moment I feel just fine. I intend to live the remainder of the years God gives me on this earth doing the things I have always done.

VOICE 2: I will continue to share life's journey with my beloved Nancy and my family.

VOICE 3: I plan to enjoy the great outdoors and stay in touch with my friends and supporters.

VOICE 4: Unfortunately, as Alzheimer's Disease progresses, the family often bears a heavy burden. I only wish there was some way I could spare Nancy from this painful experience. When the time comes I am confident that with your help she will face it with faith and courage.

GROUP 1: In closing let me thank you, the American people for giving me the great honor of allowing me to serve as your President.

GROUP 2: "When the Lord calls me home, whenever that may be, I will leave with the greatest love for this country of ours and eternal optimism for its future.

ALL: I now begin the journey that will lead me into the sunset of my life. I know that for America there will always be a bright dawn ahead.Thank you, my friends. May God always bless you.

VOICE 1: Sincerely, Ronald Reagan"

世界を動かした感動スピーチ、名演説のメドレー
How Humans Have Fought ... and Loved)

こぼれ話④

人間社会そのものの如き空間
高みを目指す魂はどこまでも高く…基本的にバリアフリー

近年なにかというと習熟度別学習という。いやな言葉だ。

学習効率をあげようとするために学力で学習者を分別して教えることである。確かに学習の種類、ある局面では功を奏する。しかし、言語学習においては効果を生まないことがあまりに多い。もし習熟度別がそれほどまでに望まれる学習形態ならば神はなぜこの地球の人間をすべて、習熟度別に分類しなかったか。そうしなかったのにはそれなりの計らいがあったからである。私は基本的にそう考える。

朗読会の訓練空間は、基本的にバリアフリー、さらにいうならば典型的な**複雑系（Complex system）**の教育空間であった。

まずはかかわる人間が、学力、背景、動機、性格などさまざまである。ありとあらゆる学生が蠢いている空間であった。習熟度などという人工的な枠に納まりきれずに変化していく。

そもそも時間と空間、つまり次元も東西古今、縦横に行き来する。NO・1教室が中心に、学生はありとあらゆる空間を学習空間に変えていった。クリスマスの作品を学内で練習している間、ファストフードの二階では源氏物語の練習をやっているという具合であった。役柄のまま英語でコミュニケートしながら帰宅していくなどという光景もかなり目撃してきた。単なる人間の活動とは違って作品の世界に取り組み、入り込んでいくことにより、隠れていた人間性まであらわになる。そして、そこに力を加えていくことで言葉と人間が磨かれていく。時間と空間は観念であり実存ではない。我々人間は頭のボタンの切り換えひとつで色々な世界に意識を運ぶことができる。

もうひとつは、作品の世界を観念的に捉えても、実際の生身の人間を関わらせていくと、こちらの意図しない方向に引きずられていくことがあるが、これも複雑系が内包するミステリーである。

吉川英治だったか、プロットを考え、人物に名前をつけてストーリーを展開させて行こうとしても、作家自身が目論んでいた方向と違う方向にどんどん引きづられてしまうことがあると言っていたがこれに似ている。学生たちの心や思い、いや現実に引きづられて実際私は、ある方向に進んで行かざるを得なかったという例はいくらでもあった。

想定外の力が働く人間社会のありようを思わせる。習熟度別クラス、役所主義でシラバス主義やCAN-DOリストなどの人工的な枠組みで縛り込むことができないミステリーに満ちた世界である。

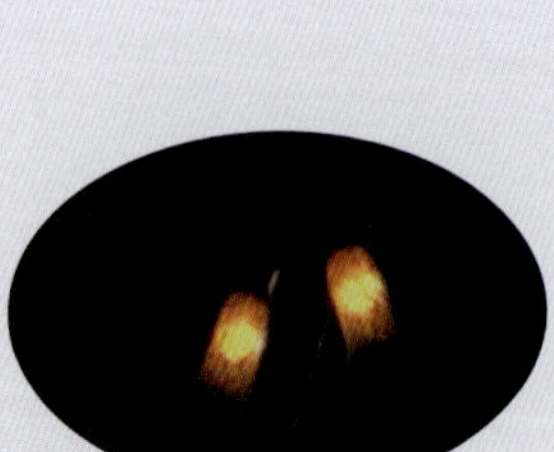

こぼれ話⑤

思い出の「戦士」たち

練習期間内の人間関係をめぐって展開するドラマはたくさんある。（なお文中の呼称は、私のその学生達とのその時点での距離そのものである。）

スーパーウーマン型　R子（一九九六卒）今ふう女子大生——修行僧——リーダー型を取り込み研究者への道

拙著『感動する英語！』のはしがきで紹介されている学生が入学してきた。でも最初は全然気が入っていない群読の中の気のない読み手のひとりであった。外国人教師のクラスから出させられた*One*という名前の詩だった。

ダラダラとやっていたと入学当時を彼女は自嘲的に振り返った。彼女こそが、のちのオクスフォード大学の国際政治学の博士号を取得し、若くしてでシンガポールの国立大学の教授として君臨するようになるとはさすが想像できなかった。

きっかけは、授業後、拙著の『頭と心と体を使う英語の学び方』にいたく共鳴してくれ、私のゼミと朗読会練習の世界に入ってきたことである。ＯＩを中心とした学習が結局はいちばんのスピードラーニングであったことを証明するかのように一年位でTOEFLを120点あげている。そして、そのいきおいで高校生への指導をしていて偏差値が異常にアップした。点数などはすべきこととしていれば、副産物的に上がるものであるという典型であった。

私の研究室によくきた。おしゃべりは最初だけで、しばらくすると、さて、という感じでやおら立ち上がって、図書館で目に留まって覚えてきた英語の一節を私に聞かす。もういいよ。今日は疲れたよといっても、ちょっとでいいからきいてコメントを求めてきた。

四大に編入希望を出した。が、私のゼミの延長はこの教授しかいないということで僚友の岡部朗一氏につないでやろうとして私は面会にだけ付き添っていった。ところが面会を待っている間になにかブツブツいっている。

何いっているのかときくと、「先生を説得する」仮想場面ためにパトリックヘンリーの*Give Me Liberty or Give Me Death*のモード転換練習をしているのです、という具合である。

それを実際に使うのではないことぐらいはわかっていた。寸暇を惜しんでの練習をしていたのである。

在学生の希望者で空きのないゼミだったが、熱心さに根負けした岡部氏のゼミに入ることが出来た。R子は厚い洋書のコミュニケーション学を渡されると学期が始まる前に読破していた。そしてそのクラスではトップになる。

またあたかも当然のことであるかのようにESSに入った。そしてしばらくして、同輩、後輩をつれてきて朗読会に参加してきた。まさに凱旋という風情であった。またビシビシ後輩を指導して泣かせたともきいている。後輩たちは「R先輩」という時の目の輝きは崇拝の眼そのものであったのを覚えている。短大から行ってついていけるかどうかなどという発想はR子とは全く無縁のものであった。蓋をあけてみれば、ついていく云々どころではない。完全リードである。

ちなみにこの年大学での編入組の一位、二位は短大組であった。

OT君

R子に連れて来られて出演したのが病みつきになった英文科の男子学生であった。

彼はShelleyの*Ode to the West Wind*を演じたのが最初であった。それ以後、私の研究室に来ていろいろ相談しにくるようになった。大学を卒業して、高校の教員になってからは、留学についてのアドバイスもした。ニューヨーク大学に入ったが、かゆいところに手の届くようなカリキュラムではなかったことがわかると、OIで有名なMarvin Gotliebの門を叩いている。

さて丁度以前、私は学長から、私の分野の後継者を探し始めてくれ、場合によっては留学などの援助をしてもいいということを言われていた。しかし、留学から帰ってきて非常勤で教え始めた彼を大学は採用しようとしなかった。

浅野（磯貝）保子（一九八乙卒）と野口（渡辺）美穂（一九九四卒）

OIは訓練の過程がすべてであるが、大勢いる学生の中には稀に、解釈も音声非音声も、殆ど指導することなくこなせる者はいる。初期の浅野保子と中期の野口美穂が思い出される。浅野は、拙著『感動する英語！』と『挑戦する英語！』の中でプロの語り手の中に混じって読んでいる教え子である。

野口の方は、英語のDJを経て、東京国際映画祭などのバイリンガル司会業、その後はフランス語も加わっての三か国語を生かしながら2017年ミセスグローブ日本代表になったりしての活躍ぶりである。

こういうと、ネイティブみたいなのかとか、帰国子女なのかという反応が帰ってきたりすることに相場が決まっている。しかし、我々は訓練しなくてもネイティブであれば出来る程度のことのために猛練習などはしないし、本書のような舞台裏記録を私が書くはずもない。同様に海外体験の長短も全く関係ない。というのは英語はネイティブであるがOIはまったく様にならない例は私がアメリカでスピーチ演劇学科に在籍していた頃にもいくらでもいたからである。

登場人物が２人以上のドラマなどは方角をかえるかオフ・フォーカスで…（"Antigone"）

He is stronger than we are, Antigone.
He is the King and the whole city is with him.
Thousands and thousands swarming through the streets of Thebes.

イズメネ

I don't want to understand.
There'll be time enough to understand, if I ever am old...

アンティゴネ

仕切り屋・真衣（二〇〇九卒）

２００８年生近江ゼミ生。学生会長――。

先日、三世代をまたぐ卒業生三人と私が非公式に集まって真衣の話を聞いていた。

「エッ、何読んでるの、聞こえないんだけれど」という感じでクラスメートたちにせまったという。

「先生に見せる前に、私のチェックが入るんです。中でもSチャンは特別で、すごくおとなしくて、しゃべるのが苦手だった。空いている教室を使ってかばんとか○○とかをアトランダムにおいて、それに向けてセリフをいわせたり、体育館にいって練習もさせました」という調子である。

話題のSちゃんは卒業後、東京の女子大に編入し、卒業してもどってきて近江アカデミーにいる。この間彼女は進化し、いまや、かっての近江ゼミを今に伝える唯一の存在になっているが、もともとシャイな学生であった。

Sちゃんは「私にとっては先生がふたりいたような感じでした」

いずれにせよ真衣には、みな順番待ちでみてほしいとなったそうである。私が全作品に対してしていたことを、ゼミ内でしていたということである。

彼女は、自分を「圧迫系できびしい」ので、「先生に見せる方がまだとみないってました。先生の方が優しいとみないっていた」そうである。

「先生が怖いっていうイメージがあったので、それをたてにとって、それが怖いならば一生懸命にやって」

真衣は一年目は合宿をくんだ話もした。

「牧野さんの真意はなにだったの」と千佳がきいた。いい質問である。

「とにかくいい作品ができればよしと全員のレベルがあがらないと、個人のレベルだけ高くてもがあがってもどうにもならないじゃあないですか」という具合である。

近江ワールドなどといわれたグループも最初から順風満帆、一致団結だったわけではなく、それなりの格闘があったという。

そしてさらに続ける。

「私、教育実習で一か月マルマルぬけていたんですよ」、その間、N子にまとめ役を頼んだという。もどってきてみるとクラスが変なことになっていたという。

どうやら彼女不在中の人間関係にあったということがわかったという。クラスの中でランクみたいのがあったらしくて「誰が一番、誰が二番、みたいな。三番がいて、後が団子状態みたいな…勝手にその意識ができていたのです。一人もともとすごい英語が好きで、英語も上級クラスもとっていて、私とかリサがいなければ仕切っていくタイプなのがいて、他の二人を巻き込んじゃったりして反目する側に回ったりしてとにかく大変でした」

クラスのNO2的存在はいたが、彼女なりの理由で、皆をまとめることにはあまり積極的なほうではなかったではなかったそうである。そこで「ざっくりまとめるのには、状況も分かっていて先生とのコネもあるN子」に頼んだ。しかし楽ではなかったという。

「近江ゼミには、基本的にゼミって中学校、高等学校でリーダーをやっていた子が多かったのでその中で誰がリーダーになるかというのが大問題になって、私のほうが出来る。なんでこいつが仕切っているんだろうという感じになったそうである。

「なかなかの世界ですね」

きいていたアカデミーの一人がいう。

真衣は授業の献立が他の学生と異なるので、空き時間にクラスのための縁の下の力持ちのようなこともしていた。過去のビデオを見て勉強していた。特技の切り絵を生かしての朗読のフォールダーつくりをせっせとしていた。

真衣たちの帰国子女型は、周りを見て安心してしまう傾向がある。これは日本社会の英語コンプレックスが彼、彼女らを持ち上げるということもある。しかしアメリカのスピーチ・演劇学科では母語の英語練磨のために努力しているし、まだまだ学ぶべきことはある。それを知ってから知らぬか、真衣は自己勉強のためにアメリカに再度わたり、本格留学をはたし学位を取得し、一方で学生寮長にまでなっている。しかし戻ってきてアカデミーに入りたいと言ってきた時に、求めているところのものが他のところにあると感じたので、私はストップをかけた。

修道尼型・リサ（二〇〇九卒）

周りを手伝わないではなかった。ＥＳＳのリーダーとして後輩を助けていたことも知っていた。しかし決して仲良くするのが第一関心事ではなかった。あくまでも自分は修行中の身である。第一の関心事は自分を磨くことであった。

この手の学生はこれと思う師をみつけたら徹底的に学び取ろうとする。もちろん搾り取る、あるいは利用するのかはしらない。いずれにせよこのタイプは日本社会では孤立気味になる。

実は、かくいう私自身が学生時代からそういうところがあり、留学時代もVery Goodといわれるのがきらいで、教授にホンネを聞き出そうとした。「そんなはずはない」と。そしてそれはこの年になるまでそうであり学生にはこういっていた。

「大学の上級生にもなると自分は上がったと勘違いして先輩風を吹かしてはいけない、コンテストも後輩に道を譲ったりするのはどうだろう。君たちはまだまだなんだ。後輩を押しのけても自分を磨くようでちょうどいい。後輩は後輩で本物ならば先輩を押しのけてのしあがってくるはずだ」

リサは卒業間際にあるオーラルインタープリテーションコンテストに参加することになった。そしてのバルコニーの場面の全部をすることになった。ロメオとジュリエットに限ったことではないが、いわゆる対話文におけるやりとりをソロで読み上げる形式は日本の英語教育界の人間はなじみのない発表スタイルなので、彼女で撮っておきたいという私の気持ちもあり集中的に指導した。そして優勝した。

さて、運命の神は彼女に一生を託してもいいと思わせる男性に早々に出会わせることになる。ほどなくしてあった母校の朗読会に戻ってきてそれを披露し、彼を連れてきてプログラムを最後まで見させていた。このあたりは彼女の中の近江イズムの健在ぶりを感じさせたが、それから姿を消す。しばらくして来年結婚するといってきた。ところがついては式に英語を入れたい。彼にもなにかいわせて、先生にもかんでもらいたい――。私は「君は新婦かもしれないが、僕は神父ではない」といったが、人前結婚式だから可能だし司会者の勧めもあったという。

結局、以前、朗読会の中でも行った、映画「ある愛の歌」の結婚式をヒントにふくらませElizabeth Barret Browningの“When our two souls stand up erect and strong...”ではじまる詩を中心に、日本語と英語を混合し愛を誓う場面でことになった。こうなると片側だけではバランスが取れない。新郎のＳ氏の指導まですることになった。式は無事終了した。

そのリサは今、近江アカデミーにおいて当時の近江イズムを伝える貴重な存在である。

パフォーマンスはあくまでもPART 1。その礎に立って、英会話を超える英語コミュニケーションの力に花開かせていくPART Ⅱにつなげるべくあくなき追求を今も続けている。

草の根型・Ｒ子（二〇一一卒）

初期の英語教育を失敗するとこうなってしまうのか――。

もうちょっと手のつけられない惨状のＲ子の音声であった。

私は発音そのものについてはそれほどうるさくはない。こだわるのは文意を正確に伝える音声表現である。しかしそれも程度問題である。

Ｒ子が習い始めの白紙状態ならばいい。しかしもう癖が染みついてしまっている。そこで授業外で直し始めた。ところが汗水たらして格闘して、この音はこれでかなりよくなったはずだと思っても、翌日になるとしっかりと元に戻っている。

万策尽きた気分で、他の先生に相談に行かせたりしたがみな匙を投げる。ネイティブの先生がいるだろうといわれそうだがネイティブにつけば直るというものだったら「医者」はいらない。しかも近年のネイティブ教師は発音矯正にはあまり関心がない。EFLはその訓練法は基本的にないのである。

一方R子は、朗読会のオフシーズン、など私が研究室にいることを知っている。私の方はR子は、今日もあらわれるんだろうなぁ…もう今日は他の用がないから裏口から帰ってしまってもいいのだが、ところが体が金縛りになったように動かない。そうこうしているうちに、夕方五時ぐらいになるとドアをコンコン…。「きたあ！」である…

だが、R子の草の根運動的な粘り強さは脅威である。欠点を指摘されても悪びれない。

一方自分が苦労しているのは英語教育にも問題があると思い始めると実力行使をするところがあった。高校生対象のオープンキャンパスの私の模擬授業に、女子高生に交じって黒い影が二つ見えたことがある。授業が終わって影が私のところに近づいてきた。

「R子がお世話になっております」

なんと真相は、R子が自分の高等学校の時の先生を連れてきたのであった。私は模擬授業に在学生のリーダーシアターのデモを毎回入れ、R子も高校時代にそれをみて入学してきた経緯があったので、できれば高校時代の恩師がいるところで彼女の〝その後〟を披露させてやることができれば理想的であることはわかっていたが、R子はまだその段階ではなかったので断念した。だが彼女は気にはしない。それどころか彼女の集客力はすごく、朗読会では見慣れない外国人の見学者などをどんどん連れてくる。

結局R子はカリキュラムの編成上私のゼミはとれなかったために十分に指導してやることはできないまま卒業、A大学に編入していった。ところがそこでは驚くべき状況が待っていた。

R子が課外指導を仰ぎに教授にもっていくと、「どうしてそんなにやるの。十分にいいのではないか」というものであったそうである。ESSに入って、コンテストにでるために部費を請求すると、クラブ費は、個人が勉強するためのものではなく、飲み会とかコンパのためのものだと言われてしまった。勉強など全く奨励されていなかったそうである。私はこれはひょっとして日本の多くの大学の姿なのではないかと思って暗澹たる気分になった。

さて、R子は発音には難を残しながらも、オーラルインタープリテーション活動により連続的に表現する力が育っていき周囲からは一目置かれるようになり、いわゆる帰国子女とかまでに、どうしてそういうふうにしゃべれるのかと言われたりで、結局ESSの部長になり活躍していたが今春卒業して大手の保険会社に就職した。

千佳（二〇〇〇卒）

筋書きのないドラマの不思議さに驚きを禁じ得ない。千佳は在学時代には私もその存在を知らない。卒業後数年して、〝啓示〟を受けたそうで聴講という形で私が退職するまで関わってきた。だから在学時における〝舞台裏〟には登場していない。コミュニケーション学でいうゼロコミュニケーションである。しかし表舞台、舞台裏のテクストレベルでもほとんど書き込みがないが、そのまたサブテクストレベルでは静かなる意図が進行しているのではないかと思えてならない。というのは朗読会の幕が降り、私が退職したのと同時に始めた近江アカデミーの趣旨に共鳴し、アカデミーの片腕として、私を絶大に助けてくれているからである。

東京と名古屋の間を往復しているビジネスウーマン兼母親である。

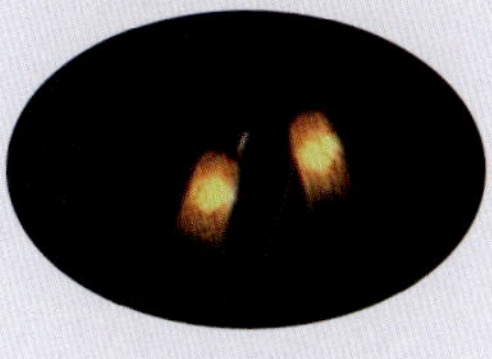

ドキュメンタリー＋ノンフィクション
——ダイアナ妃とマザーテレサの追悼ミサ
（"The Memorial Service of Mother Teresa and Princess Diana"）

純然たるドキュメンタリー素材を舞台に載せるということもできる。私はその年不慮の死を遂げた「ダイアナ妃の葬儀」をプログラムに加えようとした。葬儀は全部がCDになって市販され、しかも英語のテキストがついている。歌あり、スピーチあり格好の教材になる。これを丸ごと、あるいはその一部を行なうドキュメンタリーをしたいと思った。

ところがダイアナより学園とも縁があるマザーテレサが亡くなった年だからマザーにちなんだものにしたらという意見が入った。それはそれでいいのだが、それではドキュメンタリー案はとんでしまう。わかっていて待ったをかけているのだろうかと思った。

ダイアナの若さと美貌に対する抵抗感が、私は逆にではやりますといい切った。話題性などではない。ダイアナにはしっかりした学生に覚え込ませたい英語の葬儀台本がある。マザーテレサにはない。私が譲歩して結果的には両者を含めた「合同追悼式」を組むことになったが、時と場所も違う二人の合同葬儀なるものは存在しない。そこで半分ドキュメンタリー、半分は想像上の、しかも葬儀ならぬ追悼式の台本を構成しなくてはならない。まあ虚構だからこそ、理想郷を作ることもできる舞台の上でたまゆらの真実を生きることができると考え直して台本作りをはじめた。

学生には書けない。先生でもちょっと無理である。そもそも我々のOIFは、それを練習することによって、自分たちではとてもついてはいけない優れた表現法、ことば遣いを練習し、その影響を受けるところに第一の意義がある。近年の「知っている表現を使って好きなようにつくってごらん」などという傾向とは真逆な活動なのだ。

マザーテレサとダイアナという二つの魂《たましい》、真剣に生きた二人に見合うだけの「心の佇まい」を持つもの、その心の状態を喚起するだけのことば。ダイアナの方の葬儀はテキストが存在するが、マザーの死を悼む声は、存在するのかどうかもわからない。そこで私はスピーチ全集からネール首相がガンジーの死を悼んだスピーチを生かした。

"The Light has gone out of our lives, and there is darkness everywhere…"

これはこれで、別なところで学習してある。学生と教員の数などを考え、エルトンジョンの"Candle in the Wind"は朗読と合唱という風に組み替え合わせた。かくしてウエストミンスター寺院ならぬ、南山短期大学朗読会のプログラムの中でマザーテレサとダイアナ妃の合同慰霊祭が厳粛な中にも風のようなさわやかさを持って学生と教員総出で行なわれたということはもちろん世間は知らない。

学生が開始前に、丹羽先生と私に何と白バラを一輪手わたしてくれた。これがあるないだけでリーダーズ・シアターの示唆的な効果がこんなにも大きく違ってくることをその時思い知った。

教員総出の「ダイアナとマザーテレサの追悼ミサ」から
(The Memorial Service of Mother Teresa and Princess Diana")26

こぼれ話⑥

美智子皇后が直接校正して下さった『挑戦する英語！』のご自身のスピーチ

1998年インドのIBBYの国際大会で皇后さまは“Reminiscences of Childhood Readings”（子供時代の読書の思い出）という英語のスピーチをされている。音源の使用にあたって文藝春秋はNHKに、続いて皇后陛下には、前著『感動する英語！』をご参考までに宮内庁を通してお届けしシリーズの意図をご説明させていただきつつ、続刊での採録の許可を申し入れたそうである。

皇后様は、許可を下さったばかりでなく、なんとご自身のスピーチに関する部分の原稿の校正までして下さった。またこちらが用意した写真に対し、ご自分の希望を出されもした。まだ幼かった礼宮様と三人の子供たちと皇太子ご夫妻（当時）の二葉の写真に差し替え、それぞれ同書のpp. 130, 134に載っている。美智子さまのご誠実な御性格も、母の子に対する思いが覗かれて私はうれしくなった。

しかし、我々の朗読会では、この皇后スピーチが出る機会はなかった。というのはまず指導する私の側に自信がなかったということである。オーラルインタープリテーションは物まねではない。語学学習に物まねは必要不可欠だが、公開するということになるとジョークになりかねない。それでは失礼になる。さりとて、テクストから注意深く分析して、解釈の行き着くところのを演じたとしてもそれは、ご本人からますます逸脱してしまう可能性はある。百人役者がいれば百人のハムレットがあるということは、こと我らが皇后陛下の場合には避けたかった。

かりに皇后の御心に叶ったものに近づけたとしよう。その時でも間違いなく一つだけ越えられないものがあろう。それは十九や、二十歳の学生たちが、逆立ちしても醸し出すことができないあの気品である。これはスピーチコミュニケーションでいうエトス（語り手の属性であるカリスマ、個人的魅力等）で、とても重大な説得要素である。若い役者が大女優などの半生を描いたような作品において、貫録負け、品格負けになることがあることを我々は知っている。最後に残るところのもの、それがこのエトスなのである。

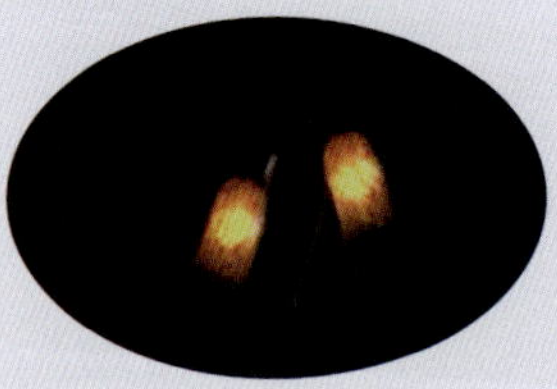

こぼれ話⑦

食堂のおじさんのオデン差し入れ
——学生の生活面を律する

遅くまで練習で居残る学生の為に食堂のおじさんの東郷さんから時々差し入れが出ることがあった。その日はおでんであった。大鍋二つ。東郷さんのほうも力を入れて前の日から仕込んでおいてくれている。だいたい東郷さんから予告があるので私は知っていることが多いが、学生の前では知らない顔をしていることが多い。

夜、少し遅くなると食堂に用意される。学生にしてみれば地獄に仏、砂漠のオアシスの思いなのだろう。だが、こういう時に育ちが現れる。

練習を妨げないようにということで、皿に取り分けて練習中の私のところに持ってきた学生がいた。こんなときは礼をいい、切りのいいところで、今練習中のグループに「おでんが出ているそうだよ。君たちもおいで」といって休憩を入れる。

私は忘れられないのだが、ある年のことである。食堂にいくと甲斐甲斐しく、鍋から取り回したりしている学生が目に入った。みると、なんと先に上がって私が相当しごいたため涙ぐんでいた学生であった。後でわかったが、彼女は年寄りのいる大家族の娘であったとか。彼女のように、生活面でもぴしりとしつけられているのだろうか。どの道に進んでもひとかどのものになる。すべてつながっている。はたせるかな、この学生はある大学に編入して大成している。

だが、そういうことばかりではない。いや、むしろそうでないことの方が多い。一部の学生だけで平らげて後始末もせずに帰宅したことを翌日指摘した。

「自分たちだけでパクパク食べて、ああ、今頃先生は一番教室でまだやっている、おなかすいているでしょう。残しておきましょうね。田中先生も二番教室でまだ戻ってこられない。老教授二人残して、何だ君たちは！そういうふうに他人の心が分からないから、作品を読んでも作者の言わんとすることもわからないことになるし、声も上っ面になるんだよ」

なんだか寅さんの「レモン騒動」みたいになるが、私は言うべきことは言う。私と学生の人間関係がまずくはならない。学生たちもしゃんとしてくる。以後、外で出会っても挨拶もよくなってくる。英語の方もしっかりしてくる。

その年の期末試験に、こういう問題を出した。

〈東郷さんおでん事件と英語学力との相関を書きなさい〉

エー？　とか、ウソー？　とかの反応をするものは一人もなし。この問題にも真剣に取り組んで回答していた。

〈…そういう私たちの態度が、結局は英語力の伸び悩みを作っていくと思います。〉

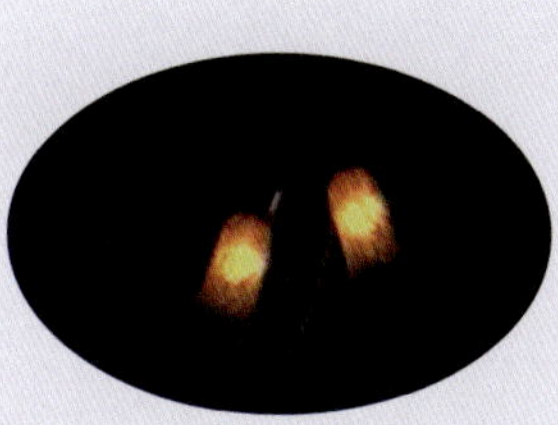

新聞記事を生きた語りとして――

テレビスタジオのゲスト番組形で――

"Is this a Democracy?―surrounding the illness of former Prime Minister Obuchi"

こういうものまでOIの対象になれるのか。

演劇をやっていたことがあるその男性は、はじめて朗読会を見学しにきておどろいていた。新聞記事をそのまま使ったということに対してである。文字媒体の文章というものも本質的には生きた語り（パロール）であるから当然である。普段のリーディングの授業などで使用している素材も同様、基本的にはそのまま使えるものと発想転換するだけのことである。

昔の話になるが、原文は小渕元首相の死の扱いを巡る政府の態度についてフィリッピンの女性クリスティン・O・クナナン野村氏の書いた短いエッセイであった。ということは、この原文は一人の女性が大勢を相手に語っているわけである。クラスは二十五名だったが仮に単純に学生が一行ずつしゃべったらどうかと思いつくが、これではいわゆる口パクで、コミュニケーションの訓練とはいえない。

コミュニケーション学習とは一遍の文章を目の前にしたときに、その文章が成り立っている空間、あるいは成り立ちうる空間は何かを考えることでもある。解釈とは、既にテキストの中に内在している語り手はどんな人間で、誰に向かって、どういう時に、どういう場所で、どういう目的を持って語っているかというレトリカルスタンスを把握することである。それがつかめなければ何をどんな調子で言っていいのかという問題も出てこない。逆に、それを考えざるをえないからこそ勉強になる。

我々は場所は「スタジオ」とした。そこで語っている一人一人は、フィリッピンからの留学生たちでゲスト出演しているという想定にした。語り相手は、テレビを見ている日本の聴取者、場合によっては公開番組で会場に集まった人々に対してということにでもしたら成立するだろう。

これだけでもよかった。というよりまさに上の点だけが大切だったのである。従ってここから先はあくまでも付録であるが、若い学習者たちはテレビが好きであるので、より雰囲気に乗れるようにと、コーディネーター役をつくり、皆の意見を引き出すということにした。これで万全である。というより、たったそれだけのことである。

新聞には、英語の語句の訳や解説があった。これも生かそうではないかと考えた。通常これは語りとは無関係と考えたくなる。しかし、これとて解説者が、解説目的を持って聞き手に語っている意味で語りなのである。

例えばの話、受験予備校の先生が語句の解説している構造がそこにはある。各自、担当箇所の語句を厚紙にそのまま書き写させ、それを解説するところまで演技の中に組み入れることにした。

VOICE 1: The Japanese government kept former Prime Minister Keizo Obuchi's illness a secret for 22 hours.

VOICE 2: In fact, not only did they deliberately withhold information from the press and the public, but they actually gave our false information…

VOICE 3: Before Chief Cabinet Secretary Mikio Aoki finally held an emergency press briefing at11p.m., April 2, and admitted the real story, the Prime Minister's Office(PMO) had told the media that the prime minister had stayed at his official residence all day April 2. ...

思い切って劇にしてしまったらといわれそうだ。しかし劇化はまた別物である。私は「劇化」ということばを聞くと警戒する。もうすでに本書では、劇を越えたリーダーズシアターの世界を見てきたわけだから、**劇化するという発想が、劇でない素材を認めていることであり、劇にあらざるものは生きた言葉としての力は弱いという意識、しゃべり言葉に対する書かれたものがあるという言語観が誤っているということはそう受け入れがたいものにはなっていないはずである。**まさに話すための特別な素材を考えてきたからこそ日本人の英語が一定レベル以上に行かなかったのである。これを打ち破る活動がリーダーズシアターでありオーラル・インタープリテーションであったはずである。

話すネタを提供するためだけの原文ではない。**原文そのものをしゃべればいいのである。**

ディベートやディスカションを朗読するの？　そうです！そういうことが大切なのです。

――オバマとマケイン討論、アメリカ人学生によるディベートマッチなど

ディベート学習の効用を説く人の中には、美しい英語など軟弱であるといわんばかりに、発する音声は不協和音、論理を支えるはずの表現もあせれども空回り、名刀どころか鈍刀あるいは竹光を振り回している人が多い。それどころか長くやってきている分だけ習い性となって鈍刀英語にますます「磨きがかかって」、もうどうにもならない末期症状を呈している場合が多い。

困ったことに、こういう輩に限ってディベートはロジックの訓練なのだから発音なんかはどうでもいいなどと言う傾向がある。がその考え方は完全に間違っている。教育手段としてのディベートがディベートとしての効果を十分に発揮できるためには、その前に、あるいはそれと平行してやらなければならない訓練があり、それがやはり手段としてのオーラル・インタープリテーションなのである。

オーラル・インタープリテーション訓練を通して美しく正確で効果的な音声表現を身につけるばかりでなく、**ディベートを円滑に進める多彩な表現を入力（インプット）することができる。そのためには、例えばモデルでディベートやディスカッションどのスクリプトを取り寄せ、それをそのまま演じてみることなどもしてみるといい。つまり実際のディベート素材をオーラル・インタープリテーションするということである。**

近年、何かというと「自分のことばでいってごらんなさい」という傾向

が英語教育界を支配しているが、はじめから自分の言葉を持っていたら世話がない。「自分自身の表現」づくと表現力は伸びないと相場が決まっている。そういったわけで朗読会では何回かディベート教材を扱った。

モデルディペードの朗読
米国の大学生の "That subsidies for college athletes should be abolished"
(学書出版房)

段落（パラグラフ）の構造を視覚化して演ずる

"PARAGRAPHS OF TIME ORDER & CONTRAST"

英作文のクラスから「段落（パラグラフ）作文の論理構造についての授業」をリーダーズ・シアター風に仕立て二回に分けて演じたことがある。パラグラフは、それ自体が美しいプロポーションをした人体のようなものでそれを深く理解することはコミュニケーションにとって必須である。

素材は"Paragraph Development—A Guide for Students of English as a Second Language—"(Martin L. Arnaudet and Mary Ellen Barret. Prentice-Hall 1981）という作文テキストからとった。

半年前の朗読会では**時間配列パラグラフ**（**Paragraph of Time Order**）について、料理の作り方の段落例（手順だから時系列）をパントマイムを交えて行った。そのとき我々は大変なことを発見した。

語りの空間の中で道具を使って卵を割ってかき混ぜる時間と、さらには素材はオムレツの作り方が出来上がっていく時間などと連動させて話していく。すると字余りの反対、字足らずになってしまうということである。机上で書かれたものであることはすぐにわかる。早いはなしが料理のマニュアルを読みあげているだけだからその間は料理というアクションは進行できない。

そこで我々のしたことは新たに語句を補って間をもたせたことである。背景や動きが計算されているのは戯曲だ。シェイクスピアなどはその典型である。そういった文章の味わいは、従来の訳読式や、近年の意味さえわかればいい式の上辺だけのリーディング訓練からは掴みにくい。実際には言葉の味わいを、いちいち動いてみなくてもわかる読解力を養うためにも訓練の段階では身体を介在させてみる読みの訓練をする必要がある。国語教育も英語教育も今一度考え直してみるべき点である。

こういうと話す言葉と話し言葉の違いだからずれがあるのは当然だと言われそうだがそれは違う。料理の手順の文章として、それを作りながら話すのも、料理評論家が壇上にあがって、その過程を一気に話し切ってしまうのも一つの語りのモードにはかわりない。つまり料理の実演の仕草はないかわりに、聴衆に向って実演なしの説明をする講師の動きというものがある。つまり特定の動きは連動しないという動きが連動しているのである。

今回も**対照配列パラグラフ**をテーマとして私が台本を構成した。ここで確認しなければならないことは、パラグラフそのものはキチンとした例をあげながら、それを解説する文はパラグラフの構成法を守っていない文ではないということである。

それでなければなんのためにリーダーズ・シアターをするのかわからない。頭のてっぺんから足のつま先まで練習によって安心して食べさせることが出来る言語素材であることが大切なのはここでも同じである。

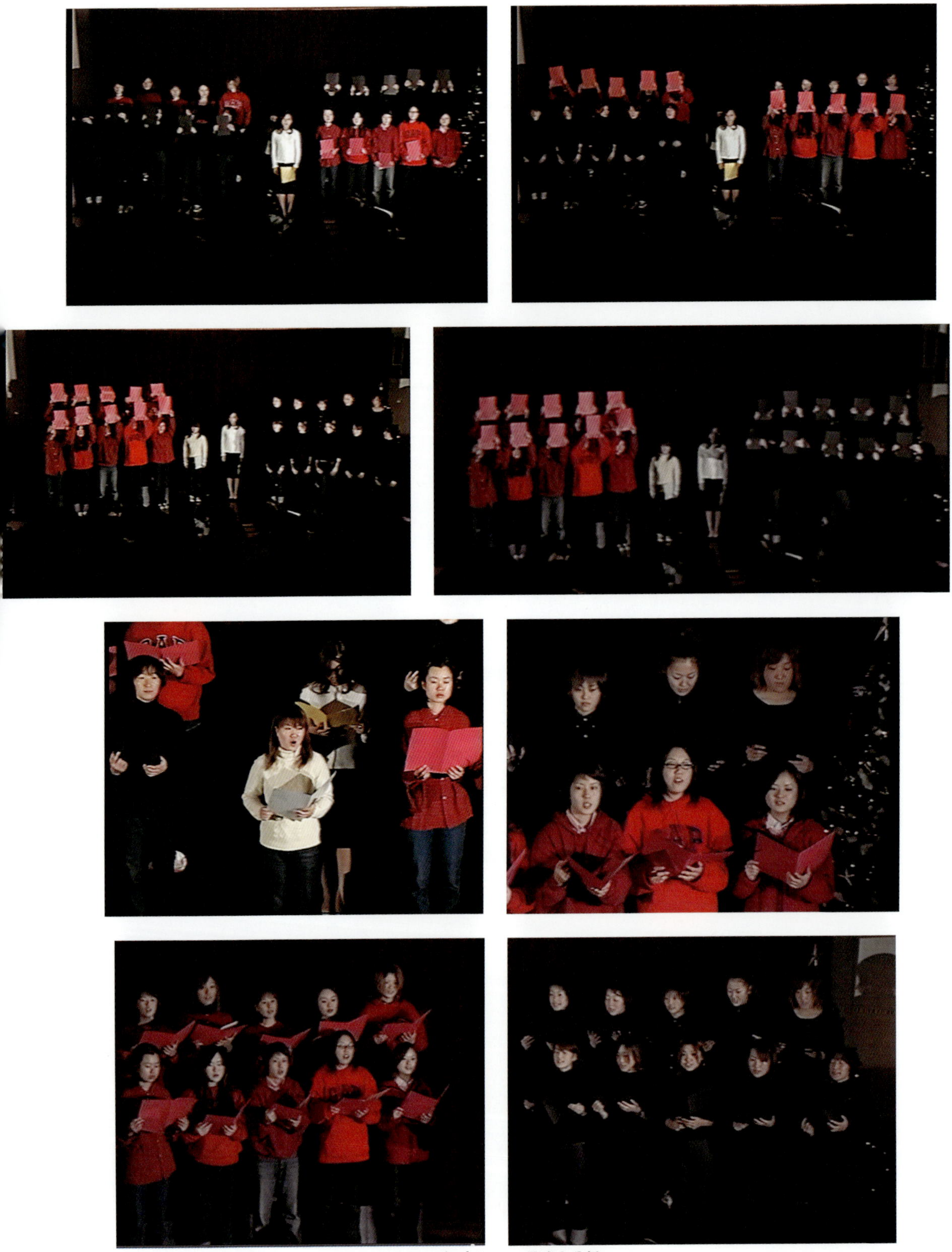

Paragraph of Contrast 写真と分析

PARAGRAPH OF CONTRAST

Compiled for Readers Theatre by Makoto Omi

TEACHER: Here we are again, folks. At our last Oral Interpretation Festival, we explained the paragraph of Time Order by giving an example of cooking. Well, today, we are going to take up the same subject of paragraph, this time the paragraph of Contrast.

STUDENT: Ms. Yoko Hori, is it the same as paragraph of comparison?

OTHER STUDENTS: Yah, is it the same as paragraph of Comparison?

TEACHER: No, paragraph of comparison is a paragraph of pointing out similarities.

STUDENTS: Whereas paragraph of contrast is a paragraph of pointing out dissimilarities, in other words, differences.

TEACHER: Exactly!!

STUDENT: As a matter of fact, we had it all figured out before you came in.

TEACHER: No wonder.

GROUP 1: There are two methods of contrast paragaphs, Method 1 and Method 2. Method 1 lists the differences, like...

GROUPS 1&2: ABABAB

TEACHER: alternately,

GROUP 2: ... while Method 2 completely describes one thing, then completely describes the other,

GROUP 1: AAAAAAA,

GROUP 2: BBBBBBB.

TEACHER: All right, let's try to express the differences, let's say between extroversion（外向性）and introversion（内向性）first by Method 1.

VOICE 1: According to the Swiss psychiatrist Carl Gustav Jung, every person's personality can be placed somewhere on a scale running from extreme extroversion that is, an outgoing personality to extreme introversion that is, a withdrawn personality.

GROUP 1: The typical extrovert is particularly fond of people and people-oriented activities, he is sociable, likes parties, has many friends, needs to have people to talk to, and does not like reading, or studying by himself.

GROUP 2*: The typical introvert, on the other hand, is a quiet, retiring sort of person, introspective, fond of books rather than people.

GROUP 1: Unlike the extrovert, who craves for excitement, takes chances, and is generally impulsive...

GROUP 2: the introvert shuns excitement, takes matters of everyday life with proper seriousness, and likes a well-ordered mode of life.

GROUP 1': Whereas the extrovert tends to be aggressive and loses his temper easily...

GROUP 2: the introvert tends to keep his feelings under close control, seldom behaves in an aggressive manner, and does not lose his temper easily. The introvert is more reliable and less optimistic...

GROUP: than the extrovert. The extrovert may often be subject to criminal or psychopathic behavior, in contrast to...

GROUP 2: the introvert, who may exhibit neurotic tendencies.

GROUP 1: A further difference between the two involves the the ability to remember: studies have tended to show that the extrovert learns faster than...

GROUP: the introvert but in the end, remembers less.

TEACHER: Now the Method 2

GROUP l' : The typical extrovert is particularly fond of people and people-oriented activities, he is sociable, likes parties, has many friends, needs to have people to talk to, and does not like reading, or studying by himself. The extrovert craves for excitement, takes chances and is generally impulsive. He tends to be aggressive and loses his temper easily. The extrovert tends to be optimistic, so much so that at times he gives the impression of being unreliable. He may be often subject to criminal or psychopathic behavior. Also, he learns fast but tends to remember less.

GROUP 2': On the other hand, the typical introvert is a quiet, retiring sort of person, introspective, fond of books rather than people. He shuns excitement, takes everyday life with proper seriousness, and likes a well-ordered mode of life. The introvert tends to keep his feelings under close control, seldom behaves in an aggressive manner, and does not lose his temper easily.

The introvert is a realist and is reliable. He may exhibit neurotic tendencies. As regards the ability to remember: the introvert may not be a fast learner but once he has learnt he remembers well

TEACHER: A word of warning. A paragraph is not restricted to comparing or contrasting —it can do both— it does not have to maintain only one focus — a skillful writer can shift, and so can a skillful speaker. Class dismissed.

ALL: Good by!

素材は、内向型人間と外向型人間の違いについての説明文である。対照パラグラフにも二種類ある。**外向性、内向性のそれぞれの特徴を項目別に交代に述べていくメソッド①と、一つのこと、たとえば外向性ついて特徴をまとめてすべて述べ切ってしまい、それからもう一つの内向性についてすべて述べるというメソッド②方式がある**と解説しその例をあげている。

我々はその両方について解説するように朗読し、パラグラフそのものの箇所では視覚化する方法をとった。外向型の特徴を述べる箇所を読む学生たちは赤い衣装に赤い台紙、外向型の特徴を述べるグループは全員黒で固めた。**自身がパラグラフの構成要素となって演ずる―リーダーズシアターならではの特性を最大限に生かした点**であろう。

もう1点、本番において、学生たちの立ち振る舞いに、いかほどにしても機能美を覚えてくれた観客がいたならば、あるいはやっている本人たちが満足感が得られたら、それは同時に元のパラグラフに内在する美醜そのものであり、朗読者はそれを解釈して引っ張り出したにすぎないということである。

近江授業の再現 "Good Language Input through Oral Interpretation"(オーラルインタープリテーション―よき言語入力を目指して)

授業の展開を朗読劇風に構成したこともある。教師と学生以外にアシスタント役を廃し、理論の要約、あるいは敷衍的な内容を語らせるシナリオを私が作成した。手を変え品をかえてイズムを徹底させようとしているこだわりの自分がある。

GOOD LANGUAGE INPUT THROUGH ORAL INTERPRETATION

Written for Readers Theatre by Makoto Omi

Teacher: Hi, class! Well, I hope you know by now that if you want to become able to speak a foreign language, you must have a lot of language input, in the same way that if you want to draw out money from your bank account, you must always be putting IN a lot of money. Of all the different types of language input, however, the most powerful input is input through oral interpretation.

Assistant 1: Oral Interpretation is the art of finding out for a given piece about who is speaking to whom when and where he is speaking, why he is speaking, in other words, what is his purpose of communication, and in order to accomplish it, what he is speaking, how he is speaking, and communicating to the audience the piece in its intellectual, emotional and esthetic entirety with your voice and physical movements.

Assistant 2: Through vocalizing the piece as you have interpreted it, you will be able to internalize its rhetoric efficiently so you can use any part of it in your own spontaneous utterances. Oral Interpretation is not oral imitation. Reading aloud, in order for it to be effective, must be based on your firm understanding of the piece.

Teacher: Let's say, here is an article which describes some features of cats and dogs.

Assistant 1: But to really understand it, it's not enough to just understand the construction of the paragraph.

Assistant 2: You want to understand it in terms of seven points of interpretation.

Assistant 1: And this is what it means to read critically and appreciatively.

Assistant 2: And this is what it means to read a passage as a parole.

Assistant 1: And this is what it means to read it communicationally.

Teacher : Now, in this paragraph there is the sentence, "Cats are cleaner than dogs." How would you read the sentence?

Student Group 1: *Cats are **cleaner** than dogs.*

Student Group 2: *Cats are cleaner than **dogs**.*

Student Group 3: ***Cats** are cleaner than dogs.*

Student Group 4: ***Cats** are **cleaner** than **dogs**.*

Teacher: You're all wrong! The answer is we don't know! Not until you understand in what context the sentence appears, and what function it is given in the entire context. Let me start at the beginning. Read aloud the first two sentences.

Student 1: *Cats and dogs are both popular pets. Cat owners think that* ***cats*** *make nicer pets in some ways.*

Teacher: That's right. And the speaker is going to mention reasons why cats are considered to be better than dogs. So why do you emphasize *cats*? We know we're talking about cats and dogs.

Student 2: I got it. So the emphasis should be on *cleaner*, shouldn't it?
Like, cats are ***cleaner*** *than dogs.*

Teacher: Go on.

Student 2: *Cats are* ***cleaner*** *than dogs. They* ***keep*** *themselves* ***clean****, and they do not make the house* ***dirty****.*

Teacher: *The they-keep-themselves-clean-and-they-do-not-make-the-house-dirty* is a support for *the cats are cleaner than dogs*, isn't it? I wouldn't emphasize it if I were you.

Student 4: I see. So the whole thing would go something like, *Cats are* ***cleaner*** than dogs.（軽く前のほうにつなげる）*They seldom make a lot of noise*, like this.
By the same token, the next sentences would go like...
Cats are ***quieter*** *than dogs. They usually do not make a lot of noise.*
Cats are ***safer*** *than dogs. Dogs sometimes bite people. But cats almost never do. Cats are* easier ***to take care of****. You don' t have to spend much time with a cat. In fact, many cats prefer to be alone.*

Teacher: Very good, but there is something very important missing in this interpretation.

All Students: What is it?

Assistant 1: Well, it's that you don't know who in the world is saying this.

Assistant 2: To whom he is speaking? When and Where he is speaking?

Assistant 1: We haven't even discussed why he is speaking; in other words, we don't even know the purpose of communication of this speaker.

Assistant 2: Could it be a college professor giving a lecture about cats and dogs, and his purpose is to give information?

Assistant 1: Then the whole tone of your voice should be as such.

Student 2: Or could it be a cat lover trying to persuade a dog lover to switch his loyalty to cats? Then the whole tone of voice would be totally different.

Teacher: Assistants: You got it!!

Teacher: Try first interpretation.
〈原文の読み 1〉

Teacher: Try second interpretation.
（原文の読み 2）

Teacher: The thing is if we don't know, we don't know.But we have to settle for some interpretation, and that's what it means to read and interpret something, isn't it?

Teacher: So far, it is oral interpretation.

All Students: Oral interpretation is not oral imitation. It's an interpretive act. What it strives for is close reading, critical appreciative reading, a very communicative close reading!

Teacher: If you keep on reading aloud this piece over and over again, you will be able to get it firmly embedded in the deep psyche of your body.

Student Group 1: But to make doubly sure your input so the words and phrases will come out naturally in your spontaneous utterances, a series of mode-conversion exercises are strongly recommended.

Student Group 2: You can start off by leaving the original intact, only changing the time and place, or the physical movement slightly like...
（原文を何かの動作をしながら語る例）

Or you can change the whole content like...

Nagoya and Tokyo are both big towns, but Nagoya is a nicer town in many ways. Nagoya is quieter, first of all. Most shops close at eight o'clock. Nagoya is easier on the nerves. People are softer and the language is softer than Tokyo dialect. Nagoya is safer to walk around in. There are less cars and the streets are wider. I have a dream that some day I will build a house of my own near Irinaka, where Mr. Omi lives. I have a dream today!

Teacher: Good. That's the way. You've just heard an example of Yumiko converting the mode of the original piece, and while doing it having added what she has learnt before almost inadvertently.

ALL: Input precedes output. If it weren't for good input, there would be no expressive output.

Teacher: Well, that's all for today.

ALL: Good bye!

こぼれ話⑧

身ごもったら胎教を忘れるな

銀座のママが語るもてる男の条件、という記事を読んだことがある。その中に「時間を決めてさっさと切り上げる」というような内容があった。なるほど彼女たちにしてみれば、いつまでもずるずると居座る客より、払うものを払ったら格好よく去っていってくれる客の方が「あらもう帰っちゃうの」と言いつつも良いに決まっている。執着しない時代の美学である。

だが、私は別れた人を振り向かない冷たさはやはり間違っていたと現代人が慚愧の念にかられる時代が到来するのを楽しみにしている。特に当時の私は、銀座のママが何をいおうと、道頓堀のパパがせせら笑おうとも我らが朗読会は全く関わり合いのないことでござんすという意識であった。

考えてもみよう。

一つの作品が自分の体に棲みついたら、それは二十四時間体の中で生き続け、成長している。時に栄養を与えるがごとく語りかけ個体内コミュニケーションを取る。つまりは胎教である。その過程で解釈が深まり、自分の表現になって表にあらわれでてくるのである。美しい玉のような子がでである。

フェスティバルには出たいが、練習は避けたい。だから練習している仲間をよそに「うんバイト、がんばってね」という学生は伸びない。「胎教を忘れた母親になるな、こやつは…」と呟く。だいたいこういう学生は胎教などという言葉は知らない。まだ「フェスティバルに出られませんが練習には出ます」という学生の方が見込みがある。

いずれにせよ私の〝直径の〟学生たちはこちらが発破をかける必要もなかった。夏の二か月と冬の二か月はアルバイトは自主的に入れていなかったからである。

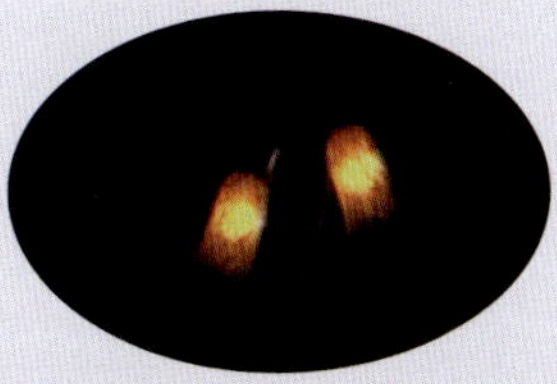

In other words ...

Don't ask "What's new?"
Ask "How DEEP?"
... contiually working on
what you think you ALREADY
have learnt.

「パラグラフ云々ではない。複数のパラグラフを、あるコミュニケーション目的を達成するためにどのようにつなげるかが問題なのだ！」

"The Question is What Paragraphs to Combine to Accomplish Your Specific 'Purpose of Communication!'"

タイトルを見て「一体何だろうこれは」と思って、どうしてもこれだけはと思って見にきた外国人講師がいた。これは私の英作文クラスのテーマを朗読劇化したものである。

パラグラフ・ライティングが進んだライティングの授業であるかのように扱われるがそうではないと問題を投げかけたことに反応してくれたのだろう。あるコミュニケーション目的があって、それを達成させるために異なるパラグラフをいかに組み合わせたらいいかを考えることがコミュニケーション的視点で捉えたパラグラフ・ライティングであり、ついでに言えばパラグラフ・スピーキングである。

「釈迦が米大統領にテロ問題についての対応を修正させる」などという「説得」目的の「スピーチ」を想定し、相手の文化と価値観を考慮に入れて、エトス、ロゴス、パトスをどう使うか、そのためにどういうパラグラフをどうつなげていくかその全過程を、実際のスピーチの構成が演技者の配置や動きで舞台上に視覚化するのである。

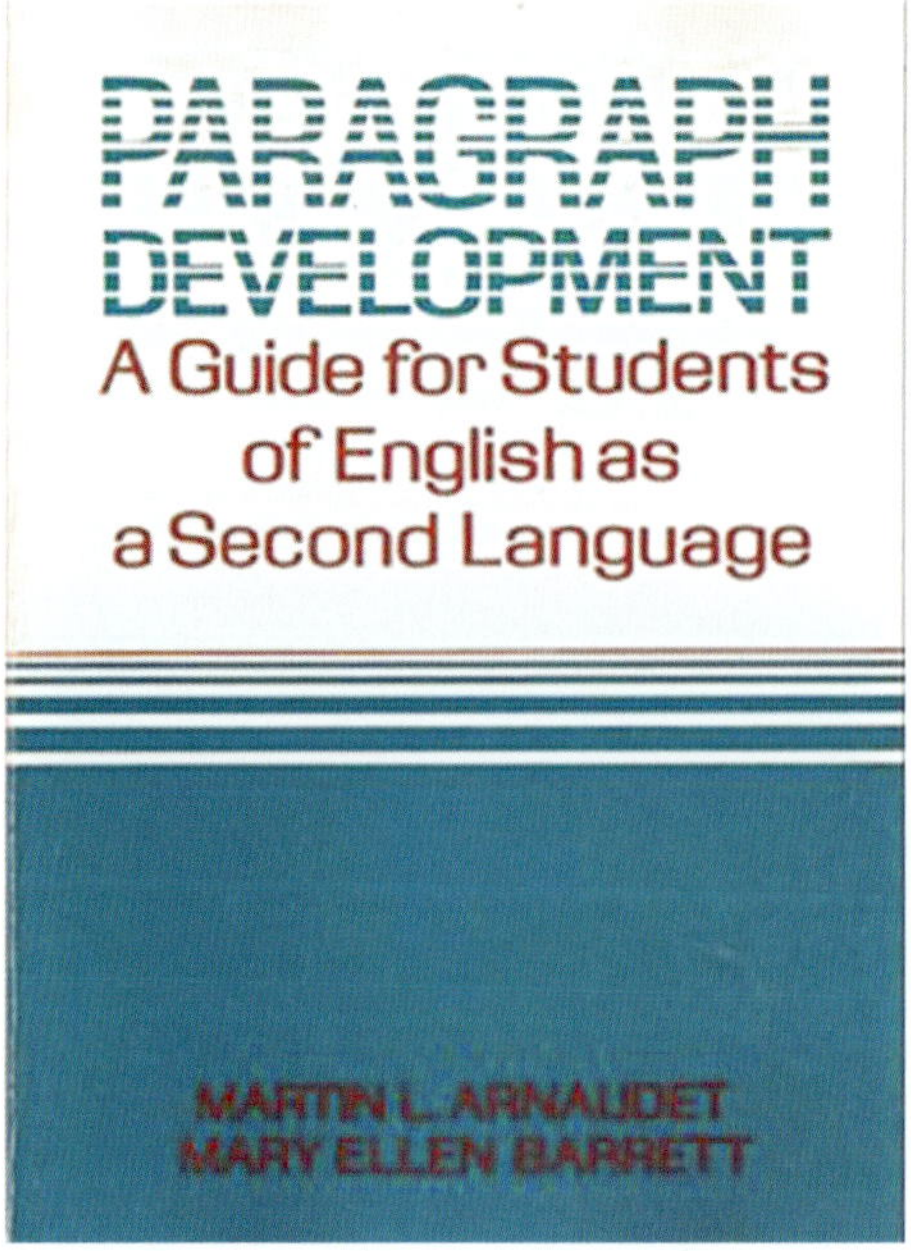

日本文学を日本語や英語で①
"The Children's Songs of Japan"
――里の秋は入れます！　ゆうやけ小焼け、茶摘、うれしいひな祭り…――

春夏秋冬の日本の歌を英語、日本語で紹介する作品である。

ＥＳＳのガイドサークルの出し物として何回かでてきたが、この年は秋の候補として、これまでとやや趣の違う「里の秋」が浮かび上がってきた。最近の日本ではこの歌を知っている人は少なくなったろうし、この子たちも放っておいたらはずしてくるだろうと思っていたら、何もいわずに学生はそのまま練習に入った。が、私のいない間に何があったか、まとめ役の学生は遠慮しながら、「これまで三番まで歌うと全体が長くなりすぎるので、二番をカットしようと思いますが」といってきた。

何とかかんとかいって、なし崩し的にやらないように持っていこうとする日本社会の大人のコミュニケーションパターンみたいなものだけは受け継いでいたので苦笑いした。こういうときに、「いいよ、君たちがそういうのだったら、そうしたら」になってしまうのが戦後の教育である。かくして低きに流れていく。しかしこれは学芸会ではない。皆にこう言った。

――ＯＩは新しい表現を学ぶばかりではない。新しい世界を体験することなんだ、と。

「淡路島通う千鳥の泣く声に…」、あるいは戦後の、「雁がとぶとぶ日本の空へ…」などと鳥に託して望郷の念をあるいは戦地にいる父を想う心を表現する行き方を説きながら――。

わが身は、ここにいることしかできない。鳥になりたやと思う心情は、飛行機でどこにも行ける時代が破壊してきた大切な心情だ。およそわかりにくいものになってしまった。だからこそ2番の〝泣き泣き夜鴨のわたる夜は、ああと父さんよご無事でと…〟は最も大切なところだ。単なる秋の歌ではないのだ」

実際、日本的な情感も理解できなければ、英語も中途半端なフウテンが世界にでかけていって何を貢献することができるのかという思いが私の心底には常にあった。カタカナ交じりの歌をうたうことで、国際人になったと錯覚している若い人間には辛抱強く教えるべきものは教える。

世代を超えて心の奥には埋め込まれている音叉は、適切な刺激とそれを追い求めようとちょっぴり努力しようとする意志で共鳴しはじめることを――。

グループ練習がすすんでいくある日。まとめ役が涙声でいった。

「そこに来ると私もうだめ…」

大事なところはクリアしたと私は思った。

日本文学を日本語と英語で②
「火垂の墓」（"The Grave of the Fireflies"）

野坂昭如原作。母親を亡くした兄と妹の戦時中の話はアニメ化もされていて学生は知っていた。ＥＳＳの学生グループが取り上げたことがあった。

あらゆる価値観が集う世界——そしてそれらを描こうとするあらゆることばが花開く——。

私が描いてきた朗読会であった。

見学者がくる場合はなるべく通してみてもらいと思った。特定の価値観、特定の時代に拘泥しているわけではない、ということだけでも感じてもらうためである。

我々は英語科であり、究極の目的は英語習得である。しかし同時に英語の習得を心がけようとして人間ずくりに貢献するのでありたいという意識は常にあった。

こぼれ話⑨

ほたるこい

戦後間もない昭和24年、9歳のとき私は妹、知子を亡くした。5歳であった。上の絵は妹の遺品の絵本からのものである。(「童謡画集」大日本雄弁会 講談社 昭和24年 川上四郎絵)

当時のことだから紙質はよくない。しかしそれと年数が経っていたということを差し引いてみても、なんともはかなげな色調であったことか! 今改めてこの淡い色の蛍を見ていると、ここに私がいたんだよお兄ちゃんと、遠い彼方から呼びかけられている思いがする。

ネットなどからカラフルな蛍の絵をみることはできる。でもなにか違う。多くはあざやかすぎるのである。そういえば後年、アメリカで見た蛍も大きく、心なしか皓々と光っていた。近年、日本でさえ「もののあわれ」という感覚は英語学習者がどれほど共有してくれるのかも怪しい。だいたい片付けの基準が、「トキメかないから捨てる」という感性になってきた時代だから当然かもしれない。しかし、もののあわれも一つの心でそれは価値である。これを単なる感傷に終わらせていいものか。それはいたわりというグローバル社会での具体的なコミュニケーション行動として十分に復活しうるものである。

ディベート、プレゼン「のみ」を食させる教育は心に歪みをつくる。一方このオーラルインタープリテーションは、与えられた素材、語り手の心に身を重ね(運転手目線)、話中の人物にも思いを馳せ(乗客目線)、外から作品の走りを味わう(河川敷目線)音読を通したことばの学習である。この際、学習者は当然ながら指導者も自分の過去を封印することなく、場合によってはさらけ出すことがありうる。語り手、人物、学習者、指導者—全てが一丸となった言語教育を行っていくことによって、人間性や四技能の強固な基礎がつくられていく。

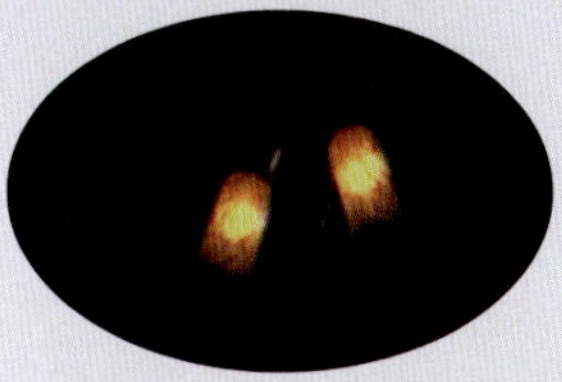

日本文学を日本語と英語で③

「源氏物語・夕顔の巻」（Yugao from "The Tale of Genji"）

「源氏物語」をしたいとESSの学生がやってきた。そこで「夕顔」ひとつに絞らせた。

源氏物語の英訳にはサイデンステッカーとアーサー・ウエイリーのものが有名である。しかし、それが日本文学のひとつの特徴といってしまえばそれまでであるが、英語に乗せると喜怒哀楽がいまひとつ決まらない。少し朗読しかけただけでわかる。では日本語にしてしまったらといえるが、ここは英語科なので英語力への還元が第一である。

原作の歌をいくつか入れた。現代語の解説的なかたりも入れた。そしてギリシャ劇のコロスのように謡も入れた。**舟橋聖一の戯曲化された源氏物語、『朧月夜かんの君』を見つけてきてこのセリフを入れた。**

しかし主体は英語。夕顔と一夜を共にした喜びを、「ロメオとジュリエット」と「ベニスに商人」、彼女を失った悲しみは「オセロ」を使った。ちょっと大胆なことであるが、最も大切な情感は確実に伝わった気がする。教育演劇では許されること、いや奨励されるべきことだと開き直っての本づくりと演出である。

学校ではあまり遅くまで残れないことになってしまったこのグループは時間制限のないファストフード店の二階まで利用して練習していたようである。

その翌年は、琴が入り独特の朗読劇になった。

Yugao from "The Tale of Genji "
（夕顔）

2010再演

YUGAO from The TALE OF GENJI

written and compiled by Makoto Omi
出典『源氏物語』紫式部
The Tale of Genji by Seidensticker
『朧月夜かんの君』舟橋聖一
Romeo and Juliet/Othello/
The Merchant of Venice by W.Shakespeare

馴初め（琴）

GROUP 1（夕顔）： 心あてにそれかとぞ見る白露の 光添へたる夕顔の花
GROUP 2（源氏）： 寄りてこそそれかとも見め黄昏れに ほのぼの見つる花の夕顔

夕顔の家

VOICE 3: The bright full moon of the Eight Month came. Genji stayed over at Yugao's house. Towards dawn he was awakened by the plebeian voices coming from the shabby house down the street, the sound of a millstone and singing of wild geese.

VOICE 2: There were a tasteful clumps of black bamboo just outside and the dewdrops on the leaves in front of the garden beamed reflecting the morning sunshine. Autumn insects sang busily. It was all clamorous, and also rather wonderful.
Countless details could be overlooked in the singleness of his affection for Yugao.

VOICE 3: She was pretty and fragile in a soft, modest cloak of lavender and a lined white robe. She had no single feature that struck him as especially beautiful, and yet slender and fragile, she seemed so delicately beautiful that he was almost afraid to hear her voice.
He might have wished her to be a little more assertive, but he only wanted to be near her, and yet nearer.,

道行き、廃院（琴）

VOICE（源氏）: Let's go off somewhere and enjoy the rest of the night.
VOICE（夕顔）: But how is that possible? You keep taking me in surprise.
VOICE 1: She was reluctant to go with him at first, but complied. He no longer cared what people might think. He asked Ukon to summon his man, who got the carriage ready.
VOICES（源氏、夕顔）: Dawn approached. No cocks were crowning. There was only the old man making deep obeisance to a Buddha.

VOICE(源氏): むかしの人も、こんな風にさまよいあるいたのだろうか、私にははじめての明け方の道を…。
いにしえもかくや人のまどひけむ わがまだ知らぬしののめの道

VOICE (夕顔): 行く先がどこか知らず、お気持ちもわからないのに、あなたをお頼りしてついてきた私は、途中で消えてしまうのではないでしょうか。*山の端の心も知らで行く月は うわの空にて影や絶えなむ*

VOICE (源氏): It is a forbidding place, but I am sure that whatever devils emerge will pass me by.

VOICE: Genji and Yugao spent the happy hours together.

VOICE(源氏): あなたの心当てにそれかと思うと言った時の人の顔を近くに見て幻滅がおこりませんか。夕露に紐解く花は玉鉾(たまぼこ) のたよりに見えし縁(えに) こそありけれ。

VOICE(夕顔): 光り輝いていると思った夕顔の花の上の露 は、夕暮れ時の見誤りでございました。たいしたことはございません。*光ありと見し夕顔のうわ露は黄昏時の空目なりけり。*

VOICE: Genji and the girl looked out at an evening sky of the utmost calm. Because she found the darkness in the recesses of the house frightening, he raised the blinds at the veranda and they lay side by side.

VOICE: As they gazed at each other in the gathering dusk, it all seemed strange to her, unbelievably strange. Memories of past wrongs quite left her. She was more at ease with him now, and he thought her charming.

VOICE(源氏): Oh, blessed, blessed night! I am afeard, Being in night, all this is but a dream, too flattering-sweet to be substantial.

VOICES(源氏・夕顔): How sweet the moonlight sleeps upon the grounds and the pond! Here will we sit and let the sounds of music creep in our ears. Soft stillness and the night become the touches of sweet harmony.

六条御息所の生霊 (琴)

VOICE 1: Past midnight, however, while Genji had been asleep for a time an exceedingly beautiful woman appeared by his pillow.

VOICE(亡霊): “己がいとめでたしと見たてまつるをば、尋ね思ほさで、かくことなき人を率(い) ておわして 時めかしたまふこそ、いとめざましくつらけれ。

VOICE(亡霊): You don’t even think of visiting me, when you are so much on my mind. Instead you go running off with someone who has nothing to recommend her, and raise a great stir over her. It is cruel, intolerable.

VOICE(源氏): おお…あなたは、六条のご息所か

VOICE(六条): 口惜しや 裏めしや (夕顔の髪をつかみ、絞り打つ) (琴)

VOICES: *風のひびきも恐ろしく*

かすかにまたたく燈火（ともしび）の
消ゆるあたりはうば玉の
いかにかせんと思い川
うたかた人は息たえて
しんいのほむらは身をこがす
うはなりうちのおん姿

人の恨みのふかくして
憂き音に泣かせ給ふとも
小暗き沢辺の　ほたるより

その面影の恥かしや
枕に立てる破れ車
女は五障の罪深く
夢に着たりて　申すとや

VOICE: She seemed about to shake the girl from her sleep. He awoke, feeling as if he were in the power of some malign being. The light had gone out. In great alarm, he pulled his sword to his pillow.

VOICE: The spirit faded away like an apparition in an old romance. In all the fright and horror, his confused thoughts centered upon the girl. There was no thoughts of himself.He knelt over her and called out to her, but she was cold and stopped breathing.

VOICE(源氏): Cold, cold my girl, even like thy chastity. O cursed cursed fate!Whip me ye devils from the possession of this heavenly sight. Blow me about in winds, roast me in sulpher, wash me in steep down gulphs of liquid fire! O Yugao is dead! Dead!

VOICE: Finally Lord Koremitsu came. He was the perfect servant who did not go against his master's wishes in anything at any time; and Genji was angry that on this night of all nights he should have been away, and slow in answering the summons. Calling him inside even so, he could not immediately find the strength to say what must be said. Ukon Yugao's servant burst into tears, the full honor of it all coming back to her at the sight of Koremitsu. Genji too lost control of himself. The only sane and rational one present, he had held Ukon in his arms, but now he gave himself up to his grief.

VOICE: Now genuinely ill, Genji took to his bed for one month after Yugao's death. He had lost weight. He summoned Ukon one evening. The autumn tints were coming over the maples.
The sky had clouded over and a chilly wind had come up. Gazing

off into the distance, Genji said softly.

VOICE(源氏): いざさらば
はかなかりける　かげろうや　夕顔の笑みの眉
黒髪こぼれ出たるに
眼はくらみ　去りがてに
来世は深き契りぞと
契りぞと
見し人のけぶりを雲とながむれば 夕べの空もむつまじきかな

VOICE: Since the death of Yugao, Genji had experienced just one more parting with Utsusemi whose had left for his post.

VOICE (源氏): A keepsake till we meet again, I had hoped
And see, my tears have rotted the sleeves away.

ALL: *過ぎにしも今日別るるもふた道に 行くかた知らぬ秋の暮れかな*
The one has gone, to the other I say farewell.
They go their unknown ways. The end of autumn.

VOICE: 死んでいった夕顔も　今日別れる空蝉も　死出と旅出の二つの道に行方知らずになってしまう秋の暮れの日であった。(琴)

こぼれ話⑩

窓から脱出…ファストフード二階で源氏物語の練習…参加学生たちはかく語りき…意見箱に勇気ある発言

中日新聞に載った学生の記事の一部である。

学生 街ガイダンス

OI・フェス

南山短大2年　松島　理紗

英語能力向上に期待

「クリスマス休戦」を発表する筆者（手前）＝名古屋市昭和区の南山短大で

南山短大には三十年近く、年二回行ってきた名物行事「オーラル・インタープリテーション（OI）・フェスティバル」がある。昨年七月と十二月にも開かれ、来場者から好評を博した。

OIとは、詩や散文、手紙、スピーチなどを、単に文字を読み上げるのではなく、書き手の意図に思いをはせ、書き手になりきって朗読・朗読劇の形で演じるものだ。対象の文章は英語が多い。

フェス一カ月ほど前から、放課後みんなで集まって練習。夢中になって学校に閉め残されてしまい、窓から脱出したこともあった。学校を追い出されてからファストフード店で閉店までひそひそ声で練習もしていた。

私はいくつかの作品を掛け持ちしていたので、仲間との練習だけでなく、わずかな時間を見つけては口ずさんでいた。ホームで、電車内で、自転車の上で、お風呂の中で。どれもこれも英語能力の向上のためだった。私たち、みなそこに楽しさややりがい、価値を見いだしていた。

二月七日午後一時から南山短大でフェスを再演する。出し物は「クリスマス休戦」「源氏物語・夕顔」「ノーモア広島・ノーモア長崎」などである。ことばの学習に行き詰まりを感じている大学生や、一般の方たちに見ていただければ、幸いである。

めったにないことだが、四年ほど前に、父母から学校に電話が入ったことがあった。うちの子はまだかえってこない。お宅では学生を強制し残らせているのですか。

小中ではない。大学である。しかし学校という機関はこういうのに弱い。百人に一人であってもである。神はいつ誰に壊し屋をどういう形で遣わすかわからない。苦心して育ててきて、学校の大きな特徴のひとつになってきたことはみな認めていながらである。

結局、居残り時間は8時に設定されてしまった。これでは十分な練習時間は確保できない、踏ん張って最後の戸締りまで私がするということで9時まで暗黙の了解になった。

この間、学内の意見箱に学校側に対する頼もしい意見が入った。

意見箱：「自己責任で自分の身を守るべきではないでしょうか」

——最近8時には帰らないといけなくなりましたが、理由を教えて下さい。物騒な事件が相次いで起こり、安全のために早く帰ったほうがよいということはわかります。ですが、大学生であるのだから、自己責任で自分の身を守るべきではないでしょうか。オーラルインタープリテーションフェスティバルは、私たちにとっても大切な行事です。良い発表ができるように、練習にも気合が入っています。納得のいくお返事を、お願いします。

2007168 成田実佳子

結局、最近は最後の施錠は警備員でなく、私が残って皆と一緒に帰るということで了解となっている。

〈特徴のある教育〉などといわれることがあるが片腹痛い。太陽が照っている間のママゴトでは限界がある。それがいかに大変なことか。役所仕事ではできるものではない。

私はOIFに繋がる二ヶ月は家で夕食をたべなかった。帰りに晩酌をしながら馴染みの店で食事を済ませて帰るのが毎日であった。家は歩いて五分のところにあるが、帰りはいつも十時過ぎであった。

日本文学を日本語や英語で④

「花づくし」（"Flowers"）
——与謝野晶子からワーズワースまで

詩は詩でも、あるテーマのもとにいくつか繋げることもできる。

「花づくし」もそんな作品であった。

花を歌った詩は東西古今無数にある。いくつか選んでメドレーでつなぐ。

花にもそれぞれの美しさがある。それによって活け方を工夫するように、演奏形式もソロがあればデュオもある。トリオもあれば全員で声をあわせる場合もある。要はすべて解釈である。

ただし花は固定空間の中で同時に咲き、咲いたままではない。

花の命は短い。舞台の上で様々な花が咲き、そして消えていく。だからつなぎや編成変えも練習する。

花になれなどと情緒的なことを言っているのではない。花を読んでいる語り手の詩人の心をまず理解させようとする。もちろん「菊」のように花自体が語り手であることもある。

「声が小さい！これは、語り手が花だ。誇らしく咲く花、強い花だ。」人に省みられることなく日陰に咲いていた時代を乗り越えて、今、強く咲き誇るという心理を捉えさすのがいかにむつかしいことか。だいたい苦難時代が進行形になってしまう。これでは困る。今は幸せだが振り返って見ると苦しかったというのと今苦しいのとでは出方が違う。「君は入学試験に落ちたとか悔しい思いはないか？しかし、それを克服した時の記憶を呼び戻してみなさい」などといった役者がよく行う類似体験から感情を引き出そうとする方法も使って指導する。

「花」など自分には関係がない、地球を飛び回るビジネスマンはいそがしいのだ——。特に男性の中にはそういう考えの人がいる。はっきり言って、私はそういう感覚のビジネスマンのコミュニケーションというものをあまり評価しない。

異なる花を理解するのも異文化訓練である。花について語った詩、語り手自身が花のもの——。従って、それらを朗読表現するということは花に対する異文化理解の感性と、同時に自分の立ち位置を冷静に見る目との両方が要求される。

「私の言葉の限界は私の世界の限界である」——

ヴィットゲンシュタインはそう言ったが、わからなかろうといって与える言葉を限ってしまったら、広がるべきその学習者の内的な世界はそれだけ貧困になってしまう。

もうひとつ、英語のだけの作品の中にポット入る日本語、情緒もリズムも異なる日本語——。

まずその表そうとしている情緒である。ついこの間まで地下鉄の駅の階段などで地べた座りしていて平気だったギャルたちの前頭葉の退化をいくらかばかりでも防ぐためにも。彼女たちにとっては、「はかなかる花」など、殆ど異文化体験、否、別世界の出来事なのである。だからますます避けるわけにはいかない。

FLOWERS

（花の命は短くて）

Based on *Hanakotoba* by Megu Michiyuki, Tsukimiso by Akiko Yosano, and others
Compiled for Readers Theatre by Makoto Omi

VOICE 1: DH Laurence says love is like a flower, it must flower and fade; if it doesn't fade, it's not a flower. It's either an artificial rag blossom, or an immortelle, for the cemetry.

VOICE 2: To put it conversely, a flower is like love, it must flower and fade, but because it can live only for a short time, that momentary glory strikes our senses all the more deeply.

VOICE 3: Flowers are beautiful and comfort us heartily.
Various flowers are living on Mother Earth.

VOICE 1 Blue flowers give friendship to the people of solitary hearts, as LAVENDER, MUSCARI, HYDRANGEA, BLUE STAR, MYSTY BLUE.

VOICE 2: Pink flowers inspire us with eternal joy as COSMOS, ROSE, CHERRY BLOSSOMS.

VOICE 3: White flowers are easy on the people in deep grief or tell palpitation of first love as GARDENIA, BABY's BREATH, CALLA, TRUMPET LILY.

ALL: We love flowers continually in our life, because they have some power upon people, and bring happiness, joy, and the presentiment of "LOVE" et.

くちなし

●沈黙・純潔・私は幸福です
見ているだけで幸福だから
黙っていました
言葉が気持ちに追いつかないから
黙っていました。
せめて思いが香るように
あなたに届きますように

グラジオラス

●密会　用心して
逢いたいと送る合図は　深紅のグラジオラス
あなたへと募る想いが　秘密を　また重ねさせるの

遅すぎた出逢い　なんていいわけにしかならないから

これは架空の愛
ふたりには現実はいらない

らっぱすいせん

　　○自信ナルシスト

きみぼくを好きになる

この大それた過信は　どこからやってくるのだろう

Snowdrops（待雪草）

The snow-drop, Winter's timid child,
Awakens to life bedewe'd with tears;
And flings around its frangrance mild,
And where no rival flowlets bloom,
Amidst the bare and chilling gloom,
A beauteous gem appears!
All weak and wan, with head inclin'd,
Its parents breast, the drifted snow;
It trembles while the ruthless wind
Bends the slim form; the tempest hours,
Its em'rald eye drops crystal shower's
On its cold bed below.
....
Where'er I find thee, gentle flowe'r,
Thou still are sweet, and dear to me!
For I have known the cheerful hour,
Have been the fun-beams cold and pale,
Have felt the chilling wint'ry gale,
And wept, and shrunk like thee!

アゼリヤ

　　◎愛される喜び

私はこんなに悪い子なのよ、と

あなたにイタズラすると

それでも好きだよ、って

あなたが言ってくれるから

もっと　もっといじわるに

確かめてみたくなる

フリージア

　　●無邪気・純潔

無防備に微笑まれると

どうしていいかわからなくなる

“好きだよ”のひと言さえ

口に出すのが怖くなる

きみを壊してしまいそうで

ポピー

○なぐさめ・妄想

ごめんね

失恋するたんびに　私　あなたに甘えているね
“親友ならなぐさめてくれるでしょ”なんて無茶苦茶な脅迫
困ったように笑うあなたは泣きべそ顔にアカンベ

本当は　あなたが傷ついていたんだと思う

VOICE 3: *The Song of Chrysanthemum*

At last I have come to my throne!
No more, despised and unknown,
In gardens forlorn
My blossoms are born;
No more in some corner obscure
Do I drearily, sadly endure
The withering blight
Of neglect and of slight;
Oh, long have I waited and lone:

VOICE 2: 月見草

はかなかる花にはあれど
月見草
ふるさとの野を思い出で、
わが母のことを思い出で、
初恋の日を思い出で、
指にはさみぬ、月見草

——与謝野晶子

（後略）

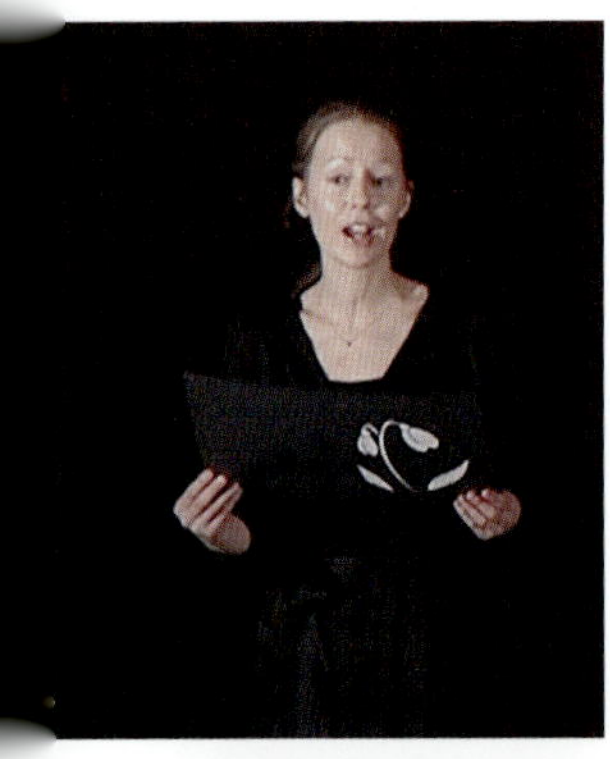

花になれなどと情緒的なことをいっているのではない。花自体が語り手である場合もあったが、花を読んでいる語り手（詩人）の心に自分を重ねるのが基本である。

玲奈が読んだ６つの花は、いずれも私の世界とは異なるものばかりなので新鮮であった。作品によってその人間の表立っていないところが引き出される典型であった。

スーザンは、「待雪草」(Snowdrops）を選んで持ってきた。さみしい花だ。

当日、学生と同じ黒い衣装で、台本をもって舞台に現れた時にも軽い驚き。

言葉少なに打ち合わせ練習したのだろう。スーザンのそんな様子が想像されてほほえましかった。間もなくして任期を終えて英国に帰っていった。

それにしてもどこまでもあの花ようなスーザンだった。自己主張の強い外国人教師の中で演技をしていなかった。

日本文学を日本語や英語で⑤

朗読劇「智恵子抄」(“Chieko-sho”)

「智恵子抄を読みたい」その学生は、ぽつりと言ってきた。この作品については単独の詩の朗読のところでも紹介したが、今度は私が学生と二人で読んだ。

高村光太郎の亡妻を偲ぶ詩集、もちろん原語は日本語である。大切なことは、この世界を演じたい、この情感を表現したいという気持ちがまずあることである。英語の勉強だから、英語の素材の中で探そうという考え方は、このイベントに関する限りあてはまらない。最終的に英語学習の為になり、同時に日本人の感性を磨くことに貢献すればいうことはない。学生と私が案をつくることにして突き合わせて修正する方法をとった。

「智恵子抄」の英語訳を二つほどに絞り、いいと思われる方によりながらいくつかの作品を選んだ。

VOICE 1: Purified by each other's love, Cheiko and Kotaro gained their selves. Continuing indescribable poverty they plunged once again into the world of beauty.

VOICE 2: Their innate tendency to segragate themselves made them concentrate on forging their individualities...

「夜の二人」そして、あの有名な「あどけない話」が続く。

VOICE 2: I'm looking for the sky. There is no sky over Tokyo
Oh, I hate such a dirty sky, Kotaro. What I want to see is a much more bluer sky, a deep, botomless sky, the kind of clear blue sky, which you can see over the mountains of Atatara...

「あどけない話」

VOICE 2: 智恵子は東京に空がないといふ、
ほんとうの空が見たいという。

VOICE 1: 私は驚いて空をみる。
桜若葉の間にあるのはきっても切れない昔馴染みのきれいな空だ。

…

智恵子の病状が悪くなっていく。

「千鳥と遊ぶ智恵子」は、浜辺で千鳥と遊ぶ智恵子を見ている光太郎。そっとそのままにして立ち去ろうとすると子供のように「ちえこ、こうたろ、ちえこ、こうたろ」と叫ぶ。立ち去ることができない。

山村聡と原節子の「智恵子抄」という映画のビデオを見る。智恵子がひそかに作っていた切り紙細工の素晴らしさに驚嘆し、それが自分のために密かに作ってくれていたことを知る光太郎の語りが印象的である。映画では山村聡が語る場面で、智恵子は無心で千代紙を折る場面である。私が英訳した。

ハムレットの「オフィリアの柳の歌」がある。これを智恵子に歌わせた。

He is dead and gone, lady. He is dead and gone. At his heels are grass green turfs, at his heels are stone...Kotaro!!

光太郎は答える。I'm all right, Chieko. I'm here! Can't you see?

光太郎の腕の中で彼女は息を引き取る。

このあとの「レモン哀歌」とピアノ9番 The Scenet of Love で終わる。

演技においては作中の人物は死んでしまったらそれで演ずる俳優の仕事はそれで終わる。しかしOIにおいて、私は光太郎でなく智恵子は智恵子ではない。だからこそ彼女は死後の報告もできる。つまりあくまでも語り手であるから時間、空間を自由に動き回ることが出来る。これは演じている者にとってはたまらない爽快感である。ともすれば流されそうになる激情を抑制する訓練にもなる。

オンステージとオフステージの両方を使った。

安達太良山
「智恵子のほんとの空」は雪曇りでした…—鈴木基伸氏提供

Chieko-Sho

宮崎菜摘氏作成

CHIEKO-SHO（智恵子抄）

Written and Complied for Readers Theatre by Makoto Omi
Based on "Chieko-sho" by Kotaro Takamura and
"Poetry and Prose of Takamura Kotaro" by Hiroaki Sato

VOICE 1: Purified by each other's love,
Chieko and Kotaro gained their selves.
Continuing indescribable poverty
they plunged once again into the world of beauty.

VOICE 2: Their innate tendency to segregate themselves made them concentrate on forging their individualities...

VOICE 2: I'm looking for the sky. There is no sky over Tokyo. Oh, I hate such a dirty sky, Kotaro. What I want to see is a much bluer sky, a deep, bottomless sky, the kind of clear blue sky, which you can see over the mountains of Atatara...

VOICE 2: 智恵子は東京に空がないといふ、
ほんとうの空が見たいといふ。

VOICE 1: 私は驚いて空をみる。
桜若葉の間にあるのはきっても切れない昔馴染みのきれいな空だ。

VOICE 2: TWO AT NIGHT

VOICE 1: A prophecy that our end will be
death from starvation
was made by the sleety night rain
falling on the snow.
Though Chieko is a woman of
extraordinary resolution,
she has a medieval dream of preferring
burning at the stake to death by starvation.
All remaining silent, once again
we listened to the rain.
It's getting a little windy perhaps, rose branches are
scratching at the windowpane.

VOICE 1: 夜の二人

VOICE 2: 私達の最後が餓死であらうといふ予言は、
しとしとと雪の上に降る霙まじりの夜の雨の言つたことです。

VOICE 1: 智恵子は人並はづれた覚悟のよい女だけれど
まだ餓死よりは火炙りの方をのぞむ中世期の夢を持つてゐます。

BOTH: 私達はすっかり黙ってもう一度雨をきかうと耳をすましました。

VOICE 2: 少し風が出たと見えて薔薇の枝が窓硝子に爪を立てます。

VOICE 1: Things slowly began to take a downward curve when the vulnerable Chieko was shocked by the death of her father and subsequent troubles back home. She began to show a slight mental disorder.

VOICE 2: CHIEKO PLAYING WITH PLOVERS
VOICE 1: 「千鳥と遊ぶ智恵子」

VOICE 1: Where there is no one on the sands of *Kujukuri*
sitting on the sand Chieko plays alone.
Innumerable friends call to Chieko.

VOICE 2: Chii, chii, chii, chii, chii..

VOICE 1: Leaving tiny footprints on the sand,
plovers come near her.
Chieko who is always talking to herself
raises both hands to call them.

VOICE 2: Chii, chii, chii..

VOICE 1: Plovers beg for the shells in her hands.
Chieko scatters them here and there.
Rising up in a flock the plovers call to Chieko.

VOICE 2: Chii, chii, chii, chii..

VOICE 1: Leaving off entirely the task of being human,
now having passed into the natural world
Chieko seems just a speck.
Some two hundred yards off in the windbreak, in the evening sun
bathed in pine pollen I stand, forgetting time.

Realizing how difficult it is to leave her, I left her quietly entrusting her with our maid, Akiko, but...

VOICE 2: (noticing him gone) ちえこ、こうたろう、ちえこ、こうたろう ...

VOICE 2: Although Chieko was losing touch with the real world, she was found to be demonstrating an excellent creativity in her private works of *Kirie*.

VOICE 1: Oh, you've some more. And so many!
How could you make them with such small scissors? What kind of magic do you use? How could you put so finely cut-up *chiyogami* on such thin sakura paper? Chieko, this is your rich poetry, your chronicle of life and sculpture, genuine colors and victory and joys. It is your humor and a subtle expression of love. I see you're not following me, but let me tell you something. I've never spoken highly of your paintings, have I, but you knew all along how I was feeling. Oh, how I must have made you suffer! Nevertheless you really stuck it out for me, and what have I been able to return for you? Nothing. Chieko, will you forgive me for that?
Even these *chiyogami* works, I suppose you've made them for me, I know you've made them just for me...Chieko, you have proven you have such a great talent. You have accomplished what you were unable to accomplish with your paintings. Your soul has been clearly been growing, and no one was able to stop it from growing, could they? Chieko, do you realize you are living a really healthy life in these cut-up pictures?

「ハムレット」オフィリアの柳の歌　より

VOICE 2: He is dead and gone, lady. He is dead and gone. At his heels are grass green turfs, at his heels are stone. Kotaro!!

VOICE 1: I'm all right, Chieko. I'm here! Can't you see?

BOTH: On the night of October 5, 1938, Chieko quietly breathed her last.

VOICE 1: レモン哀歌

そんなにもあなたはレモンを待つてゐた
かなしく白いあかるい死の床で
私の手からとつた一つのレモンを
あなたのきれいな歯ががりりと噛んだ

VOICE 2: トパアズいろの香気が立つ
その数滴の天のものなるレモンの汁は
ぱつとあなたの意識を正常にした

VOICE 1: あなたの青く澄んだ眼がかすかに笑ふ
わたしの手を握るあなたの力の健康さよ

VOICE 2: あなたの咽喉に嵐はあるが
かういふ命の瀬戸ぎはに
智恵子はもとの智恵子となり
生涯の愛を一瞬にかたむけた

BOTH: それからひと時
昔山巓でしたやうな深呼吸を一つして
あなたの機関はそれなり止まつた
写真の前に挿した桜の花かげに
すずしく光るレモンを今日も置かう

VOICE 2: (Voice 2 前へ、Voice 1 後ろに) So intensely you had been waiting for lemon
In the sad, white, light deathbed
you took that one lemon form my hand
and bit it sharply with your bright teeth
A fragrance rose the color of topaz
Those heavenly drops of juice
BOTH: (Voice 1、Voice 2 に重ね合わすように) flashed you back to sanity (Voice 2 後ろを向く)
VOICE 1: Your eyes, blue and transparent, slightly smiled.
You grasped my hand, how vigorous you were!
There was a storm in your throat,
but just at the end
Chieko found Chieko again;
all life's love into one moment fallen.
And then once as you did on an mountain top you let out a great sigh
and with it your entire engine stopped.
By the cherry blossoms in front of your photograph
today, too, I will put a cool fresh lemon.

VOICE 1: CHIEKO the ELEMENT

CHIEKO has reverted to an element
I don't believe in the self-existence of the spirit.
Yet CHIEKO does exist.
Chieko is in my flesh,
adhering to me
phosphorescing in my cells,
frolicking with me,
beating me,
and keeps me from becoming the prey of dotage.
VOICE 2: Spirit is another name for body.
VOICE 1: The CHIEKO who exists in my flesh
is nothing but the Ultima Thule of my spirit.
VOICE 2: CHIEKO is the supreme judge;
VOICE 1: I err when CHIEKO is dormant within me.
VOICE 2: I am right when I hear CHIEKO's voice in my ears.
VOICE 1: CHIEKO, frolicsome,
romps around my whole existence.

BOTH: CHIEKO the Element is still here
within me and smiles at me

こんなこともできた 退職する教授に捧げるESSグループによる学生たちの心 "The Story of Professor Horibe"―

ＥＳＳの学生が、退職する教授に捧げる作品を演じた。

先生の経歴、業績を複数名で説明する。先生の愛誦する、**The Daffodils**（**水仙**）の詩を学生と先生が群読し、マッカサーの**"An Old Soldier Never Dies"**「老兵は死なず」を受けて、学生たちが先生への思いに転換する。

いい加減なものをつくり、いいかげんな関わり方はやめさせたくはなかった。つまり**退職教員をダシに使って英語ごっこをするのは避けたかった**。

そのためには先生の心と等身大の表現のホンをつくることである。あるいはそれに近づこうとする心のある作品をつくることである。そしてその人生に見合う立派な表現を心がけることである。実際にはなかなかそうはいかない。気構えだけはということである。

先生はそんな固いことはいわれない。許してくれるだろう。しかしそれをあてにするのは甘えである。

当節、介護でも、国際協力でも関わる人間が、被災者や飢餓に苦しむ子、高齢者などのいわゆる社会的弱者をいわばダシに使って自分のエゴを満足させようとする傾向がある。それは人間の尊厳にもとる。

人生はドラマであり、大小様々な儀式を我々は行っている。結婚式も葬式もそうでありではあるが、それを通過するが故に人は心の仕切り直しをすることが出来る。そもそも演劇の起源も儀式であり、それは神への祈りとも結びついていた。朗読会に参加しているものの気持ちも、演劇に参加しているものと変わらない。いな、場合によっては、より本物であったかもしれない。これがなかったとしても先生と学生たちは出会い別れて行ったであろうが、これがあったために心に刻まれた思いは双方に絶対にあったはずである。

「堀部先生は、今君たちと別れ際にあたって回想する花は、君たちであったとした場合、その花がリアルタイムでみる元気いっぱいの花だったら、チグハグなことになるだろう。そこに気をつけて堀部先生と練習をしてくれ」

「はい」

「あと、ひとつ最後にdances with the daffodilsのwithを少し強めて。もおもしろい。なぜかわかるか」

「心の花と一緒になった感じがするという語り手の心がそれによって強くでるからです」

余談がある。翌年退職するさる女性教員曰く。「私のときは、やめてください」―。

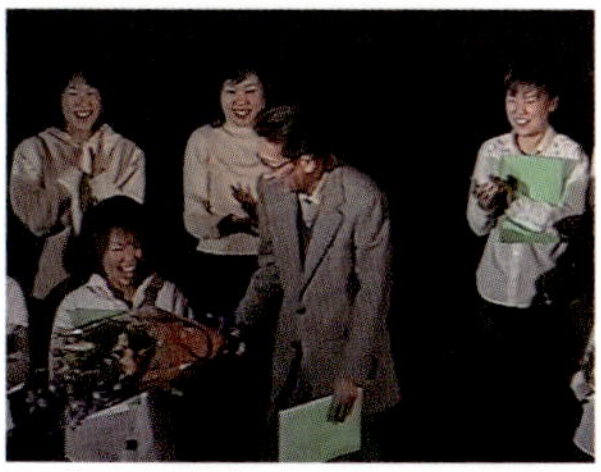

The Story of Professor Horibe

"The War Prayer" マークトウェイン原作・近江構成 2006年冬

——解釈の究極——サブテクスト（せりふした）を考えさせた朗読劇——

出征兵士に神の加護あれと祈りを唱える牧師ありき。

その朗々たる説教をきいてうっとりする市民の様子をじっとみていた見知らぬ人（a stranger）がいた。

牧師が説教をし終わったときに市民に言い放った——

「祈りには語られた祈りと、語られていない祈りとがある。その語られていない部分を言語化するとこうだ」

そういって牧師の本音を暴いていく。牧師はついに発狂する。


グループの代表としてアヤネがその作品をやりたいと言ってきた。

「君の発声は、やはり牧師役だろうな」。

しかし問題があった。

原作では牧師のせりふは案外に少ない。暴き役の「見知らぬ人」の雄弁が主になっている。彼女にはもう少し話させたい。同時に語られていない本音部分があるということはコミュニケーション的に深い意味がある。この点を全員に体験させたい。そこで私は牧師に表のセリフを語らせ、ホンネは全員で後を追うようにしてみたらと、アイデアを出したら皆異口同音におもしろそうだということになった。

ただし「見知らぬ人」が牧師のホンネを暴く時点では、原作では牧師の

The War Prayer

善 偽

THE WAR PRAYER

Oriqinally written by Mark Twain

Altered and Written by Makoto Omi based on the Readers's Theatre version of the piece by Aaron Shepard. The writer is also indebted to Peter Shafer for inspiring him with the language of Salieri's Monologue.

Narrator: Mark Twain wrote "The War Prayer" during the Philippine-American War. It was submitted for publication, but on March 22, 1905, Harper's Bazaar rejected it as "not quite suited to a woman's magazine." Eight days later, Twain wrote to his friend Dan Beard, to whom he had read the story. "I don't think the prayer will be published in my time. None but the dead are permitted to tell the truth.

CITIZEN 1: It was a time of great and uplifting excitement. The country was up in arms, and the war was on.

CITIZEN 6: In our small town, every breast burned with the holy fire of patriotism.Drums beat, bands played, toy pistols popped, firecrakers hissed and spluttered. On every street, a fluttering wilderness of flags flashed in the sun.

CITIZEN 2: Daily the young volunteers marched down the avenue, smart and fine in their new uniforms. Proud fathers and mothers and sisters and sweethearts cheered with voices choked with emotion.

CITIZEN 5: Nightly we packed the public meetings, where patriotic speeches stirred our hearts to the deepest deep. At every other word, we burst in with cyclones of applause, even as tears ran down our cheeks.

CITIZEN 3: A half dozen rash dissenters dared to disapprove of the war and cast doubt on its righteousness. But they right away got such a stern and angry warning that they quickly shrank from sight and offended no more.

CITIZEN 4: It was indeed a glad and gracious time.

* * *

CITIZEN 1: Sunday morning came and our church was filled. It was the day before the battalions would leave for the front.

CITIZEN 6: The volunteers were there, their young faces alight with visions of glorious victory. Beside them were their proud and happy dear ones, as well as envious neighbors with no sons or brothers of their own to send forth to the field of honor.

CITIZEN 2: The minister read a war chapter from the Old Testament.

CITIZEN 5: Then an organ blast shook the building, and together we rose with glowing eyes and beating hearts to pour out that tremendous invocation,

ALL (except STRANGER): God the all-terrible! Thou who ordainest, thunder thy clarion and lightning thy sword!

CITIZEN 3: Then came the minister's prayer.

CITIZEN 4: Never in our church had we heard the like of it for passionate pleading and moving language.

MINISTER: Ever-merciful and benign Father of us all, watch over our noble young soldiers. Bless and shield them in the day of battle and the hour of peril. Bear them in Thy mighty hand, make them invincible in the bloody onslaught. Grant to them and to their flag and country imperishable honor and glory....

CITIZEN 1: An aged stranger entered from the back and moved up the aisle with slow and noiseless step. His long body was clothed in a robe that reached to his feet, and his white hair fell in a frothy waterfall to his shoulders. His rough face was unnaturally pale, almost ghostly.

CITIZEN 6: With all our eyes on him, he ascended to the minister's side and stood there, waiting. The minister's own eyes were shut in prayer, and he went on unaware of the stranger.

MINISTER: Grant us victory, O Lord our God, Father and Protector of our land and flag. Amen.

CITIZEN 2: The stranger touched the startled minister on the arm and motioned him to step aside. The minister did so, and the stranger took his place.

CITIZEN 5: For some moments he surveyed his spellbound audience, then spoke in a solemn voice.

STRANGER: I come from the Throne of Heaven, bearing a message from Almighty God.

CITIZEN 3: The words smote us with a shock.

CITIZEN 4: If the stranger noticed, he gave no heed.

STRANGER: You have heard your minister pray, "Grant us victory, O Lord our God." The Lord too has heard this prayer, and He will grant it—if such is your desire. But first I am commanded to explain to you its full meaning. For it is not one prayer, but two—one spoken, the other not. Listen now to the silent prayer:

MINISTER: Hold it! Whoever you are, I wish you'd not mislead our innocent prayer, and one prayer only. My dear citizens. Don't listen to these people. I am going to repeat my prayer.

Ever-merciful and benign Father of us all, watch over noble young soldier

STRANGERS: and tear the enemy soldiers to bloody shreds.

MINISTER: No! Help them in doing their patriotic work.

STRANGERS: Help us cover their smiling faces with their patriotic dead.

MINISTER: No, listen. Bless them and shield them in the day of battle and...

STRANGERS: Help us drown the thunder of guns with the shields of their wounded.

MINISTER: No! Bear them in THY mighty hand, make them invincible in their bloody onslaught. Grant to them and to their flag and country imperishable honor and glory...

STRANGERS: Help us lay waste the enemy's homes with a hurricane of fire. Help us send out women and children and elderly to wander homeless in rags and hunger and thirst. For our sakes who adore Thee, Lord, fill the hearts of the enemy with helpless fear and glory.

MINISTER: Ah... Why? What was my fault? ... Until this day I have pursed virtue with vigor. I have labored long hours to relieve my innocent citizens. I have worked and worked solely that in the end, in the practice of ministry, Imight hear Your voice.

Oh, woe is me! Whip in devils from the possession of this humiliating sight. Blow me about in winds! Roast me in sulpher, wash me in steep down gulfs in liquid fire!

* * *

CITIZEN 1: Afterward, we agreed the man must have been a lunatic What he said made no sense at all.

GROUP 1: 他人の不幸と死を願う事は、本当にキリスト教の人々が信頼している神の本質なのでしょうか。

GROUP 2: 100年後の今も、同じような信仰がまだ残っています。三週間前ぐらいメリカのブッシュ大統領が、「神の祝福があなた達の上にありますように」と言いながら、イラク攻撃のために中東へ出発する兵隊達を見送りました。

ALL: 人間は変われないのでしょうか。日本人はこの状況に何か貢献できるところがあるのではないでしょうか。

トークは終わってしまっている。つまり両者のせりふとの間には時間差がある。被せを演ずるためには、どうしても被せることができる分量のセリフも必要だった。私は実験的にアヤネと重奏するようにアドリブをからませていった（このあたりは、私の身体の中にはOIスピーチ活動を通じて、英語のかたまりがはいっているのでどうということはない）。結局丁度授業でも使っていた、Peter Shafer の Amadeus の中の Salieri の言葉とシェイクスピアのオセロの断末魔の叫びが混合された感じになり、学生たちもいいと言ったのでそのように台本を修正した。なお、この〝修正〟は日本の教材づくりなどでよく行われる、原作をやさしく書き換えたりする改悪ではない。より高次元への転身を目指している。

厳密に言えば内容的に合わないところもある。しかし、意図と感情の形において著しく一致する。つまり生命において肝心なところは押さえている。

昭和の初期に一世を風靡した藤原義江という名テナーがいた。山田耕筰の「この道」「かたちの花」のことばを取り違えてうたってそのまま言ってしまったのにもかかわらず皆感動したという。藤原はセリフが出てこなくなってもハミングでも感動させたという。藤原の美声と、舞台姿の美しさもあるが、何と言っても、詞に込めた気持ちと、溢れんばかりの情感が、一面の言語レベルの正確さ、不正確を超えたという例である。

ある有名女優が晩餐会で芸を所望されてやおら立ち上がって何かを朗誦したところみな感動した。いったい何を演じたのかと聞かれたところ、彼女は、私はただこのメニューを自分の国の言葉で読み上げただけだという話がある。これは彼女が、そのメニューの文字通りの意味に、別のある情感を被せて朗誦したからである。

ちなみに本音の線、せりふした、サブテクストということを端的に経験させるために学生の一人をつかまえてある実験をした。こちらが何か言うから、本音を後ろから明かすように言ってみよと◯るのである。

わたし「いやあ、君は発音がぐっとよくなったね」（学生Aに）
学生B（かぶせて）「ちっともうまくなってないな」（笑い）
わたし「努力すればもっと、もっとよくなるよ」
学生B（かぶせて）「いくらやってもだめなものはだめ、先がみえているな」（笑）

真面目系なの、おふざけ系なの？〝戦争もの〟

真面目系なの、おふざけ系なの？

ある戦争ものに対してそういった声が学生達の間から思わず出た。そういう感想が出たということで私はほっとした。

真面目な作品を意図的にふざけに転換したというのならば、それなりに見上げたものである。しかし、このグループはどうもそんなふうでもない。それどころか毎回そういう風になってしまうというところが問題の根の深さを感ずる。指導者の人生観や感性がもろに出てくるのもこういうところだ。

先の The War prayer も、この後に来る「ノーモア広島・長崎」もそうだが、戦争はシリアスなテーマである。自主的が合宿をしてビデオを見、写真を見て、本を読んで、戦争を追体験して、内からつくりあげていったが学生たちと同世代の学生たちである。

学生は持って行き方でどうにも育っていく。内面の深いところにたどりつかせようという厳しさが求められる。いや、そういう言い方はまだ不正確であろう。そういう深い解釈作業がありうるということを指導者がまず気がつかなければならない。しかもOIやRTは劇薬であるが故に適切な

指導が必要である。自主性が出てくるまでの指導からは逃げてはならない
―

リアリズムは朗読劇の表現の仕方ではない。暗示めいたものだけで脳に季節の移ろいが感じられればそれが究極である。いやその方が強烈に信実が伝わるものもある。

既婚女性教授たちによる「亭主料理法」（“How to Cook a Husband”）

一般教員ばかりではない。学長も毎回のように登場している。特にクリスマスの「ヴァージニアの手紙」などにおいては、自分の言葉で諄々と、あるいはユーモラスに愛を説いていただいた。まさに無くてはならない存在であった。

最後の年は事務長はじめ事務職員、嘱託職員なども員も色々な形で参加してきた。極端にいえば教職員そこに存在しているというだけでも意味がある。

事務員のMさんは述懐していた。

「楽しかった。充実していました」

思い出に残る作品は他にもたくさんあったが、女性教授三人にやってもらったアメリカの新聞記事“HOW TO COOK A HUSBAND”も忘れられない作品である。

我が国の英語教材は、情報を伝達するだけというものが圧倒的に多い。つまり裏がある作品が少なすぎで、これが人の心が読めない日本人をつくりだしていることにも一役買ってしまっている。この小品は笑いを取りつつ伝えるというスタンスに貫かれている。料理の比喩を点でなく線として貫きながら亭主の操縦法をといているレトリックに着目する。

むつかしいのは基本的なエロキューションがしっかりしていないとユーモアが伝わりにくいということである。さもないと、ノペーッとした感じで、決まらない感じになってしまう。ということはこの作品を掴み切れていないということにオーラルインタープリテーションではなってしまう。

巧みな比喩で笑いをとりにいっている箇所がある。その中でもキーワードがある。

SPOILED— (keep them in) STEW—ROAST ... PICKLES—DELICIOUS—MACKEREL— (golden) TINT—SALMON...
(cook them) ALIVE ...

気息音（aspiration）というものである。息のタメをつくって子音を爆発的に出すことである。だがＯＩでは文脈を離れて音だけを出させることはしない。笑いをとろうとするキーワードのところでそれをする。これでもか思うほど効かせて発話し、聞き手の心の中に届かせるようにいう。mackerel などということばは単独ではおもしろくも、おかしくもない。それがこの場合は違う。Golden tint は殆どの人が golden の方を強めがちにいうだろうが、ここではことさらに tint を強める。そればかりか語尾の /t/ をしっかり声に出す。そしてさらにはそこで留める。その間、聴衆の顔を見て反応を伺うぐらいのことをする。このあくの強さは日本人の好みではないかもしれないが原文がそういってくれと内部から要求してくるのだから、まずはそれを代読するのがオーラルインタープリテーションである。音声学やラボなどではこのようには扱わない。言葉のバイエルである。

その年入院してしまったので先生方の練習も本番も直接は見させてもらうことができなかった。しかし病室にメールで報告を受けた。異なる階層の女性の性格を被せて読み上げるということを工夫したとか、今まで自分がやった中では自分としては一番楽しめたなどという先生たちからの添え書きがうれしかった。教授たちが登場したところから学生の喜びぶりも伝わってきた。

HOW TO COOK A HUSBAND

—Based on the "Moravian Cook Book" published in 1910 by the Home Mission Society of the Moravian Church, Lancaster, Pa. with the kind permission of The Reverend Vermond Graf. PENNA. DUTCHFOLK ART PRINTS –COPYWRIGHT 1963 JACOB AND JANEZOOK.

ALL: A good many husbands are utterly spoiled by mismanagement.

VOICE 1: Some women keep them constantly in hot water; others let them freeze by their carelessness and indifference.

VOICE 2: Some keep them in a stew by irritating ways and words. Others roast them; some keep them in pickles all their lives.

VOICE 3: It cannot be supposed that any husband will be tender and good managed in this way, but they are really delicious when properly treated.

VOICE 1: In selecting your husband you should not be guided by the silvery appearance, as in buying mackerel, nor by the golden tint, as if you wanted salmon.

VOICE 2: Be sure and select him yourself, as tastes differ. Don't go to the market for him, as the best are always brought to your door.

VOICE 3: It is far better to have none unless you know how to cook him.

VOICE 1: A preserving kettle of finest porcelain is best, but if you have nothing but an earthenware pipkin, it will do, with care.

VOICE 2: See that the linen in which you wrap him is nicely washed and mended, with the required number of buttons and strings nicely sewed on.

VOICE 3: Tie him in the kettle by a strong silk cord called comfort, as the one called duty is apt to be weak and they are apt to fly out of the kettle and be burned and crusty on the edges, since like crabs and lobsters, you have to cook them alive.

VOICE 1: Make a clear, steady file out of love, neatness and cheerfulness.

VOICE 2: Set him as near this as seems to agree with him.

VOICE 3: If he sputters and frizzles, do not be anxious: some husbands do this till they are quite done.

VOICE 1: Add a little sugar in the form of what confectioners call kisses, but no vinegar or pepper on any account; a little spice improves them, but it must be used with judgment.

VOICE 2: Do not stick any sharp instruments into him to see if he is becoming tender.

VOICE 3: Stir him gently; watch the while, lest he lie too flat and too close to the kettle, and so become useless. You cannot fail to know when he is done.

VOICE 1: If thus treated

ALL: you will find him very digestible,

VOICE 2: agreeing nicely with you and the children,

ALL: and he will keep as long as you want, unless you become careless and set him in too cold a place.

How to Cook a Husband

"Anything You Can Do"
——ミュージカルの"Annie, Get Your Gun"の男女掛け合いの歌をベースにグループ作品に仕立て直す

—得意だからさせてさらに磨かせるのと不得意だからやらせて上手くさせるか二つの行き方／臭い芝居を臭く演じきるむつかしさとコミュニケーション的意味／ジュリエットが終わったら終わりではないのだよ。君はジュリエットではなくジュリエットをすることで相手陣営を出し抜こうとしている役者を演ずる朗読者だろう?／スープだ、結局スープだ!

ミュージカル場面も扱ってきた。「屋根の上のバイオリン弾き」(**"The Fiddler On the Roof"**)、「レ・ミゼラブル」(**"Les Misérables"**)、「オペラ座の怪人」(**"The Phantom of the Opera"**)「キャッツ」(**"CATS"**)等々。その中でほとんど毎年、バイエーションを付け加えて、演じてきたものに、**"Anything You Can Do"**がある。

あなたのすること、私の方がうまくできる。いやできない、いやできる。できない!…(Anything You can do I can do better. No, you can't. Yes, I can. No, you can't...)と掛け合いで進めるこの歌、1950年のアメリカのミュージカル**「アニーよ銃を執れ」**("Annie, Get Your Gun")の中で2人の男女の掛け合いの歌のタイトルエースである。

ただ、我々は、その年々の学生の特技や特徴を生かし、しかもグループ対抗作品に仕立て直し全く新しい作品につくってきた。

Anything You Can Do

ANYTHING YOU CAN DO

Adapted for Readers Theatre by Makoto Omi

VOICE: "Anything You Can Do" is a song composed by Irving Berlin for the 1946 Broadway musical, *Annie Get Your Gun*.

VOICE: The song is a spirited duet, with one male singer and one female singer attempting to out-do each other in increasingly complex tasks.Based on this famous song, our group has come up with our own version of "Anything YouCanDo"..

ALL: "The which if you with patient ears attend, what here shall miss our toil shall strive to mend!" (「ロメオとジュリエット」のプロローグから)

GROUP 1: Anything you can do we can do better
...... we can do anything better than you

GROUP 2: No, you can't

GROUP 1: Yes, we can

GROUP 2: No, you can't

GROUP 1: Yes, we can

GROUP 2: No, you can't

GROUP 1: Yes, we can, yes,we can.

GROUP 2: Anything you can be we can be greater
...... Sooner or later we're greater than you

GROUP 1: No, you're not

GROUP 2: Yes, we are.

GROUP 1: No, you're not

GROUP 2: Yes, we are

GROUP 1: No, you're not

GROUP 2: Yes, we are, yes we are.

GROUP 2: We can shoot a partridge with a single cartridge

GROUP 1: We can get a sparrow with a bow and arrow

GROUP 2: We can live on bread and cheese

GROUP 1: And only on that?

GROUP 2: Yes.

GROUP 1: So can a rat.

GROUP 2: Any note you can reach we can go higher
GROUP 1: we can sing anything higher than you.
GROUP 2: No, you can't
GROUP 1: Yes, we can
GROUP 2: No, you can't
GROUP 1: Yes, we can
GROUP 2: No, you can't
GROUP 1: Yes, we can.

GROUP 1: Anything you can buy we can buy cheaper
...... we can buy anything cheaper than you
GROUP 2: Fifty cents
GROUP 1: Forty cents
GROUP 2: Thirty cents
GROUP 1: Twenty cents
GROUP 2: No, you can't
GROUP 1: Yes, we can, yes, we can

GROUP 2: Anything you can say we can say softer
We can say anything softer than you
GROUP 1: No, you can't.
GROUP 2: Yes, we can
GROUP 1: No, you can't
GROUP 2: Yes, we can
GROUP 1: No, you can't
GROUP 1: Yes, we can, yes, we can

(リズム較べ THE HOUSE THAT JACK BUILT)
GROUP 1: Anything you can say we can say more rhythmically. Any scene you can say we can say more rhythmically than you

This is the house that Jack built
This is the malt that lay in the house that Jack built.

This is the malt
That lay in the house that Jack built.

This is the rat
That ate the malt
That lay in the house that Jack built.

This is the cat,
That killed the rat,
That ate the malt
That lay in the house that Jack built.

GROUP 2: No, that's not the way to do it. See, the way you did it, you emphasized each and every word, when you only had to emphasize the new information and throw away the rest. So it's not like, but "this is the cat that killed the rat that ate the malt that lay in the house that Jack built," but "this is the cat that killed the rat that ate the malt that lay in the house that Jack built." Listen to our superb interpretation!

This is the dog,
That worried the cat,
That killed the rat,
That ate the malt
That lay in the house that Jack built.

This is the cow with the crumpled horn,
That tossed the dog,
That worried the cat,
That killed the rat,
That ate the malt
That lay in the house that Jack built.

This is the maiden all forlorn,
That milked the cow with the crumpled horn,
That tossed the dog,
That worried the cat,
That killed the rat,
That ate the malt
That lay in the house that Jack built.

This is the man all tattered and torn,
That kissed the maiden all forlorn,
That milked the cow with the crumpled horn,
That tossed the dog,
That worried the cat,
That killed the rat,

That ate the malt
That lay in the house that Jack built.

(早口ことば)

GROUP 1: Anything you can say we can say faster, we can say anything faster than you.
Peter Piper picked a peck of picked pepper;
A peck of pickled pepper Peter Piper picked.
If Peter Piper picked a peck of pickled pepper,
Where's the peck of pickled pepper Peter Piper pickled?

GROUP 2: That's nothing. How about ours?
Peter Garlid picked a peck of picked pepper;
A peck of pickled pepper *Peter Garlid picked.
If Peter Garlid picked a peck of pickled pepper,
Where's the peck of pickled pepper Peter Garlid pickled?
* 同僚の外国人教師名

(ドラマチックモノローグ：ハムレット、ジュリエット)

GROUP 1: Any scene you can play, we can play better. We can play any scene better than you.
GROUP 2: No, you can't.
GROUP 1: Yes, we can.
GROUP 2: No,You can't
GROUP 1: Yes, we can.

VOICE (HAMLET): To be or not to be that is the question.
Whether it's nobler in the mind to suffer
The slings and arrows of outrageous fortune
Or to take arms against the sea of troubles
And by opposing end them...

VOICE (JULIET): Oh, Romeo, Romeo! Wherefore art thou Romeo?
Deny thy father and refuse thy name:
Or if thou wilt not, be but sworn my love,
And I will no longer be a Caplet.
GROUP: One at a time, please, both of you.!

(ロマンチック較べ)

GROUP 1: Anything you can do we can say softer. Whatever poem you can say softer than you.

GROUP 2: No ,you can't.

GROUP 1: Yes, we can Yes, we can.

When I am with you I feel as if I were a bird flying freely in the clear blue sky.

WhenI am with you, I feel as if I were the rainbow after the storm proudly showing its colors

GROUP 2: *Well, that's just one-sided, though, isn't it? I mean, you're only expressing how you feel when you are WITH your loved one. If you contrast how you feel when you are WITH your loved one with how you feel when you re WITHOUT him, then the effect would be more moving. Like this. Listen!*

...When I am with you I feel as if I were a bird flying freely in the clear blue sky but when I am alone, I feel as if I were a fallen angel with broken wings   When I am with you, I fee; as if I were the rainbow after the storm proudly showing its colors, but when I am alone, I feel as if I were a featureless little cloud. Little

GROUP 1: Yah, but that how the original poem says. We could've have helped.

GROUP 2: Well, change it, for heaven's sake. Right? (*to the other members of* GROUP 2)

（文脈の面白さを競う——カクテルリスト）

GROUP 1: Anything written is fundamentally a speech in that there is a speaker behind it. For example, this seemingly contextless coctail list can be taken as part of a bartender's talk trying to be boastful of his assortment of cocktails. Listen.

Welcome to the Skylounge Voire. We have all kinds cocktails you want You name it, we have it.

Martini, Gin Fizz, Gimlet,...... you name it, we have it.

GROUP 2: Well, there's something lacking in your interpretation.

GROUP 1: No, there isn't.

GROUP 2: Yes, there is.

GROUP 1: No, there isn't.

GROUP 2: Yes, there is. It's poetry that severely lacks in your interpretation With a fertile imagination of ours we can turn the whole thing into a talk to our boy friend about the memories of our past.

Bibidibobidi Boo!

You know, as I look at this cocktail list, I feel like with each and every one of these, tons of memories are being brought back to me, vivid as it was yesterday... Martini, Gin Fizz, Gimlet, Singapore Sling, Gin Tonic..Around the World, Balalaika... That was Takuya's favorite cocktail... Oh, never mind, I have done with him.

(感動較べ――マリーアントワネット王妃)

GROUP 2: Any scene you can do, we can do movingly, any scene you can do, we can do say more movingly than you.

GROUP 1: No,you can't.

GROUP 2: Yes, we can Yes, we can. For example, here is Marie Antoinette Speech from the Rose of Versailles.

I was still a playful fourteen, not even knowing first love, when I arrived here to be betrothed as a French Crown Princess. What with the Alliance between Austria and France, the duties in the name of the Crown, being the Empress of Mother of the Nation, I have forgotten that I am a woman named Marie Antoinette. But Oscar Francois, I am a woman before I am the Empress. I am nothing but a woman with a quivering heart longing to love and be loved.

GROUP 1: Wait a minute. Do you realize that the original of this speech is in Japanese. Here it goes, the original Japanese.

私がフランス王大使妃としてこの国に嫁いできたのは未だわずか14歳のとき、初恋すら知らなかった遊び盛りの子供のときでした…オーストリアとフランスの同盟のため、王大使妃として、王妃として、国家の母として…私はマリーアントワネットという一人の女性であることを忘れさせられてきました。ちょっと、あなた達！　聞いている？　…オスカル・フランソワ、私は王妃であるまえに人間です !! 愛したい、愛されたいと、他の誰とも同じように身を震わせて待っている一人の女です !!

Group 2: I can do it in German! Here goes!

(ドイツ語) ... War ich erst 14. Ich wusste nicht, was Liebe ist, hatte mich noch nie verliebt. Ich war ein kleines Madchen, das noche spielen wollte. Als iche nach Frankreich kam... eine ganz normale Fray, darf ich niemals sein. Einfach nur Marie Antoinette... wurde ich Dauphine, dann Königin und Mutter Frankrechs. Wegen einer Allianz zwischen Österreich und Frankrech..Wenn Ihr eine Frau wärt, dann würdest Ihr mich verstehen! Aber, Oscar Francois! Ich bin zuerst eine Frau mit einen Herzen und dann die Konigin! Ihr bringt Euch in allergrößte Gefahr! Ich... Ich fleche Euch an... Könnt ihr nicht... verstehen, was im Herzen einer Frau vorgeht? Aber auch Ihr versteht es nicht...

GROUP 1: Now wait a minute! Do you realize that the origin of Japanese language is Kagoshima Dialect. Now, listen to Marie Antoinette in the

authentic Kagoshima Ben!
(鹿児島弁)

(物まね較べ)

GROUP 1: Anything you can do we can better, we can do anything better than you.

GROUP 2: No, you can't.

GROUP 1: Yes, we can Yes, we can. For example, can you impersonate famous characters, like Bill Kumai?
(クマイ先生の真似)

GROUP 2: We can do Ms. Miyazaki
(宮崎先生の真似)

GROUP 1: Well, here is Mr. Omi
(近江先生の真似)

GROUP 2: We can drink my liquor faster than a flicker.
We can do it quicker and get even sicker.

GROUP 1: We can open any safe.

GROUP 2: Without being caught?

GROUP 1: Sure.

GROUP 2: That's what we thought, you crook.

GROUP 1: Any note you can hold we can hold longer
We can hold any note longer than you

GROUP 2: No, you can't.

GROUP 1: Yes, we can.

GROUP 2: No, you can't.

GROUP 1: Yes, we can.

GROUP 2: No, you can't.

GROUP 1: Yes, we can, yes, we can.

GROUP 2: No, you can't - yes, you can.

GROUP 2: Anything you can wear we can wear better
..... In what you wear we'd look better than you.

GROUP 1: In our coat.

GROUP 2: In your vest.

GROUP 1: In our shoes.

GROUP 2: In your hat.

GROUP 1: No, you can't.

GROUP 2: Yes, we can, yes, we can.

GROUP1: Anything you can say we can say faster.
We can say anything faster than you.
GROUP 2: No you can't.
GROUP 1: Yes we can.
GROUP 2: No you can't.
GROUP 1: Yes we can.
GROUP 2: No you can't.
GROUP 1: Yes we can.
GROUP 2: No you can't.
GROUP 1: Yes we can.

GROUP 2: We can jump a hurdle.
GROUP 1: We can wear a girdle.
GROUP 2: We can knit a sweater.
GROUP 1: We can fill it better.
GROUP 2: We can do most anything.
GROUP 1: Can you bake a pie?
GROUP 2: No.
GROUP 1: Neither can we.

GROUP 2: Anything you can sing we can sing sweeter
We can sing anything sweeter than you
GROUP 1: No, you can't
GROUP 2: Yes, we can
GROUP 1: No, you can't
GROUP 2: Oh, yes, we can
GROUP 1: No, you can't
GROUP 2: Yes, we can
GROUP 1: No, you can't
GROUP 2: Yes, we can
GROUP 1: No, you can't, can't, can't
GROUP 2: Yes, we can, can, can, can
GROUP 1: No, you can't
GROUP 2: Yes, we can

――得意だからさせてさらに磨かせるのと不得意だからやらせて上手くさせるか二つの行き方

早口を競ったり、感情表現を競ったりさせる。ただ、あくまでも教育の手段としてのＯＩである。したがって、得意なものだけに偏りがちな今日の教育の落とし穴にはまらないように心掛けてきた。

――臭い芝居を旨く演じきるむつかしさとコミュニケーション的意味

「ダメ、ダメ！実にうまい！だからダメ！」

私は、時々、そんな言い方をするから、稽古を垣間見る見学者はわからなくなってしまうらしい。

「これはね、本人は旨く演じているつもりだが、オーバーで臭い田舎芝居でまともにはみられない下手な芝居を・・・旨く演ずるのだ」

この作品は、見かけとは違って、コミュニケーションの深い部分についての訓練を提供する点を含んでいる。

それは、競い合う芸の**一点一点がただ熱演でいいというものではない。中の人物になりきったとたんに、全体を語る、もとのスピーカーの全体を通しての意志が置いてきぼりになってしまう**というおそれがある。

私はいった。

「語り手ジュリエットは、聞き手のロメオに対して、あなたの名前を捨ててくださいとか一生懸命に〈訴える〉のはいい。ところが重大な点は、この場面をそのものを演ずるのでいいのか。そもそも、君はジュリエットをやってしまっているが、つまりは語り手は〈ジュリエット〉でいいのかということだ」

「なるほど、ちがいます。〈自分の陣営から出てきて、相手陣営に立ち向かうメンバー〉です。」

「そうなんだ、そして目的は、〈相手陣営を出し抜く〉ということだ。そのためにジュリエットの独白を使っているにすぎない。この違いがわかるかな？」

「つまりジュリエットを演ずることが相手のグループを負かすというさらに大きな意図に貫かれていなければならないわけですね」

「そうだ、だからむしろ田舎芝居っぽくやらなければならない。」

言葉をかえていうと、劇中の出し物は、〈登場人物の心理としてはうまいつもりでいるが、決してうまくはない芝居〉をうまくやらなくてはならない。うまくないから相手陣営からは、くさされるが、役者としてはそれが観客に受けをとるのを狙いとしているということを意識させる。

――ジュリエットが終わったら終わりではないのだよ。君はジュリエットではなくジュリエットをすることで相手陣営を出し抜こうとしている役者を演ずる朗読者だろう？

だからジュリエットを終わったら立ち上がってきて「どんなもんだい、フン！」の気持ちが相手グループに伝え切るまでが演技である。

そうこうしているうちに皆の関心は、この学生のセリフと動きだけに集中してしまう。そして問題のあるのはこの学生だけであるような気持ちになってしまう。特に対抗陣営の読み手たちはそうである。

「君たちのほうも、その間何をしていたか？どういう顔で、どういう気持ちで見ていたかだ。そしてどう反応していたか。演技はきみたちの側もずっと続いていなければならない。」

なるほど忘れていたというため息が漏れていた。

「待機している両陣営がいけない！ 味方は仲間の演技に気持ちで応援し続け、相手グループは「何のそれしき」の意識を持続させなければならない。仲間が演技しているのに、生体反応を示していない。しかしせりふはないが、コミュニケーションはというものは持続している。「ノンバーバル・コミュニケーション」などを受講しているのだからそれを生かさなければ！　せりふがない時のほうがはるかにむつかしい。だから、『私はせりふがすくないから』、といって練習に出てこなかったりするのはとんでもない間違いだということがこれでわかるね。練習しておくこと。今日は終わり」

その場は解散だが、各部屋に退散していって自分たちで練習する。私の方ははまた別なグループに取り掛かる。

日を置いて戻ってきたときに再度みた。

「つながってきたね。コールドもソロもよくなった。だけれど、何かがいけない。相手陣営を出し抜くという意図は、はっきりとしてきたが、今度は、〈二手に分かれて競いあうということを、何のためにしているのかという、やり取りの外にある作家の意図がわからない。この場合はコミュニケーション目的のうちの〈楽しませる〉ということだよね。ということは君たち舞台上の全員に、観客の方に対して〝これは深刻な芝居ではない。痛快なやり取りを楽しんで下さい〟という気持ちが貫ぬかれていなければならない。」

「むつかしいですね」。

言われたことを修正しようとして一生懸命だったが、それは皮肉なことに舞台上の人間同士のコミュニケーションであって、そのやり取りを見ている側に伝えようとすることをすっかり忘れてしまっていたのである。喫茶店で店員同士がおしゃべりしているのと全く同じ構造だ！

結局、この作品は、1）それぞれの「出し物」を精一杯演じつつ、2）その演ずることが実は相手方グループにその芸を見せつけという底意に裏付けられつつ、しかも3）全体グループとしては対観客という聞き手に対して楽しませる（To entertain）という三重のコミュニケーション意図を表現しなければならない。

——イントネーションとリズムを口移しに教えるとき

意味や場面を考えさせて気づかせるアプローチが基本だが、考えたってできないところは出し惜しみしてなどいられない。口移しに教えこむところは徹底的に教え込む。

実によくでてくる2—3—1のイントネーションとリズムの混合特訓ができる箇所がある

相手陣営に駄目だししているせりふだ。

Well, that's just one sided, though, isn't it? I mean, if you contrast how you feel when you are WITH your loved one with how you feel when you re WITHOUT him, then the effect would be more MOVING. Like this. Listen

（あなたのパフォーマンスは恋人と一緒にいるうれしい気持ちだけを表現しているだけ。もし、そこを一緒にいる喜びといなくなってしまった気持ちと対比させたら、効果としてはもっと感動的になる、こんな風になるの…）

——スープだ、結局スープだ！

「一生懸命にやっているのだがミゼラブルだな」。

「…歌ですか？」

「そうだ」

全体を貫ぬく心だからである。

「君たちのは、大根やこんにゃく、ちくわ、はんぺんといろいろぶちこまれているという感じた。賑やかだが、肝心のスープ味がきいていない」

この子を残してやがて私はこの世をさらねばならぬのか…
——夏のフェスティバルのフィナーレは「ノーモアー広島！ノーモアー長崎！」（"No More Horoshima! No More Nagasaki!"）

作品からゴスペルグループに徐々に入れ替わり大団円とした二〇〇〇年版／二〇〇七年度からは「長崎の鐘」のコーラスに入れ替わって……

南山短大の夏の朗読会の定番であり、過去何回か色々な形で演じてきた作品である。全編長崎がイメージされているのは、南山学園が長崎に縁があるということと、キリスト教的情感を強調したかったからである。

再び夏が巡ってきた。夏雲を見て原爆への思いを馳せる詩を冒頭に、過去、現在、未来への話を展開させる。永井隆博士の「この子を残して」や、本島長崎元市長の平和宣言を出し、この人たちの祈りは果たして通じたと言えるだろうかと問いかける。「マクベス」（Macbeth）の魔女の予言の詩を人間社会の警告として朗誦する。

では未来に向ってどう歩んでいったらいいのかの問いかけに答えていく。

道行く赤の他人とて、ちょっとした運命の糸のかけ方で他人になってしまったにすぎない。だったら、この人がもし身内だったら、そしてもし今、事故で帰らぬ人となってしまったら——目を閉じて強く思ってみる。そして再び目をあければそこにいる人はもはやまったくの他人にはみえないは

人類への警告とマクベスの魔女たち

ずである。想像力を働かすこと、それだけでいい。それが原点である。

その思いの中で最後はジョン・ダンの「誰がために鐘は鳴る」（“For Whom the Bell Tolls”）を入れる。

「何びとみまかりゆくも、これにてわが身をそぐに等し。そは我もまた人類の一部なれば——。ゆえに問うなかれ誰がために鐘はなるやと、そは汝が為になるなればなり」

(… Any man's death diminishes me, for I am involved in mankind. Therefore, never send to know for whom the bell tolls. It tolls for thee.)

エンディングは「長崎の鐘」の合唱である。

——君は「神」など見ていない！ ただ紙を見ているだけだ！ それを言っている時に君は何をしようと思い、身体は何をしているのか？「主の祈り」（The Lord's Prayer）からジョン・ダンの「なんぴとも…」の「誰が為に鐘は鳴る」（“For Whom the Bell Tolls”）の目線の違いの意味すること

「君はどこを見て言っているのだ！」

——天にましますわれ等が父よ… Our Father who art in Heaven …

キリスト教の「主の祈り」を授業で学生がテキストも見ながらぶつぶつ音読しているときのことである。

作品にはでていないが、“For Whom … ”の深い理解のための下ごしらえ的な役目を果たしたはずである。

「君は誰で、誰に向けてしゃべっているの？ 君は神を見ていない！ 何？ みている？ それは紙——カ・ミだろう！ 神はどこにいる？ Our Father who art in Heaven 天にましますと君はいっているではないか」

「そうですね」

「しかもこれは西洋の神だ。西洋の神は人間との一線隔したところに、いと高きところにおわすと考える。地蔵さんもそうだが東洋の神々がしばしばわれわれと同じ目線にいるのと違う。西洋的二元論の時の話をした時にそれは勉強したね」

語り手がキリスト教信者と解釈とするなら教会の会衆席にひざまずき、祭壇を見上げるようなしぐさをして体で確認させてみた。教室の最後列の通風孔をさして、声を届けるプロジェクションの練習を解釈に結び付けて行う。ところが、「天国にましますわれらが神よ」にはきこえない。father違いで、まるで、「天にいるお父さん、正夫が入試に合格しましたよ！」と叫んでいる感じである。

「なぜだろう」と投げかけた。

「目的がしっかり把握されていないからだと思います」

「そう。これは情報伝達ではない。何か？」

「祈りです」。

「そう、その祈りが君たちの心にないからなのだろうよ、おそらく」

しかし、もし神はどこにもいる、つまり「遍在する」、心の中にもいる——と思って発したことばと解釈したのならば、それはコミュニケーション学でいうところの固体内コミュニケーションであって、堂々とつむけばいい。練習不足からくるうつむきではない。そう解釈したのならばそれで行けばいい。

ところがである。フェスティバルでは、これにもう一枚読み手に付加がある。いや付加があることがもたらす教育的効果を最初から狙っている。**その付加とは、その語り手と神とのほとんどつぶやきに近いやりとりを、外から見ている観客にも聞かせなければならないということである。**最後列にいる耳の遠い老婆と、目の悪い老人にもわかるようにコミュニケーションをするのである。

近代演劇では、観客は舞台上のアクションを「第三の壁」(the third wall) を通して覗きみるという形式が主流である。しかし、オーラル・インタープリテーションでは「聞き手に作品の知的、情緒的、審美的一体を伝えること」と定義されているとおり、語り全体が聞き手へのセリフである。ということは、ささやきであると解釈しても、聞いている人に届けること、すなわちプロジェクションと発声が必要である。「**大きな声でつぶやけ！**」と私はいう。

実際にはつぶやきを聞き手の心の中に、耳の中にイメージさせればいいので、かならずしも小さい声ということではない。

さて、同じ祈りでも、「誰がために鐘は鳴る」の目線や声はもっと、むつかしい問題を提供する。

No Man is an Island, an entire of itself.
Every man is a piece of the Continent, a part of the Maine.
If a Clod be washed away by the sea, Europe is the less as well as if a
mannor of thy friend's or of thine own were.
Any man's death diminishes me, because I am involved in Mankind.
Therefore, never send to know for whom the bell tolls. It tolls for thee.

「主の祈り」の方は、語り手がどう解釈しようとも、それを外から聞いた感じでは、語り手と神とのコミュニケーションであって、自分が含まれているとは感じにくい。これが結局、西洋的二元論の限界なのかとも思ったりする。

日本人の男性とデートをしていて、男がいつまでも月ばかり見ているのに業を煮やしたアメリカ女性が、「月を取るの、私を取るの」と彼に迫った話は、語り手が神に語りかけた時点、聴衆ははずされる運命にあるらしい。聞こえるように訓練はして声は届いても心は届きにくい。はじめから向けられていないものは届かない。

しかしジョンダンは違う。No man is an island... といっている時、神（少なくとも）神だけに向かって語っているのではない。語り手はあなたにも語りかけている。

私は観客席から学生たちに叫ぶ。

「目線を下げて、聴衆を直接見てみたら」

「ああ、ダメだな。個人的になってしまって…。君たちに、集団でそう見つめられて、そんなこと言われるのは身に余る光栄ではあるが、でもむしろ不気味だ…一歩間違えると呪いつぶされそうで〈笑〉真面目なはなし、一人では受け止めきれる思いではない。いや、会場が埋まってもその聴衆だけでも受け止め切れるものではないだろう」

「ジョンダンは、そこまでの思いを込めて言っていたわけですね」

「厳密に言えば、このノーモアという作品を構成した私が、この詩に付加した思いはそこまでのものだということだ。人類全体を含ませていたから、最大限、意識を広げてもらいたい…」

いずれにせよ、これは明らかに祈りである。

与謝野晶子の「君、死に給うことなかれ」は「君」に語り掛けつつ、その背後の力にも功祈りであり、これと同じ構造である。

「ということは目線はどこに置いたらいいのでしょうね」と学生。

「どこを見たらいいだろうね」と私。

頭を飛び越えて語るのでは聴衆は祈りに含まれていない、さりとて直接見たら、それを託す思いは伝わらない。

「近くから遠い眼差しに移るのでしょうか」

「あるいはその逆か…でもね、神と人間を二元的に考えない。人の中に神をみるという東洋的な感覚からすれば、上げたり下げたりはどうかな…理想的には聴衆も含めた人間を見、その背後にいる絶対的な力をも同時に見ている目線ということになるのだろうね」

西田哲学はこの多即一（たそくいち）をどう捉えるかにも触れる。しかし、学生も私も身体と声との一体化を求めてお互いの心の中を模索する。決して○○彰氏の解説書とかインターネットで情報を得ればよしということはさせない。

ところで、目線を上げよとか、下げよとか言えば、大方はジェスチャアとか身体に関することだと考える。特にアカデミックサークルの人間は、少なくとも自分たちが関わっている知的な活動とは一段も二段も下位に属することだと考える傾向が昔からある。しかし、目線の上げ下げは神をどう捉えるかという異文化コミュニケーション問題も含んでいる。聴衆が加わることで、これも自分の直接のコミュニケーション空間の外の文化圏への発信も求められる。外国くんだりまで出かけてなにかすることばかりが異文化体験ではない。いや、もっというならば目線の上げ下げを含む身体的な要素は朗読者が付け加えることではなくてテクストの中に組み込まれている。だからそれを発掘しようとすることはそのままリーディングの教育、いや人間理解の行為である。

聖歌（ゴスペルグループ）に徐々に入れ替えさせた二〇〇一年版

この年、いずこともなく勢いのある歌声が学内の喧騒の上をつきぬけて聞こえてくることが多くなっていた。新しく生まれたゴスペル同好会であった。

ただ、こういう乗りの軽いグループは、えてして教師の介入と関係のないところで好きな事をやりたいという傾向がある。案の定、朗読会に関心を示してしてきたのはいいが、「自分達だけで出たいです」などといってきた。

私にはもともと悪女に惹かれるところといっては語弊がありそうだが、妙な性格があって、壊滅的に駄目とか嫌いとかいう強烈なネガティブな気持ちを抱かせる者や人に対して、そのエネルギーを別な場面で逆用してみたいという欲望に駆られるところがある。このゴスペルグループを思い切って使ったらどうだろうか。あのエネルギーは貴重だ。彼女たちは“Oh, Happy Day!”をうたいたいという。これは渡りに船だ。彼女たちを長崎の後に繋げたてみようと思った。

「だが」といって釘をさした。

「これは学芸会ではないんだよ」

「わかっています」

「全体が毎日遅くまで練習しているのに、そういう流れと絶縁されたかのようにパッと歌ってバイバイというのは君たちのゴスペルの精神に反するんだよ?」

「わかってます」

結局、ゴスペルグループが“Oh,Happy Day!”ハミングを続けながら登っていき、ひざまずいている広島長崎グループと徐々に入れ替わっていき、気がつくと舞台には彼女たちだけが残っていくように演出した。

あとで学生たちにきいてみると、ゴスペルの爆発がよかった、長崎に感動したとかいろいろな反応がでた。私は言った。

「どっちがいいのかどうかの問題ではないんだな。ゴスペルの明るさが、それとは対照的な長崎の暗さを引き立てていた。逆に、長崎の暗さと悲しさがあるから、ゴスペルの喜びが一層輝いてみえたのだよ。朗読会の練習の厳しさがあったから、あの後の打ち上げだってあれだけ盛り上がっただろう。同じことだよ」

「天使にラブソング」を劇中劇の外に出し O, Happy Day! をうたった二〇〇六年再演版

こんなことをしたことがある。

一年生の咲が、"Sister Act"（天使にラブソングを）をやりたいといってきた。主人公のリタが母親の反対を押し切って高校の聖歌隊に入り、結局大会で優勝する。歌だけO,Happy Day! に変えるという案であった。

私のそのときのプログラムの構成の中にはなかったが、学生の希望はなるべく叶えようとはしてきた。しかも歌が幸せを暗示するもの、何とか広島長崎の最後として何とかつながりそうな予感がした。そこで考えたことは、リタと母親とのやり取りと母親に置き手紙をして去っていくまでが第一部として朗読会のプログラムの前半に入れ、ダンの詩が終わったところで、リタが参加し優勝した合唱コンクール隊を、長崎・広島の合唱と重ね、同時に我々の朗読会そのものの大団円につなぐというちょっとした〝離れ業〟をこころみたのである。

見た同僚の教授、いわく。

「そういうことだったのね！」

マイケルジャクソンの"We are theWorld!" がエンディングであった二〇〇四年版

戦争体験に限らず、理屈ではわかったとしても感覚的につかめない世界があるのはあたりまえのことである。

この年の私のゼミ生二十五名も例外ではなかったが、物事に取り組む真剣度は時の経過とともに強くなってきている。しかしなかなか形となってあらわれてこなかった。このことに対する苛立ちは私の中にもあり、彼女たちもそれを感じ取って何とかしようともがきながら本番になった。

それを見て驚いた。最初から終わりまで、各人がグループ全体に何かが乗り移っていたようであった。

短い言葉を発するのにも、ぐっと涙をこらえながら聴取に訴えている。

"The people of Japan, people of the world, please listen to the message of Nagasaki. . ."

何があったんだ。

台本を書いた私自身が新しい命が吹き込まれて胸にこみ上げてきてしまった。毎晩の猛練習が実ってきた証拠であるとは言い切れない何かがあったに違いない。

あとからわかったことであるが、学生たちは追い込みに入った日曜日に学校に出てきて、作品を内から理解しようと戦争関係のビデオを何本もみたり、写真集を見たりしていたそうである。「蛍の墓」、「後ろの正面だーれ」「また逢う日まで」―大事な人を亡くした悲しみを話してくれた者もいたそうだ。そればかりではない。

先に、何かをこらえながら訴えていたといった皆の手には、あるものがお守りのように握られていたことがわかった。

それは、発音ができなくて私と格闘して匙を投げかけていた学生Sが、一生懸命につくって皆に渡していたものだった。しかも、一つ一つにはメッセージが書き込んであったという。

「もう直ぐ本番だ。頑張ろうね！」

さて、時代が下って、二〇〇七年度の夏。。

賛美歌『長崎の鐘』と『新しき朝の』の合唱をエンディングとして――二〇〇七年より最終年まで

日本発信の原爆メッセージでありながら、エンディングで、どこか今の世代に迎合している自分に気がついた。そこで、この年から、街うことなく日本歌曲を使おうと決めた。

「こよなく晴れた青空を、悲しと思うせつなさよ…」で戦後有名になったこの歌はもともと古関裕而が鎮魂曲《レクイエム》として作曲したものである。そこで後歌として作曲された「新しき朝の光」をつけ加えることになったものである。

天国の妻に届けるために加えた半音（♭）

第一コーラス終了後の間奏は原曲は長調であるが、その後新しい小節に入る前に、古関自身もある時期から半音下げたところで短調にして演奏するようになった。たった一音だけだが小節の変わり目を待たずに転調させることで天国の妻に届けよこの思いがあふれる。

だがこの変更は古関の追悼番組で黛敏郎が岩城宏行指揮の東京混声合唱団の同曲にも反映されていなくて、私はいたくがっかりした点である。

「臨時♭記号を忘れないように」

そしてリタルランドをかけ、少しペダルを踏ませ、それに合わせてコーラスもそう歌わせた。

先を予感させる悲しみとしてのフラットである。

楽譜は文章テキストと同じである。たびたび出てきたサブテクスト（せりふした）をどう読むかという解釈の問題と全く同じである。

小節ごとに切ってしまう歌い方は、背後に流れる情感をつかみ損ねてしまう。句読点で表される文法的な切れ目は、情感の切れ目を意味するものではない、ましてやそこで息継ぎをせよということではない。また、この曲調が要求する発声は演歌のそれではなくベルカントにつながる。英語の基本的発声とも一致するから出来るところまで指導する。

"No More…" のイメージとして、未来につなぐ希望をさらに強く打ち出したかった。私はイメージ的にはディズニーの音楽映画「ファンタジア」の最後のムソルグスキーの「禿山の一夜」から嵐が過ぎ去り、悪魔が去り、遠くから聞こえる巡礼たちのアベマリアの合唱に入れ替わっていく感じで出したかった。そこで「長崎の鐘」ではめったにうたわれない、エピローグ「あたらしき朝の光のさしそむる荒野に響け長崎の鐘…」の長調のメロディーを歌わせることにした。これが歌の終りであると同時に、この作品の終わりであり、夏の朗読会そのもののエンディングでもあるように――。

その日、練習をみたかったが教授会が入っていた。今、ここで手を離したくはないんだがな、ちょっとした間が命取りになることがあるというせっぱつまった心境になっていた。会議がうらめしくなる。抜け出せばいいではないか。それはできない。自分が議長だからである。

終わるがいなや、学内の日本家屋造りの合宿所ベタニアハウスに学生たちをたずねた。

「おい皆、練習の方はどうだい」

大声をあげて入ってきたのに返事がない。しかしその時に私の目の中に入った光景は忘れないだろう。

リーダー格の真衣が、原爆の手記のようなものを朗読していた。そしてめいめいが思い思いの方法でそれをじっときいていたのである。しかもその無言の構図の中にも個性があらわれている。黙って自分のひざを抱えながら聞いている者、肩を寄せ合いながらもたれて泣いている者、その光景はダヴィンチの絵のようでもあり、釈迦の入滅を嘆く弟子たちを描いた涅槃図のようでもあった。そしてこの年度の同作品はこれで終わった。

平成生まれの学生たちによる

二〇〇九年度。いつの間にか、学生が、すべて平成生まれだけになっていった。

戦火は遠くなりにけり――。

その年、学生たちだけで希望をとって役割分担をしてしまった。瞬間、不安な気持ちがよぎったが、とりあえず練習を見始めた。だが、永井隆の『この子を残して』のところで早々に心配が現実となった。K子の読みをきいてどうやら英語は苦手だが日本語では大丈夫だろうと考えたらしいことはすぐにわかった。

――この子を残してやがて私はこの世を去らねばならぬのか。母の匂いを忘れたゆえ、せめて父の匂いなりとも、と恋しがり、私の眠りを見定めてこっそりちかよる幼い心のいじらしさ…

戦いの日に母を奪われ、父の命はようやくとりとめたものの、それさえも間もなく失わねばならぬ運命をこの子は知っているのであろうか。

発音がイントネーションがどうのという問題ではない。もう、その心の世界をまったく共有していないということが明白だったからだ。

そういっては何だが、地下鉄ホームあたりで地べたずわりしている当節の女子高校生の世界に近い。声調までもが――。語尾の伸ばすも、例のぶりっ子声でなく、あの男っぽく、語尾をあまりあげずに「それでー、親がー」という調子であたり構わずぶっ放す例のしゃべりと同類である。

学生はいい始めた。

「ゴノゴヲノゴジテ…」

「なんだそれは？〝この子を残して〟だ！」

「…ヤガテワダジワゴノヨヲ、ザラネバナラヌノガ…」

「違う、〝やがて私はこの世を去らねばならぬのか…〟だ」

もう白紙ではない。壁紙に現代油が染み付いてしまっているから、はじいてしまって、書き込もうとしようにもどうにもならない。私は絶望感に襲われた。

永井は言う。

「私は命は惜しくない。ただ、残されことになる子供が不憫だ…」

しかし、わが身が生贄として神に捧げられることで、この苦しみが少しでもも人類の平和につながればよい…。

でもそんな切々たる思いや情感はこの学生の辞書にはかけらもない！

「あのなあ、この子を残して、あたしはあの男とザイコンをしようかとぉ～思っているけどぉ～などいっているんではないんだ。これじゃあ永井さんも被爆者も浮かばれない！だめだ作品全体をぶっこわす。すまんが君には君に合うほかの箇所をやってもらう」

当節の何かというとむつかしそうといっては敬遠する傾向がある反面、これはやさしそうだと判断してしまう過小評価症候群にK子もやられているのか――。

言われて何くそと抵抗してくると学園ドラマの不良少女的なエネルギーがあるというのならまだ望みがあるがそれにも欠ける。そういうかけらでもあれば、私はそれを取っ掛かりに何か積み上げていけるのであるが――。

戦後教育はこの子達の壁紙をここまで汚してしまったのかと、浩嘆これを久しくし、たどり着いた行きつけの飲み屋で、またがっくりすることが起こった。

むじなの平成版！

常連客のHさんが、私のその夜の練習の様子を話をきいていう。

「…先生、いまどきの学生にできるんですか。どうしてそんなむつかしいものをするんですか」。

そのとおりかもしれない。だいたいこの学生たちの父親世代だって、加山雄三の「君といつまでも」を、母親だって、ピンクレイディーの「UFO！」という時代に育ってきているのだからむつかしいことぐらいはわかっている。だからするのであるが――。

H氏いわく。

「それ、我々、見に行ってもエーですか」

「どうぞ、公開ですから」

「…何か飲み物はでるのですか」

ホンネが出た。Hさんの手合いは、日本の男性、それも企業人に実に多いタイプである。

「いやあ、それは出ません」

出るわけない。見世物としてやっているのではないのだから。被災地で働いている救援隊の活動を見に行って、飲み物が出るですかというのと同じことである。

しかも、内容だってH氏はそれほど関心がありそうもない。日本には演劇的なことを芸事を「河原乞食」といって低く見る偏見がある。しかもすぐには利益に結びつかない人間の活動に重きを置かない。つながりが理解できない。

H氏の手合いは最初のうちは、ちょっと見て義理を果たしたら、早々と食堂あたりにいざよい出てくる。女子大である。座って〝飲み物〟を飲むH氏の目線のところにちょうど行き交う女子大生の膝があるという寸法である。しかしH氏一人では照れくさい。だから「女房が都合がついたら一緒に行きます…」と何かをエクスキュースとして使う。

結局予則通り奥さんは来られなかった。H氏も来なかった。

こちとらも見世物小屋の支配人ではないから、すり寄るようなことは一切言わなかった。

決まる瞬間というものは練習期間中にふと訪れる。もちろんこの間一生懸命に格闘していなければそれは起こらないのはいうまでもない。

Hさん、すごいのですよ。彼女たちは自分の親の世代も知らない時代の体験をそれなりにしてきたのですよ。

NO MORE HIROSHIMA! NO MORE NAGASAKI!

Compiled and Written for Readers Theatre by M. Omi

戦争の記憶は年々風化していく。しかし、それを食い止める努力を怠ってはならない。
平和への願いを込めて…

浦上天主堂（長崎）

PROLOGUE

VOICE 1: It's summer again.
When we see the clouds burning in the sky
When we find the asphalt roads softened by the heat, when we smell weeds and dust in the wind...

ALL: we recall suddenly our feelings of those days, and hear those cries coming from within the flames and under the rubble.

PAST

VOICE 2: Sixty eight years ago, a devout Christian nuclear physicist Dr. Takashi Nagai, left this poem.

VOICE 3: Will I have to depart from this world leaving this child alone? Oh, the innocent heart of a child! To yearn for at least the scent of her father, since she has forgotten her mothers, to confirm that her father is sleeping, and to snuggle up to him stealthily...

Does this child realize that although she barely kept her father alive after she was deprived of her mother in war, she is destined to lose him, too?

VOICE 4: この子を残してやがて私はこの世を去らねばならぬのか。母の匂いを忘れたゆえ、せめて父の匂いなりとも、と恋しがり、私の眠りを見定めてこっそりちかよる幼い心のいじらしさ

戦いの日に母を奪われ、父の命はようやくとりとめたものの、それさえも間もなく失わねばならぬ運命をこの子は知っているのであろうか。

VOICE 5: He died, but he strongly believed that suffering has value not only for the transformation of the world but for the redemption of the world, and that they did not die in vain, and that thanks to their sacrifice, peace had come to the world.

VOICE 6: And 46 years later, in 1991, the then mayor of Nagasaki, Mr. Motojima, made the famous Nagasaki Peace Declaration.

[英語、日本語同時]

GROUP 1: 日本の皆さん、世界の皆さん、長崎の声を聴いてください。今日は悲しい原爆の日。46年前、原爆であっという間に死んでいった幾万の人々の叫び声が聞こえますか。その後、もだえながらこの世を去っていった多くの人々の悲しみの声が聞こえますか。

GROUP 2: "People of Japan and people of the world please listen to the message of Nagasaki. Today is the sorrowful anniversary of the atomic bombing.

VOICE 7: Can you hear the cries of the tens of thousands of victims who perished instantly in the atomic bombing 46 years ago?

VOICE 8: Can you hear the laments of the many people who died in pain and misery during the following years?

VOICE 9: Mayor Motojima declares in the end...

VOICE 10: it is imperative that we stand up together for the future of humanity on the premise that the world is one."

VOICE 11: Dr. Nagai's life story, and mayor Motojima's strong declaration came as a great beacon of hope to millions of Japanese during the post-war era who had been struggling to stand up from the debris and rubble.

PRESENT

GROUP 1: Nagai's prayer has been our common prayer. Motojima's cry has been our cry. But after all these years, has Nagai's prayer been answered?

GROUP 2: After all these years has the world become "one" as Motojima wished for the people of the world?

GROUP 3: After all these years has the world freed form the fear of destruction?

ALL: The truth of the matter is that for a while it seemed as if the cold war had ended for good, but the threat of destruction has not disappeared at all.

VOICE 12: According to President Obama, "today, the Cold War has disappeared but thousands of those weapons have not. In a strange turn of history, the threat of global nuclear war has gone down, but the risk of a nuclear attack has gone up. More nations have acquired these weapons.

VOICE 13: Testing has continued. Black market trade in nuclear secrets and nuclear materials abound. The technology to build a bomb has spread. Terrorists are determined to buy, build or steal one. Our efforts to contain these dangers are centered on a global non-proliferation regime, but as more people and nations break the rules, we could reach the point where the center cannot hold."

VOICE 14: Mr. Max Von Schuler-Kobayashi, a news commentator says: there is a certain train of thought in America called "American Exceptionalism." This is the idea that America is the best in all things, that America cannot make a mistake, and that all people in the world really desire to be like Americans.

VOICE 15: According to this thinking, the bombing of Hiroshima and Nagasaki quickened the end of the war, for which Japanese should be grateful.

VOICE 1: According to this thinking, in the Iraq war, the Iraqis should be grateful for the American invasion, because with the war America gave a great gift to Iraq, democracy and freedom.

ALL: But let us challenge you, friends who are studying English. Doesn't your subconscious by any chance desire to become like an American, and think that studying English makes that goal more accessible to us?

VOICE 2: A prophesy says that if a person who is not God starts acting like God taking his name in vain, or if a nation starts acting egomaniacally, they will bring down upon the world including his own country an increase in the Devine Judgment of the rain, hail, snow, wind, earthquakes, pestilence and famine that is already witnessed all over the world.

VOICE 3: Hold it! I can hear the witches murmuring.

ALL: Double, double toil and trouble...
Fire burn, and cauldron bubble.
Fillet of a fenny snake,
In the cauldron boil and bake.
Eye of newt, and toe of frog,
Wool of bat, and tongue of dog,
Lizard's leg, and owlet's wing,
For a charm of powerful trouble,
Like a hell broth boil and bake.
Double, double toil and trouble...
Fire burn, and caldron bubble.
Double, double toil and trouble...
Fire burn, and caldron bubble.

VOICE 4: Ladies and gentlemen, this is no laughing matter; the situation is it's now nor never. The witches are trying to warn us that unless we do something about it, we would lose everything, friend and foe alike.

ALL: When lives are lost in a senseless war bombing your foe won't even the score. When you kill innocent men, children and women, all you are doing is condemning.

VOICE 5: The dear departed souls will not rest in peace until all wars have been ceased,

VOICE 6: All the hatred and distrust must end if we are to live in peace again.

ALL: War is death
War is sin
War is cruel
In war, nobody wins!

VOICE 7: We can, however, no longer expect a government to stand up for you, for the government, any government, is basically based on the East-is East-and-West-is-West-and-never-the-twain-shall-meet assumption, a frailty of humankind.

VOICE 8: What we must strive for is a complete paradigm shift from the Western dichotomy to the Oriental "multi is one." It is a big shift, and yet with a little bit of imagination on your part you can make wonders for each other, your country, and for the people of the world.

VOICE 9: Whoever you think is your enemy, or whatever stranger you happen to be watching on television—when you see him, think for a moment, "What if this person is your loved one,

VOICE 10: your father or mother, your brother or your sister. And think if he or she dies at this very moment," your heart will bleed.

VOICE 11: For example, if you see a middle-aged man walking home briskly carrying a huge cake box, each and every feature of him resembling that of your own father, the round shoulders, the way he walks... it's fairly easy for you to imagine his own family waiting for him, and even to identify yourself with one of the children. But if he gets involved in a traffic accident and dies at this very moment,... your heart will cry out.

VOICE 12: Father, don't die on me please!

VOICE 13: Come to think of it, anybody is somebody's loved one, isn't he? And only by some quirk of fate, he or she is not your loved one, but couldn't been.

ALL: We are all together on this globe, and if somebody dies, then it diminishes us all that much.

VOICE 14: It would be appropriate at this time to remind you once again of the refrain of that famous poem by John Donne. "For Whom the Bell Tolls."

ALL: なんぴとも一島嶼（いちとうしょ）にてはあらず
なんぴともみずからにして全きはなし
ひとはみな大陸（くが）の一塊（ひとくれ）
本土のひとひら そのひとひらの土塊（つちくれ）を
波のきたりて洗いゆけば
洗われしだけ欧州の土の失せるは
さながらに岬の失せるなり
汝（な）が友だちや汝（なれ）みずからの荘園の失せるなり
なんぴともみまかりゆくもこれに似て
みずからを殺（そ）ぐにひとし
そはわれもまた人類の一部なれば
ゆえに問なから、誰（た）が為に鐘は鳴るやと、
そは汝（な）が為に鳴るなれば

VOICE 15: No man is an island, an entire of itself,
Every man is a piece of the Continent, a part of the Main.

GROUP 1: If a Clod be washed away by the sea,
Europe is the less, as well as if a Promontory were, as well as if a manor of thy friend's or of thine own were.

GROUP 2: Any man's death diminishes me, because I am involved in mankind.

ALL: Therefore never send to know for whom the Bell tolls. It tolls for thee.

長崎の鐘

サトウハチロー 作詞
古関裕而 作曲

こよなく晴れた 青空を
悲しと思う せつなさよ
うねりの波の 人の世に
はかなく生きる 野の花よ
なぐさめ はげまし 長崎の
ああ 長崎の鐘が鳴る

召されて妻は 天国へ
別れてひとり 旅立ちぬ
かたみに残る ロザリオの
鎖に白き わが涙
なぐさめ はげまし 長崎の

ああ 長崎の鐘が鳴る

心の罪を うちあけて
更けゆく夜の 月澄みぬ
貧しき家の 柱にも
気高く白き マリア様
なぐさめ はげまし 長崎の
ああ 長崎の鐘が鳴る

あたらしき朝の光のさしそむる
荒野に響け長崎の鐘

SOURCES
『長崎平和宣言』（Nagasaki Peace Declaration）本島 等
『この子を残して』永井 隆（英訳：近江 誠）
Macbeth by William Shakespeare
"For Whom the Bell Tolls" by John Donne（和訳：不詳）
「長崎の鐘」作詞 : サトウハチロー 作曲 : 古関裕而
「あたらしき朝の光の」永井隆

こぼれ話⑪

ハンドベル部からの抗議への返事

ハンドベル部長殿

まず、「ハンドベルが朗読劇になくてはならないものかどうか」などということですが、それは作品を見ての判断ですか。「小道具で使われたくない」といいますが実際に見たのでしょうか。でも実際にそのような使われ方がされていたでしょうか。おそらくは朗読劇というものはその程度のものであろうという思い込みによるのではありませんか。それよりまず第一にこの行事はあなたにも開かれているのですよ。なぜかかわってこようとしないのかが私の気になるところです。

あなたはハンドベルの部長でありながら、知らないようですが、朗読劇（Readers Theatre）の中には、中世の暗黒時代に、教会の中でコーラル・バース・スピーキング（Choral Verse Speaking）といってまさに布教目的で行われたものがあり、ハンドベルだって情緒を高めるために使われてきたことを知っていましたか。

"No More Hiroshima, No More Nagasaki!" は、昔から南短では演じつづけられた作品で、テーマは平和への「祈り」、人間同士狭いセクショナリズムにとらわれてはいけないということを訴えたものです。勿論、ハンドベルはハンドベルクワイアーの活動が優先することは当然です。大事に扱われなければならないのは当然です。もしそれが守られなかったのならば、遺憾なことです。しかし、はっきりといっておきたいことは、ハンドベルはあなた方の占有物ではないということです。学校の物です。それにさらに大切なことは、狭い心からは、狭い演奏しかできないということです。あなた方が演奏するキリスト教の愛に満ちた数々の曲も、狭量なセクショナリズムに囚われているうちは、演奏も曇っていきます。本当に美しい音は、美しい心からしかでないものです。感心はさせても感動を呼ぶ演技はできません。

「申請、許可」は、可能な限りするように注意しましょう。しかし、南短ファミリーといわれる家族の中であまりに役所主義を押し通すことも、またどうかと思います。予定がつきにくいことはいくらでもあります。そこは融通する、都合をつけるという精神が南短にはいっぱいでした。是非それを発揮してください。ハンドベルは今後も使用させてもらいます。あの作品の最後に、「誰が為に鐘はなる。そは汝がためになるなれば」の精神を生かすためにも必要なものだからです。みんなに使われ、愛されることでハンドベルも喜ぶのではないでしょうか。

近江誠

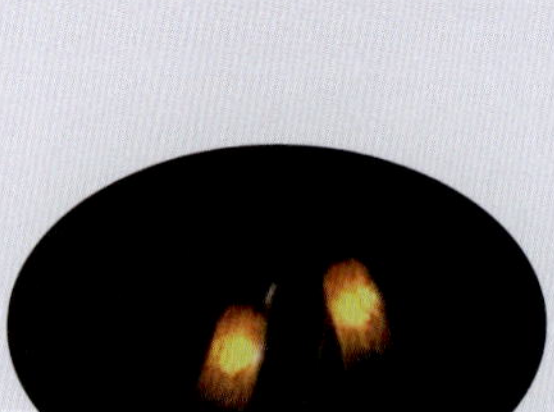

こぼれ話⑫

帰宅時間騒動——〝この子達は南短の宝なんですよ〟

練習も佳境に入った十二月のある夜から、ノートルダム寺院の鐘つき堂ならぬ、離れの黒塀の日本家屋の方角からある影があらわれるようになった。

その影は暗くなった大教室の後ろの方にしばらく佇んでいるのだが、しばらくすると声を発する。

「時間ですよ！　帰ってください」

地獄の底から沸きでるような独特のアルトである。スペイン訛りがあるのか日本語らしくないところがすごみがある。

「来た」というより「出た」という感じだ。皆、瞬間氷りつく。

しかし、それにしても何をこの追い込みの時期に…

結局、ことの真相は、この〝影〟と親しい私のゼミ生のある学生が練習がキツイ、帰りが遅くなるとこぼしたのに〝影〟がいたく同情し、これを機会に猫の首に鈴をつけに来たということがわかった。

モンスターペアレントの変形か、ばからしいとは思ったが、実はこの影は同僚、無視できない。

私としては三十年いい続けてきたことを繰り返すのみであった。

南山短大が南山大学と合併するということに、今までの特徴のある英語教育ということが期待されている、今までしてきたことを続けていかなければならない、いままさに、それをやっているではないか——。邪魔しないでくれ。

「学生になにかあってマスコミに騒がれたらどうするのですか？学長様の生活も大学との合併も全部だめになってしまうかもしれない。近江先生、責任を取ってくれますか」

ミッションスクールであるし、信者でもある〝影〟は神父であり学長である存在を庇護しようとする気持ちはことさらに強い。しかし、学長様、学長様をいうのなら私は学長補佐である。この人の頭の中には私が入っていないのか。信者ではないからどうでもいいのか。（などとはいわなかった）

私は、課外指導ということで一銭も課外指導代などは受け取ってはきていない。欲しいとも思わない。しかも英語科の行事とはいえ、朗読会担当という正規の公務分掌などはない。全くのボランティアである。でも、この指導を続けることが、自分の使命をまっとうすることだと信じてきた。

「マスコミに騒がれてダメになる前に、今するべきことをしなければ内部からダメになっていきますよ！」

さて、こういうと、読者はがちがちの管理職が一方にいて、これに一生懸命に刃向っている熱血漢の若い教師なんかの図が浮かぶかもしれないが、勿論まったく違う。第一私は若くないし、実は自身が管理職であるし危機管理委員でもある。ということは手前の自己保身のためには真っ先に学生は返してしまいたい立場の筆頭である。

「責任は自分がとるつもりで、最後の戸締りと、最寄りの地下鉄駅までは一緒に帰る心づもりはしていたし、その旨は公言しているはずです」

私は被災地で目の前で、食べ物がきたと手を伸ばしている被災者に、配給リストに名がないのでダメですというお役所主義を唾棄する。作品が学生の体の中で実ってくるタイミングというものがある。このところを外されたときは、私は相手を選ばない。

学生の手前であるから、精一杯に自分を抑えて、でもはっきりとこう申し上げた。

「バイト、バイトでそそくさと学校を離れていく学生が大勢いる中で、こうして誰にいわれるまでもなく、遅くまで残って練習していこうという学生は南短の宝なんですよ。そうは思いませんか？」

私は続けて言った。

「先生、私は先生のスペイン語の学生すらも私は見させてもらっているんですよ。遅くなるのはそういう理由もあるんですよ。少なくとも『遅くまで大変ですねぐらいのねぎらいの言葉をいって、差し入れを持ってくるぐらいのことをしてもいいじゃあないですか』と」

私は相当に腹が減っていたらしい。

その昔、非常勤時代にESSのドラマ指導を遅くまでしていたときに、先述の田中先生が晩御飯をトレーにもって練習場に来てくださったことを懐かしく思い出していた。私という人間は食い意地が発達している。特に女性の愛情の深さというものは、肌のぬくもりなどという計測しがたいものよりは、提供してくれる食べ物を通じて感じ取るという単純人間である。だから練習の要所、要所で「先生、のど飴…」といって絶妙のタイミングでくれる、パン屋の娘、久美子のことなどがことのほかうれしい。

「学生への技術的な指導はします。側面支援、あるいはせめて邪魔をしない形で協力をしてください！　それを何ですか。一生懸命にしているところに、ブソッとした顔で、やめて下さい。皆の士気にも影響する！」

彼女は、プイッと出て行ってしまった。そこで、私はさぁ、「練習！」といったが、学生たちは舞台の上でしくしく泣いていてしばらく練習が出来なかった。

口悪の私に「宝」なんて言われたからだということが後でわかった。

「私たち、宝だって…」

とまあ、この「鐘付堂」の先生のことは、その時の気持ちを正直に書いたままでだが、先生の名誉のためにいっておくが、実はスペイン語はスペイン人も一目置く、実力NO.1で、しかも学生思いの人、そして朗読会の活動も田中先生同様に理解のある人なのであるが、炎のような暑い心を、氷のような冷たい表現をとるところがあった。

しかし、それはそれでいい。殆どの教員はとうに家に帰ってしまっていて、そういう衝突があったことすら知らない。他の教員が、もっとかかわってくれれば帰宅時間ともう少し早くできるはずなのにと思いはそちらの方に移る。特に既出の〝涙、涙〟氏は何しているんだ。専門外だから私から学ぶように時の学科長にいわれてそれで入ってきたのではなかったか？

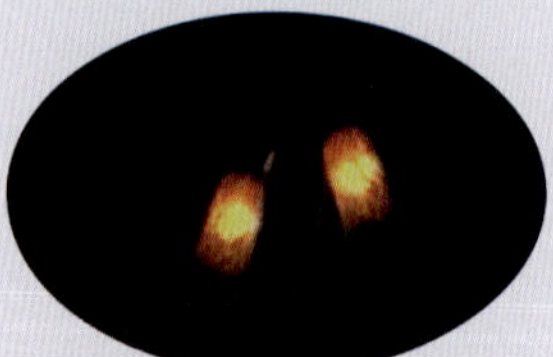

冬のフィナーレはクリスマス作品メドレー

年度のしめくくりの冬のフェスティバルの最後はクリスマス作品のメドレーである。いくつか記憶に残る作品があった。

"Footprints"（足跡）O・Hennyの"The Gift of the Magi"（賢者の贈り物）、"The Night Before Christmas,"名作シリーズシアターの"The Christmas Truce"（クリスマスは休戦）、等々。

外国人の先生の日本語を直す「あしあと」("Footprints")by Margaret Rose Powers

「あしあと」は、以前からクリスチャンである外人教師グレンが大事にしていた作品であった。私は自分のゼミの学生の一人とDUOで読むことを提案した。結局グレンが日本語を、学生が英語で読み合い、最後を二人で声を合わせてすることにした。

ファックスで作品を送ってきて、「一度日本語を見てくれ」(Will you hear me once?)というので、Once is hardly enough（1度じゃあきかんよ）と本音をいった。私の研究室で第一声読み始めた。

ある夜、彼は夢を見た。

主とともに浜辺を歩いている夢を…

「違う！　ユメではないユメだよ…」というと「ギエー」とか「ギアー！」とか奇声を発しながら、うまくいかない自分を呪うさまがおもしろい。汗だくになって練習していった。

彼は自分の日本語がそこまで問題があるとは思ってもみなかった。誰も直してもらったことなどはなかったといっていた。

それはそうであろう。外国人への日本語を教えるという分野ではスピーチ矯正は行われていない。

結局、練習は文字通り一回やったのみ。学生が主体だから賛助出演の形になる教員たちはいつでも後になる。そのうえ、いずれにせよ先生相手にあまり壊滅的指導はできない。グレンの場合は、これがオーラル・インタープリテーションのスピーチ矯正であることはわかってもらえたようだが、こういう形で練習し取り込んだかたまりをモード転換して自分自身のコミュニケーションの中に生かす練習までは持っていく時間はなかった。

持ってきた英語カセットを引っ込めたグレン

グレンは私との稽古が終わって引き上げる時に、パートナーになる学生のために参考になるのならばと自分が吹き込んだ英語のカセットテープを取り出しながら、「でも、いらないよな」、といいながら引っ込めはじめた。我々が**ネイティブの吹き込んだテープを機械的に真似るという以上のものをしているということ**がわかったらしい。しかし、「いいよ、もらっておくよ」といって、もらってきた。**批判鑑賞法的聴解（Critical and Appreciative Listening）**のまな板に載せることもできるかなと思ってである。ただしそれに耐えられるものである音声解釈であればということであるが——。

それはともかく、当日は学生とグレンは気のあったところを見せていた。そして、グレンの外人日本語アクセントも、かえって外国人宣教師の雰囲気が出ていて内容とぴったりしていい。からかっているみたいだがそうではない。コミュニケーションということはそういうものである。一方において「物語の内容と語り手の意図をどこまで正確に伝えるかというベクトルがあり、オーラルインタープリテーションはそれが主である。しかしフェスティバル全体をコミュニケーションの場として見た場合、別の見方が働くわけである。

Footprints

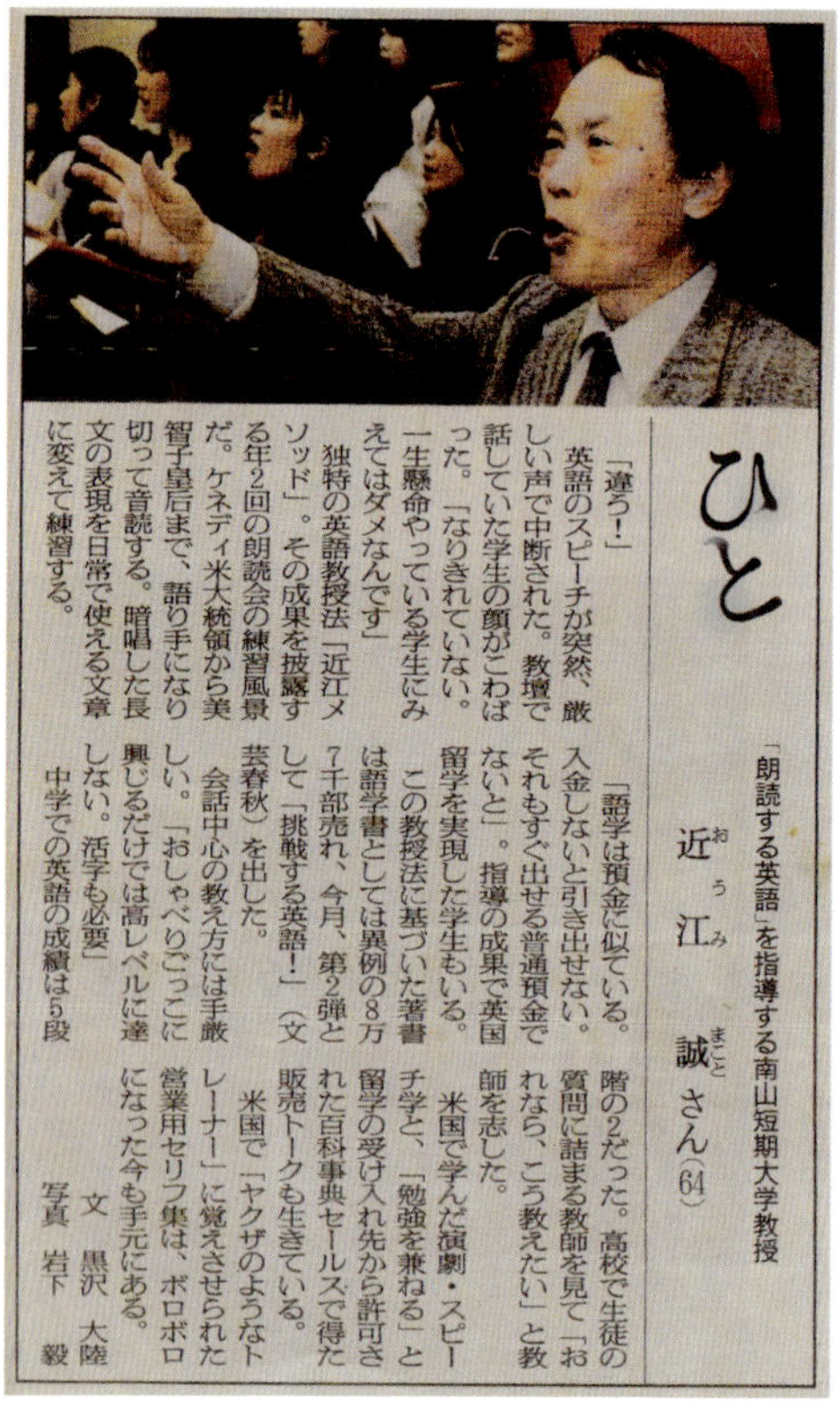

ひと

「朗読する英語」を指導する南山短期大学教授

近《お》江《うみ》　誠《まこと》さん(64)

「違う!」

英語のスピーチが突然、厳しい声で中断された。教壇で話していた学生の顔がこわばった。「なりきれていない。一生懸命やっている学生にみえてはダメなんです」

独特の英語教授法「近江メソッド」。その成果を披露する年2回の朗読会の練習風景だ。ケネディ米大統領から美智子皇后まで、語り手になり切って音読する。暗唱した長文の表現を日常で使える文章に変えて練習する。

「語学は預金に似ている。入金しないと引き出せない。それもすぐ出せる普通預金でないと」。指導の成果で英国留学を実現した学生もいる。

この教授法に基づいた著書は語学書としては異例の8万7千部売れ、今月、第2弾として「挑戦する英語!」(文芸春秋)を出した。

会話中心の教え方には手厳しい。「おしゃべりごっこに興じるだけでは高レベルに達しない。活字も必要」

中学での英語の成績は5段階の2だった。高校で生徒の質問に詰まる教師を見て「おれなら、こう教えたい」と教師を志した。

米国で学んだ演劇・スピーチ学と、「勉強を兼ねる」と留学の受け入れ先から許可された百科事典セールスで得た販売トークも生きている。

米国で「ヤクザのようなトレーナー」に覚えさせられた営業用セリフ集は、ボロボロになった今も手元にある。

文　黒沢　大陸
写真　岩下　毅

朝日新聞(朝)「ひと」2005/12/26

FOOTRINTS

VOICE 1:（外国人）足跡
ある夜、彼は夢を見た。
主とともに浜辺を歩いている夢を。
空のかなたに光がひらめき、
彼の生涯の一こま一こまを映し出していた。
一つは彼のもの、もう一つは主のものだった。

生涯の最後の情景が映った時、
砂の上の足跡を振り返ってみた。
すると、その生涯で最も落ち込んだ悲しみの、
まさにそのときだったことにも気がついた。

どうしてもこれが気になって彼は主に問うた。
主よ、かってあなたにお従いする決心をした時に、
あなたはいつまでも共に歩む…とおっしゃって
下さったではありませんか。しかし私の生涯で
最も苦しかったあの時、その時に限って足後は一組しかない
ということが気になっております。
一番一緒にいて欲しかったその時に
私を一人にされたのはどうしてですか。

主は答えられた。
愛しい大切な私の子よ
私は、あなたを愛している。
決してあなたを一人にすることはない。
試練の時、苦難の時、ただ一組の足あとしかみえないのは、
その時私が、あなたを抱いて歩いていたからなのだよ

VOICE 2:（日本人）Footprints
One night a man had a dream. He dreamed he was walking along the beach with the Lord. Across the sky flashed scenes from his life. For each scene, he noticed two sets of footprints in the sand, one belonging to him, and the other to the Lord.
When the last scene of his life flashed before him, he looked back at the footprints in the sand. He noticed that many times along the path of his life there was only one set of footprints. He also noticed that it happened at the lowest and saddest times in his life. This really bothered him and he questioned the Lord about it.
"Lord, you said that once I decided to follow you, you'd walk with me all the way. But I have noticed that during the most troublesome times in my life, there was only one set of footprints. I don't understand why when I needed you most you would leave me.

VOICE 1: The Lord replied "My precious child, I love you and I would never leave you.
BOTH : During your times of trial and suffering, when you see only one set of footprints in the sand, it was then that I carried you.

書簡文で構成した朗読劇その②

名作「クリスマス休戦」（“The Christmas Truce”）

by Aaron Shepard

英語　（一部ドイツ語、ラテン語）

この数年、クリスマスには、必ず入れてきた作品が標題のものである。これはアメリカのリーダーズシアターの実践家、Aaron Shepard の名作である。

時は第一次世界大戦中のあるクリスマス。イギリス兵とドイツ兵の間に、束の心の交流があった。語り手は、これをリアルタイムで経験している四人のイギリス兵という想定。それぞれの壕から束の間のクリスマスの夜に故郷の愛する人に数時間前までに起こった信じられないことについて書簡を通して語りつつ聴衆に語りかける形式をとっている。

黒い箱、数個、あとは台本だけで聞き手の頭の中に繰り広げられる世界は、リアリスティックな映像手段より、ある意味ではより強烈で且つ、せつなさがつのる。

SOLDIER 1: (to audience) Cristmas Day, 1914. Dear mother,
SOLDIER 4: (to audience) My darling Meg,
SOLDIER 2: (to audience) My good friend Charles,
SOLDIER 3: (to audience) My dear sister Janet,

そしてその時のことを順番に話していく。

SOLDIER 1: It is 2:00 in the morning and most of our men are asleep in their dugouts.
SOLDIER 4: Yet I could not sleep myself before writing to you of the wonderful events of Christmas Eve.
SOLDIER 2: In truth, what happened seems almost like a fairy tale, and if I hadn't been through it myself, I would scarce believe it.

戦火は下火になっていた。昨日も雨、今日も雨。敵方はどうしているだろうと相手陣営に目を向けると、何とクリスマスツリーの飾り付けではないか。見渡す限りのキャンドルの点滅が美しい。そのうちにドイツ語での「きよしこの夜」が聞こえてくる。思わず拍手を送り、こちらは英語で「牧人ひつじを」で返す。するとドイツ語で「もみの木」が返ってくる。それに「ベツレヘムの小さな町」で返すと、今度はドイツ側もラテン語で同じ歌で合わせてくる。戦場に湧き上がる敵と味方の重唱である。

“English! Come over!”といってくる。“YOU come over here!”と返す。かくして緊張感の中でも、火を囲み、故国での話をしはじめる。そして持っている小物の交換が行われる。

この人たちは、新聞でよく読む野蛮人ではない。我々と同じ、家があり家庭があり、、夢があり、希望があり主義主張があり、そして愛国心に燃えた人々なのだ。

These are not the “savage barbarians” we've read so much about. They are men with homes and families, hopes and fears, and principles and, yes, love of country.

そして夜も更けてゆき最後に「蛍の光」を歌い合い、再会を期して別れていく….。

稽古風景その①

——君は練習しすぎなんだよ。

…?…?…?

——あるリズムにはまってしまって、流暢に話している自分に酔っている。そしてついそのことばの指し示すものを思っていないで口が上滑りしている。

…そういわれてみると確かにそうです。

立て板に水は、少しも雄弁ではない。ごつごつしゃべるから心に残ることもある。黒澤映画の左卜全という役者のような雄弁さもあるのだよ。

稽古風景その②

前年度の同作品はその二重唱が見事だったが、この年度は違っていた。私はきいた。

「あれ、君たちは二重唱はやめたの?」

「はい、お互いにあったことのないイギリス兵とドイツ兵が、いきなりハモルということは実際にはありえないと思って」という返事。

リアリズムである。

「構わない。入れなさい」と私はいった。

ゴッホに向かって、ひまわりの花はそんなにギラギラしてはいないと注文をつける人はいない。それこそがゴッホが脳裏に見たものだからである。ニューヨークシティバレエの恒例の『くるみ割り人形』で、深夜と共にクリスマスツリーが、大きく舞台一杯に広がる演出が有名だが、木はそんなに早くは成長しないなどと文句を言うことはしない。それは少女クララの頭の中に見た真実だからである。

現実的であるかどうかは全く問題ではない。真実であるかどうか、それこそが問題である。敵と味方の魂の高揚感、明日になれば又別れて戦わなければならない無常感。なぜそうならなければならないのかという純粋なる懐疑感、それこそがこの兵士達の心の真実であろう。もとより平和を願っても争いはあろうと兵士はいう。しかし世界のリーダー達が警告のかわりに善意を、中傷のかわりに歌を、報復のかわりに贈り物を差し出すことをしたらすべての戦争はたちどころに終わるのではないだろうかと訴えかけていく。

SOLDIER 4: Of course, disputes must always arise.
SOLDIER 2: But what if our leaders were to offer well wishes in place of warnings?
SOLDIER 3: Songs in place of slurs?
SOLDIER 1: Presents in place of reprisals?
SOLDIER 4: Would not all war end at once?
SOLDIER 2: All nations say they want peace.
SOLDIER 3: Yet on this Christmas morning, I wonder if we want it quite enough.

アピールはおさまり、四人は静かに手紙を結ぶ。

SOLDIER 1: Yours truly,
SOLDIER 4: Yours always,
SOLDIER 2: Sincerely,
SOLDIER 3: With all my love,
SOLDIER 1: John
SOLDIER 4: Andrew
SOLDIER 2: Philip
SOLDIER 3: Tom

表現であると同時に読みである。書き手の心とどう向き合うかという課題と学生は取り組んでいる。そして、どの程度深く感じ取れるか、自分自身の表現を通して感じているのである。つまりは深いレベルのリーディングをしていることである。

2007年冬版

2008年冬版

2009年冬版

クリスマス休戦
THE CHRISTMAS TRUCE

By Aaron Shepard
Readers Theatre Edition #34

READER 1—Soldier 1
READER 2—Soldier 2
READER 3—Soldier 3
READER 4—Soldier 4

Reader 4: The Christmas Truce of 1914 is one of the most remarkable incidents of World War I and perhaps of all military history. Starting in some places on Christmas Eve and in others on Christmas Day, the truce covered as much as two-thirds of the British-German front, with thousands of soldiers taking part. Perhaps most remarkably, it grew out of no single initiative but sprang up in each place spontaneously and independently. Nearly everything described here is drawn from first-hand accounts in letters and diaries of the time.

SOLDIER 1: (to audience) Christmas Day, 1914. Dear mother,
SOLDIER 4: (to audience) My darling Meg,
SOLDIER 2: (to audience) My good friend Charles,
SOLDIER 3: (to audience) My dear sister Janet,
SOLDIER 1: It is 2: 00 in the morning and most of our men are asleep in their dugouts.
SOLDIER 4: Yet I could not sleep myself before writing to you of the wonderful events of Christmas Eve.
SOLDIER 2: In truth, what happened seems almost like a fairy tale, and if I hadn't been through it myself, I would scarce believe it.
SOLDIER 3: Just imagine: While you and the family sang carols before the fire there in London, I did the same with enemy soldiers here on the battlefields of France!
SOLDIER 1: As I wrote before, there has been little serious fighting of late. The first battles of the war left so many dead that both sides have held back until replacements could come from home. So we have mostly stayed in our trenches and waited.
SOLDIER 4: But what a terrible waiting it has been! Knowing that any moment an artillery shell might land and explode beside us in the trench, killing

or maiming several men. And in daylight not daring to lift our heads above ground, for fear of a sniper's bullet.

SOLDIER 2: And the rain—it has fallen almost daily. Of course, it collects right in our trenches, where we must bail it out with pots and pans. And with the rain has come mud—a good foot or more deep.

SOLDIER 3: It splatters and cakes everything, and constantly sucks at our boots. One new recruit got his feet stuck in it, and then his hands too when he tried to get out—just like in that American story of the tar baby!

SOLDIER 1: Through all this, we couldn't help feeling curious about the German soldiers across the way. After all, they faced the same dangers we did, and slogged about in the same muck.

SOLDIER 4: What's more, their first trench was only 50 yards from ours. Between us lay No Man's Land, bordered on both sides by barbed wire—yet they were close enough we sometimes heard their voices.

SOLDIER 2: Of course, we hated them whenever they killed our friends. But other times, we joked about them and almost felt we had something in common.

SOLDIER 3: And now it seems they felt the same.

SOLDIER 1: Just yesterday morning—Christmas Eve Day—we had our first good freeze. Cold as we were, we welcomed it, because at least the mud froze solid.

SOLDIER 4: Everything was tinged white with frost, while a bright sun shone over all. Perfect Christmas weather.

SOLDIER 2: During the day, there was little shelling or rifle fire from either side. And as darkness fell on our Christmas Eve, the shooting stopped entirely.

SOLDIER 3: Our first complete silence in months! We hoped it might promise a peaceful holiday, but we didn't count on it. We'd been told the Germans might attack and try to catch us off guard.

SOLDIER 1: I went to the dugout to rest, and lying on my cot, I must have drifted asleep. All at once my friend was shaking me awake, saying, "Come and see! See what the Germans are doing!" I grabbed my rifle, stumbled out into the trench, and stuck my head cautiously above the sandbags.

SOLDIER 4: I never hope to see a stranger and more lovely sight. Clusters of tiny lights were shining all along the German line, left and right as far as the eye could see.

SOLDIER 2: "What is it?" I asked in bewilderment, and someone answered, "Christmas trees!"

SOLDIER 3: And so it was. The Germans had placed Christmas trees in front of their trenches, lit by candle or lantern like beacons of good will.

SOLDIER 1: And then we heard their voices raised in song. (singing) "Stille nacht, heilige nacht ...."

SOLDIER 4: This carol may not yet be familiar to us in Britain, but one soldier knew it and translated: "Silent night, holy night." I've never heard one lovelier—or more meaningful, in that quiet, clear night, its dark softened by a first-quarter moon.

SOLDIER 2: When the song finished, the men in our trenches applauded. Yes, British soldiers applauding Germans!

SOLDIER 3: Then one of our own men started singing, and we all joined in. (singing) "The first Nowell, the angel did say ...."

SOLDIER 1: In truth, we sounded not nearly as good as the Germans, with their fine harmonies. But they responded with enthusiastic applause of their own and then began another. (singing) "O Tannenbaum, o Tannenbaum ...."

SOLDIER 4: Then we replied. (singing) "O come all ye faithful ...."

SOLDIER 2: But this time they joined in, singing the same words in Latin. (singing) "Adeste fideles ...."

SOLDIER 3: British and German harmonizing across No Man's Land! I would have thought nothing could be more amazing—but what came next was more so.

SOLDIER 1: "English, come over!" we heard one of them shout. "You no shoot, we no shoot."

SOLDIER 4: There in the trenches, we looked at each other in bewilderment. Then one of us shouted jokingly, "You come over here."

SOLDIER 2: To our astonishment, we saw two figures rise from the trench, climb over their barbed wire, and advance unprotected across No Man's Land.

SOLDIER 3: One of them called, "Send officer to talk."

SOLDIER 1: I saw one of our men lift his rifle to the ready, and no doubt others did the same—but our captain called out, "Hold your fire." Then he climbed out and went to meet the Germans halfway.

SOLDIER 4: We heard them talking, and a few minutes later, the captain came back with a German cigar in his mouth! "We've agreed there will be no shooting before midnight tomorrow," he announced. "But sentries are to remain on duty, and the rest of you, stay alert."

SOLDIER 2: Across the way, we could make out groups of two or three men starting out of trenches and coming toward us.

SOLDIER 3: Then some of us were climbing out too, and in minutes more, there we were in No Man's Land, over a hundred soldiers and officers of each side, shaking hands with men we'd been trying to kill just hours earlier!

SOLDIER 1: Before long a bonfire was built, and around it we mingled—British khaki and German grey. I must say, the Germans were the better dressed, with fresh uniforms for the holiday.

SOLDIER 4: Only a couple of our men knew German, but more of the Germans knew English. I asked one of them why that was.
"Because many have worked in England!" he said. "Before all this, I was a waiter at the Hotel Cecil. Perhaps I waited on your table!"
"Perhaps you did!" I said, laughing.

SOLDIER 2: One German told me he had a girlfriend in London and that the war had interrupted their plans for marriage. I told him, "Don't worry. We'll have you beat by Easter, then you can come back and marry the girl." He laughed at that. Then he asked if I'd send her a postcard he'd give me later, and I promised I would.

SOLDIER 3: Another German had been a porter at Victoria Station. He showed me a picture of his family back in Munich. His eldest sister was so lovely, I said I should like to meet her someday. He beamed and said he would like that very much and gave me his family's address.

SOLDIER 1: Even those who could not converse could still exchange gifts—our cigarettes for their cigars, our tea for their coffee, our corned beef for their sausage. Badges and buttons from uniforms changed owners, and one of our lads walked off with the infamous spiked helmet!

SOLDIER 4: I myself traded a jackknife for a leather equipment belt—a fine souvenir to show when I get home.

SOLDIER 2: Newspapers too changed hands, and the Germans howled with laughter at ours. They assured us that France was finished and Russia nearly beaten too.

SOLDIER 3: We told them that was nonsense, and one of them said, "Well, you believe your newspapers and we'll believe ours."

SOLDIER 1: Clearly they are lied to—yet after meeting these men, I wonder how truthful our own newspapers have been.

SOLDIER 4: These are not the "savage barbarians" we've read so much about. They are men with homes and families, hopes and fears, principles and, yes, love of country.

SOLDIER 2: In other words, men like ourselves.

SOLDIER 3: Why are we led to believe otherwise?

SOLDIER 1: As it grew late, a few more songs were traded around the fire, and then all joined in for—I am not lying to you—"Auld Lang Syne."

SOLDIER 4: Then we parted with promises to meet again tomorrow,

SOLDIER 2: and even some talk of a football match.

SOLDIER 3: I was just starting back to the trenches when an older German clutched my arm. "My God," he said, "why cannot we have peace and all go home?" I told him gently, "That you must ask your emperor." He looked at me then, searchingly. "Perhaps, my friend. But also we must ask our hearts."

SOLDIER 1: And so, dear mother,
SOLDIER 4: dear wife,
SOLDIER 2: dear friend,
SOLDIER 3: dear sister,
SOLDIER 1: tell me, has there ever been such a Christmas Eve in all history?
SOLDIER 4: And what does it all mean, this impossible befriending of enemies?
SOLDIER 2: For the fighting here, of course, it means regrettably little. Decent fellows those soldiers may be, but they follow orders and we do the same.
SOLDIER 3: Besides, we are here to stop their army and send it home, and never could we shirk that duty.
SOLDIER 1: Still, one cannot help imagine what would happen if the spirit shown here were caught by the nations of the world.
SOLDIER 4: Of course, disputes must always arise.
SOLDIER 2: But what if our leaders were to offer well wishes in place of warnings?
SOLDIER 3: Songs in place of slurs?
SOLDIER 1: Presents in place of reprisals?
SOLDIER 4: Would not all war end at once?
SOLDIER 2: All nations say they want peace.
SOLDIER 3: Yet on this Christmas morning, I wonder if we want it quite enough.
SOLDIER 1: Yours truly,
SOLDIER 4: Yours always,
SOLDIER 2: Sincerely,
SOLDIER 3: With all my love,
SOLDIER 1: John
SOLDIER 4: Andrew
SOLDIER 2: Philip
SOLDIER 3: Tom

'Twas the night before Christmas
when all through the house
Not a creature was stirring, not even a mouse.
....

「クリスマス前夜」（"The Night Before Christmas"）

朗読会は情感の高まりと共に、文字通り終章を迎える。

英米では知らぬものがないほど有名な「クリスマス前夜」、サンタクロースを心待ちにしていた子供の気持ちを表現している詩に移っていく。

但し、大問題がある。言語はリアルタイムでクリスマスの夜が展開しているのではない。回想だったのである。しかも語り手は子供たちではなく、父親であるということらしい。であるのに今までに、いろいろなグループが行ってきた解釈は語り手が子供たちに年が近い学生なので、いつのまにかその夜を経験している子供たちのように演じてしまってきた。だったらやめればいいではないかともいえるが動きが捨てがたい。敢て大人数で読むのならば回想している人間は年齢を重ねた一人、当時の情景の中の子供時代から語り手も含めた幼き子供たちはパントマイムということになるだろう。

二十世紀最後のクリスマスのこの部分に、ある作品が入ったことがある。

それは前出の高校生対象のコンテストのその年度の優勝者、**車椅子の高校生中山君の「私には夢がある」（"I have a Dream"）**である。

学生たちによるThe Night Before Christmasの直前に出し、中山君の発表後も舞台に残ってもらった。会場に見にきていた文藝春秋の下山さんに直前に手渡された私の新著を抱える彼の姿は僕のところにはなぜかサンタがこれを置いていってくれたという表情であった。

中村君の夢を語るひたむきさはサンタクロースを待ち望む心そして後に続くバージニアの手紙の心とまったく一致する。

身体的なハンディに甘えることない解釈であったのが印象的であり、審査員の私もキングのスピーチ以上に感動を覚えがあったのでここに入れることにしてあった。

高校生
車いすの「私には夢がある」（I Have a Dream）

'TWAS THE NIGHT BEFORE CHRISTMAS

Twas the night before Christmas, when all through the house
Not a creature was stirring, not even a mouse.
The stockings were hung by the chimney with care,
In hopes that St Nicholas soon would be there.

The children were nestled all snug in their beds,
While visions of sugar-plums danced in their heads.
And mamma in her 'kerchief, and I in my cap,
Had just settled our brains for a long winter's nap.

When out on the lawn there arose such a clatter,
I sprang from the bed to see what was the matter.
Away to the window I flew like a flash,
Tore open the shutters and threw up the sash.

The moon on the breast of the new-fallen snow
Gave the lustre of mid-day to objects below.
When, what to my wondering eyes should appear,
But a miniature sleigh, and eight tinny reindeer.

With a little old driver, so lively and quick,
I knew in a moment it must be St Nick.
More rapid than eagles his coursers they came,
And he whistled, and shouted, and called them by name!

"Now Dasher! now, Dancer! now, Prancer and Vixen!
On, Comet! On, Cupid! on, on Donner and Blitzen!
To the top of the porch! to the top of the wall!
Now dash away! Dash away! Dash away all!"

As dry leaves that before the wild hurricane fly,
When they meet with an obstacle, mount to the sky.
So up to the house-top the coursers they flew,
With the sleigh full of Toys, and St Nicholas too.

And then, in a twinkling, I heard on the roof
The prancing and pawing of each little hoof.
As I drew in my head, and was turning around,
Down the chimney St Nicholas came with a bound.

He was dressed all in fur, from his head to his foot,
And his clothes were all tarnished with ashes and soot.
A bundle of Toys he had flung on his back,
And he looked like a peddler, just opening his pack.

His eyes-how they twinkled! his dimples how merry!
His cheeks were like roses, his nose like a cherry!
His droll little mouth was drawn up like a bow,
And the beard of his chin was as white as the snow.

The stump of a pipe he held tight in his teeth,
And the smoke it encircled his head like a wreath.
He had a broad face and a little round belly,
That shook when he laughed, like a bowlful of jelly!

He was chubby and plump, a right jolly old elf,
And I laughed when I saw him, in spite of myself!
A wink of his eye and a twist of his head,
Soon gave me to know I had nothing to dread.

He spoke not a word, but went straight to his work,
And filled all the stockings, then turned with a jerk.
And laying his finger aside of his nose,
And giving a nod, up the chimney he rose!

He sprang to his sleigh, to his team gave a whistle,
And away they all flew like the down of a thistle.
But I heard him exclaim, 'ere he drove out of sight,
"Happy Christmas to all, and to all a good-night!"

「ヴァージニアの手紙」
（"The Virginia's Letter"）

最後は恒例の「ヴァージニアの手紙」であった。会全体が一本のスピーチであり、ドラマであるように持っていくことに毎年気を使った——。

「サンタクロースは本当にいるのですか」

ニューヨーク・サン紙という新聞に、8歳の女の子のヴァージニアが、という手紙を書いたのがはじまりである。

Dear Editor,
I am 8 years old. Some of my little friends say there is no Santa Claus. Papa says, 'If you see it in the Sun it's so. Please tell me the truth, is there a Santa Claus?

Virginia O' Hanlon

この手紙に対して、ニューヨーク・サン紙は、社説で取り上げ、少女の質問に真剣に答えた。一八九七年九月のことであった。

…はい、ヴァージニア、サンタクロースはいますよ。それは愛やおおらかな心、献身が存在するのと同じくらいに確かなことです…。

…Yes, Virginia, there is a Santa Claus.

He exists as certainly as love and generosity and devotion exist, and you know that they abound and give to your life its highest beauty and joy… .

約七、八分の語りである。

我々はまず少女とのやり取りを舞台に載せてきた。回答の手紙も編集長ということだからソロでいい。しかし、非常に大きいメッセージだ。だから一人だけの読みではなくゼミの学生全員にかかわらせたい。そこで群読にすることが多かった。しかも社説だから聞き手はヴァージニアだけを意図したものではない。背後に大勢の人々がいると考えていい。

事実、この手紙は世界各国の言葉で翻訳されていて、ネットからのダウンロードも可能である。我々の朗読会でも、英語以外の言語でも読まれてきた。フランス代表、ドイツ代表、スペイン代表、中国代表、フォリッピン代表…がヴァージニアに。

日本語版も入れた。が、単に日本語訳を読み上げるという受け身で無機質な音のかたまりということは我々は避ける。"日本代表"などの資格を与える。こうなると不思議なもので取り上げられているテーマのグローバル的な色彩が浮かび上がってくる。

もうあのような大がかりなことはできない。

I'm 8 years old... . Please tell me the truth. Is there a Santa Claus?
Virginia O'Hanlon

...Yes, Virginia, there IS a Santa Claus. He exists as certainly as love, generosityand devotion exist, and you know that they give to your life its highest beauty and joy... ...aire to your life...

パロディーでさらにテーマを追究

本手紙が演じられた後は、パロディーで少女の問いに答え続ける——。

ＦＢＩ、米上議員委員、フェミニスト、郵便局長など関係各庁が返答したらどうなるか。風刺家のアートバックワルドの作品を舞台にのせたのが最初である。以来、我々は毎年のように、その年々に話題になった人間や、歴史上の人物、ドラマの主人公なども付け足してきた。

それぞれの人物のスピーチの特徴、中に現れるその人の価値観は極力生かす。多くはもうすでに授業などで勉強されている。体に刷り込んであり、その延長としてのパロディーである。

過去のプログラムからヴァージニアに答えた人を改めて調べてみた。

（関係各庁）
FBI（ＦＢＩ）
Senate（米上院議員）
National Organization for Women（女権運動家）
Department of Health and Welfare（厚生省）
Encyclopedia Salesperson（百科事典セールスマン）
Post Master General（郵政省）
Flight Attendant (and Santa as a passenger)（飛行機ＣＡ）
（歴史上の人物）
Emile Zola（エミールゾラ）
Kotaro Takamura）『智恵子抄』の高村光太郎
Charles Chaplin from *The Great Dictator*（「独裁」のチャプリン）
Martin Luther k King（キング牧師）
（ドラマ、フィクション界）
Hamlet（ハムレット）
Juliet（ジュリエット）
The Three Witches from *Macbeth*（マクベスの三人の魔女）
Maria from *The Sound of Music,*（サンウンドミュージックのマリア）
Scarlet O'Hara of "*Gone with the Wind*"（「風と共に去りぬ）のスカーレットオハラ）
Forrest Gump,（フォレストレストガンプ）
Mei from *Neibor Totoro*（「隣のトトロ」のトトロ）
Princess from *Roman Holiday*（「ローマの休日」のアン王女）
Fairy Godmother from *Cinderella*（「シンデレラ」の魔法使い）
Dorothy from *The Wizzard of Ozz*（「オズの魔法使い」のドロシー）
St Nicholas（ニコラス卿：元祖サンタクロース）
（実在の人物）
Natsuko Zaima（鹿児島弁代表）
Sugiura Noboru（名古屋弁代表）
（時の人）
Bill Clinton
Soichi Noguchi（野口聡一）
Naoko Takahashi（高橋尚子）
Michael Jackson（マイケルジャクソン）
Michele Obama（オバマ大統領夫人）
Nobuyuki Tsujii（辻井伸之）
Sakai Noriko（酒井法子）
The thirty three mine workers in Chili) チリの33人の鉱夫
Renho（必殺秘話家人：蓮舫）
Mao Asada（浅田真央）
COP 10（地球生き物会議）名古屋議定書
Yoshihiko Noda（野田佳彦）
＊台本のみ、不人気につき出演機会なし
半沢直樹——オネエの黒崎——壇蜜——滝川クリステル合同（南短閉鎖後）
Minstrel Show Master（吟遊詩人）（南短閉鎖後）

シンデレラの魔法使い

百科事典セールスマン

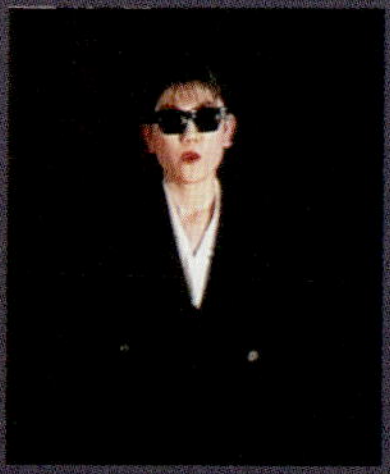

FBI

キャビンアテンダント

マイケルジャクソン

「ローマの休日」のアン王女

チリの炭坑夫代表

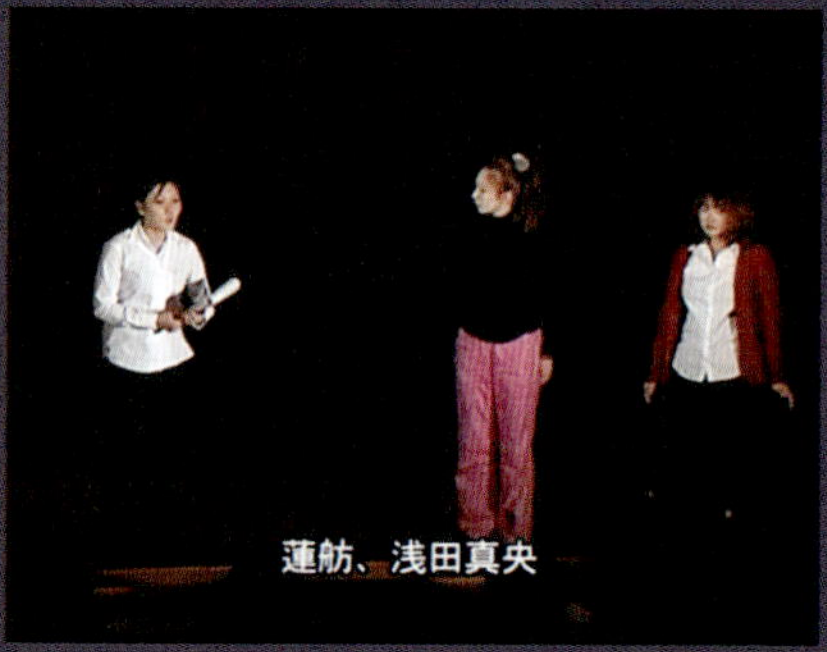

浅田真央

フランス代表

COP 10　日本代表

ドイツ代表

フィリピン代表

中国代表

スペイン代表

ベトナム代表

日本代表

チャップリン

名古屋弁の杉浦さん

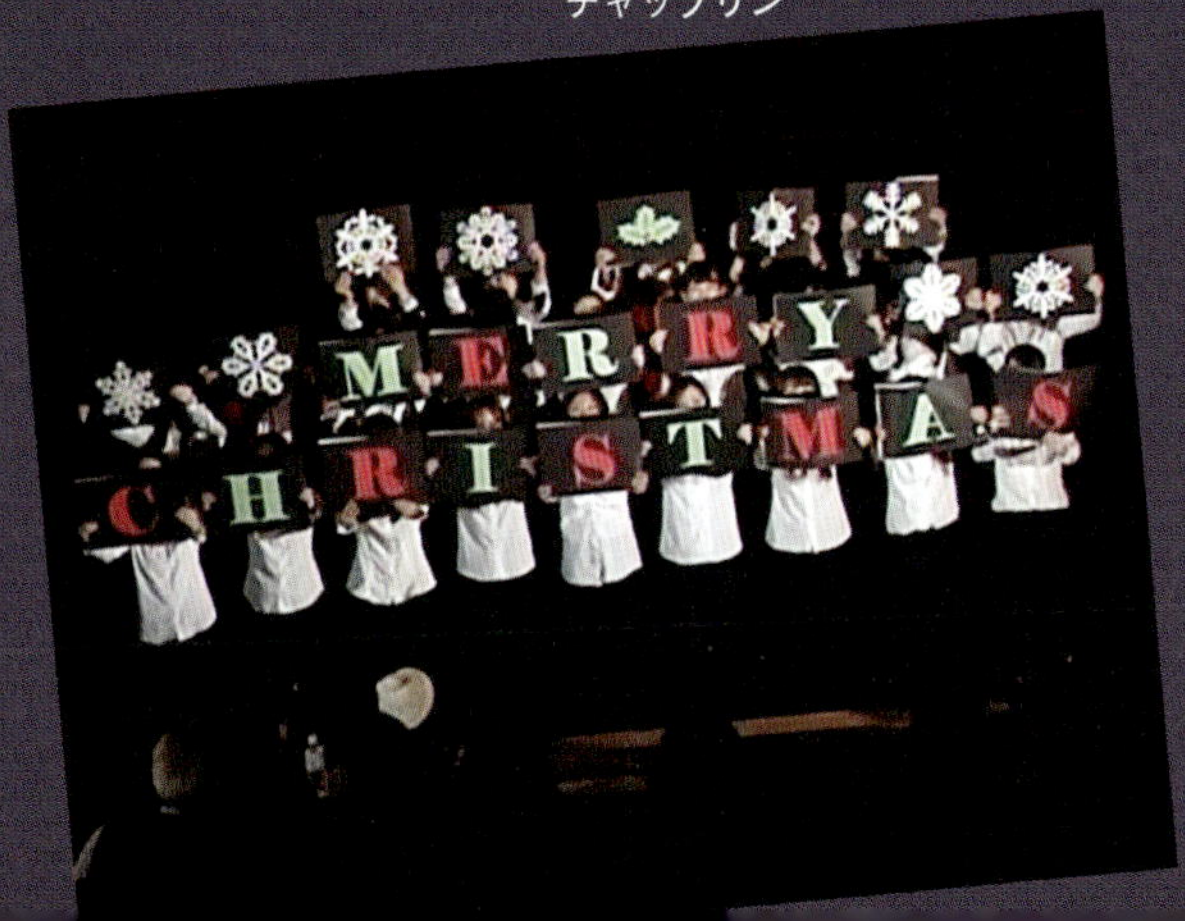

キング牧師

パロディーが終わって、再び本来のキリスト誕生の厳粛さに戻る。そこで私は小さな仕掛けをして学生とのＤＵＯで The Christmas Tree を読み、その流れで最後のスピーカーをよびあげる形をとってきた。私はこのわずか二分程度のつなぎが好きであった。

学長からヴァージニアへ生のメッセージ――。

注文を出してあった。

「学長ご自身が話のメッセージをお願いしたいのですが、八歳の女の子がきいてきたつもりで真剣に向き合って下さい」。

なるほどフィクション的ではある。しかし、その「虚」の部分が隠れていた生の思いが込められてきて、ぐっと胸に来るものが多かった。

人は置かれている立場に長く居すぎると固定的な考えになりがちである。その立ち位置から全くではないが、少しだけ離れてみることによってこそ引き出されてくる読み手の個性、ホンネのようなものがあった。

「学長…あんなやさしいところがあったのか…」

聴衆の間から漏れた感想である。複雑系活動ならではの発見である。

その年度を最後に退任される大橋学長の直筆の手紙である。

そのメッセージは、いうまでもなく会場に集うバージニア全員に向けたものであることはいうまでもない。

読み終わった学長は、その手紙を用意してきた封筒に入れ、ヴァージニア役の学生に手渡す。

「先生ありがとう！」

アドリブ的に出たヴァージニアのその時の一言は、八歳の女の子を模した声であったが心からの声であったようだ。

（前年スペイン語で聞かせてくれた谷川学長の翌年はまた違ったスピーチをきかせてくれた。）

大橋学長

ヴァージニアお手紙ありがとう

ヴァージニアがサンタクロースはいるのという質問に答えることにしよう。

先ずヴァージニア、目に見えないものはないと決めつけるのはまちがいです。たとえば健康診断で使われるX線は見えません。また愛というものは人の心の中にあって目には見えませんが確かにあります。同じようにサンタクロースも目にはみ見えませんが、生きています。それからサンタクロースはクリスマスの夜に私たちの目には見えない早いスピードでみんなにプレゼントを配っています。つまり60秒×60×24は86400秒の間にサンタクローは全世界を回らなければならないのです。世帯数を30億だとすれば一世帯当たりのサンタの滞在時間は3万部の一秒、それでは到底人間の目には見えませんね。

ところでヴァージニア、サンタクロースは目には見えませんが、今も生きていると私は答えました。私たちがいつでも、どこでも誰かが、誰かのことを真剣に思って働くとき、また人が真心を込めて何かを人に贈るとき、そこにサンタクロースはやってくるし、またそこにサンタはいるのです。この世の中に愛や人への思いやりや真心があると同じように、サンタクロースは確かにいるのです。

ヴァージニア、メリークリスマス！

学長　谷川義美神父

2006年　谷川学長

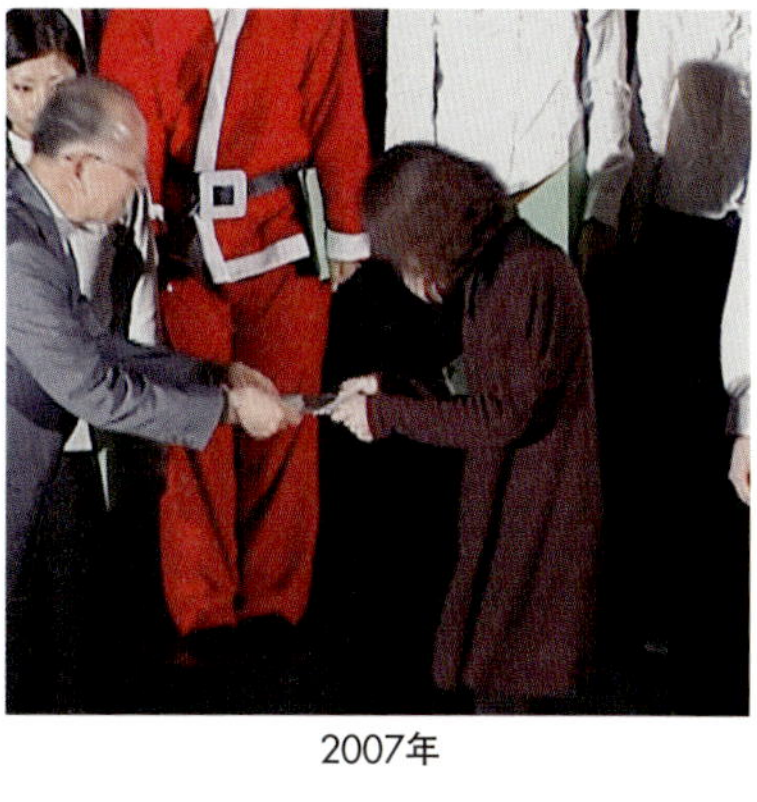

2007年

それよりも今つくづく思うことがある。

ヴァージニアの手紙の中に登場している谷川神父のことである。不肖の私があるお祝いにスペイン料理のレストランにもう一人の同僚と連れていかれた。その時に特製のワインをいただいた。すっかりいい気分になってそのことをすっかり忘れ、帰ってから気が付いた。プレゼントをわすれてきた。あわててその店の名前を先生に問いあわせたら、「店へは私が明日行く用がありますから」といわれた。そして翌朝無事に忘れ物を届けて下さった。ところが実は見あたらなくて、なんとあたらしく買って用意して下さり私に恥をかかせまいとしてか、何気なくわたしてくださったことがわかってしまった。

言葉に甘えてしまったのも私の甘いところである。認める。が、つくづく思う。谷川先生は本当のサンタだったのだ。

手紙の中でレントゲン写真の例を挙げてられたが、この時すでにどこかが気になるところがあったのであろうか。数年して帰天されてしまった。

今改めて当時のDVDをみていると、脇からあがっていって健康診断を強く勧めたい思いにかられる。それができないのがくやしい。
いずれにせよ、TOEFL、TOEICの場に大学教育が変貌している当節、当時の南山短大には谷川学長のように、教職員の教員の一人一人の心の中に、そして建物の隅々まで〝愛〟が満ち溢れていたような気がする。

朗読会もいよいよ終わりに近付いてきた。いや、文字通り、このキャンパスでの、そして私自身の最後の朗読会の終わりである。2010年のクリスマスのフィナーレでの鳥巣学長のヴァージニアへのメッセージは次のようなものであった。

…勿論サンタクロースはいます。君がおととし初めてサンタはいるのと私に質問してくれた時に私が君にした返事をおぼえているかい。そう、鏡の譬え、そのとき私は鏡は君の心を映し出すような鏡のようなものだから君が両親や友達みんなに心からありがとうという感謝を伝えたいときに、君の鏡の中に映っている君自身が周りのみんなにとって幸せを運んでくれるサンタクロースだ、そう答えたよね。思い出してくれるかな。

少し成長した今年のヴァージニアはもうわかるのじゃあないかな。君はこれまでのように首を長くして外からやってくる「サンタクロースをただ待っているだけではいけないのだ、そうではなくて君自身が周りの人びとのサンタクロースになることが大切なんだ。サンタのモデルと言われる聖ニコラウス司教のようにね…。え？まだ子供だから無理だって？うん、確かに君はまだこどもだね。

でも私たち人間には子どもであろうとおとなであろうとそれぞれに応じたサンタクロースの役割が与えられているんだ。子供は子供なりのしかたで、家族との協力や社会への貢献ができるんだよ。

今年の南短祭りのことを思い出してごらん。学生たちはとても勇気のあるメインテーマを掲げてこのンキャンパスで最後になる文化祭を実施したの。Next door, draw our original wing. この言葉には来春からの新キャンパスでの希望が表現されていて学生の一人一人が個性豊かな新生南短を作り上げていこうと決意している。それに今年南短の中庭に登場したクリスマスツリーもいい企画だと思う。ツリーのイルミネーションは夕方そばを通るみんなをあかるく照らしてくれるし、オーナメントはちょっと特別でみんなの希望や願いが記されている。イルミネーションと共にみんな祈りが夜空に明るく輝いているみたいだね。こうして南短のみんなは学生も職員も教員も力を合わせて、みんなが自分の役割をみんなの為になって南短の協力の輪をつくっているんだ。なんだか沢山のサンタクローが手をつないで輪をつくっているみたいだね。

さあ、ヴァージニア、君も君自身のサンタクロースの役割をイメージしてごらん。周りのみんなを幸せな心にしてあげられそうなサンタのイメージを。それじゃあこれからも元気でいるんだよ。さようなら！

鳥巣義文学長

鳥巣学長

フィナーレは司会の次のことばでキャンドルサービスに入っていく。

Ladies and gentlemen, there's a choir coming in with the faculty members. Please take a light from them, as they go down the isles. And those who have received the light, will you please pass it on to your neighbor?

キャンドルをもってはいってきた聖歌体は、聖書からの一節を歌群読する。

All: To everything there is a season, and a time to every purpose under Heaven.
Voice 1: A time to be born, and a time to die;
Voice 2: A time to plant, and a time to pluck that which is planted.
Voice 3: A time to kill, and a time to heal.
Voice 4: A time to break down and a time to build up.
Voice 5: A time to weep, and a time to laugh.
…………

「きよしこの夜」のハミングと会場の歌にかぶる司会者のことばが被るキャンドルサービスである。

もっともSilent Nightを歌いながら、いそがしく思いをよぎらしている私がいることを誰か知る――。
その心を言語化してみると――

Silent Night 12345 … Holy night 678910 …
All is calm, all is bright … 11, 12, 13, 14, 15…

最後まで残っている者のおおよその数を数えている私の心の声である。
歌は歌でその意味を考えてうたいながら、別なチャンネルで数を確認するというコミュニケーションを連動させる。これはささやかなる私の特技である。

（ハミングの途中から）
MC 1: Each in his own way, each in his own world, for the world united in peace, let us bow our heads and pray.
MC 2: Let us reflect upon the memorable years here at Irinaka Campus and…
MC 1: Let us pray so the years ahead will prove to be
MC 2: even more fruitful years to all of you.
BOTH: Thank you and good night!

気分が高まるところで幕。

司会も作品の一部である。
キャンドルサービスの中の
Silent Night のハミングの
中を Each in his own way,
each in his own world…の
セリフが流れていく

では、練習についての思い出の糸を手繰ってみることにする。

テーマは天国だが練習は地獄？——それは授業の中からはじまっている

「何だこれは！　最初からこう休まれては困るんだな。」

私が解釈に入ろうとしたその日、何の理由か知らないが欠席者が目立っていたのでそう言った。

クラス全員二十二名。休まれれば同じことを説明しなければならない。しかも我々の活動は単に知識を授けるというのと違って身体レベルに落とし込むということが中心だから欠席は本当に困る。

こういう場合、色々な対処の仕方がある。

ひとつは、「部分の寄せ集めが全体ではない。全員が集まらなければ練習はできない！」と伝え、何もしないこと。これは一見冷たいようだが、来なかった者にも合わせてようとするせめてもの思いやりでもある。ただし、出席者は学ぶ気があるわけだから、この連帯責任的アプローチは割があわないといえないこともない。

もうひとつの行き方は、欠席者のことは気にしないでそのままに活動を進行させてしまうことである。もちろん、出席者の方は文句ないわけだが、まれに、こちらに同情してくれるのか、「休む人は自分がいけないのだから構うことはないと思います」と、妙にわりきりがいい学生がでてきたりする。しかし、この手合いについても私はこれまた警戒する。というのは、休んだ人間なんていなくてもやれるものだという考えの浅さがいやだからである。

もともとこの割り切りは日本社会にはなかったものである。

大体この場合、休んだ人間を面倒見るのはだれなんだ。自分たちでやれるのか？　友達同志で簡単に出来るようなことを私はやっているのではない！

こんなことをいうと、もったいつけずに欠席者にもあとから指導をしてやったらどうかと言われそうだ。だがこの活動は、必修でもなく、まったくの自主ベースで、しかし、プライベートは犠牲にしてやってきていた。これ以上に歯医者のアポ取りのようなことはしたくない。自分がやらなければならない。かりに綿密な私との稽古日のようなものができたとしても、その時だけ見てもらえればオーケという風潮になるのを断固避けようとした。

私はある時期、ある季節、その場所に行けば基本的にいるという感じであった。つまりは、ある時期は「住み込み」に近かった。学生が来れば面倒みてやることになっているので、これ以上は無理である。

どういう理由にせよ、欠席するということは自分も含めた全体にどれほどの影響を及ぼすかということを若い学生に説き続けた。そもそもこの時期に朗読会があることは私のゼミを取るときには覚悟していたはずである。また予告してなければ勉強しない大学生では情けない。

人生は一期一会である。その時の授業中に起こることがらは、その時だけのもの、後から友達のノートを見ればわかるなんていうようなことをやっているのではない！

まだある。「ここに個人の時間を犠牲にしてやりくりをつけていてくれている教師がいる」ということを感じさせることも教育だと考えていた。それにこれは知の形の変化なのか、「積み重ね」ということを理解できない人が多くなっている。教育界においてこのことばも空洞化してきたもののひとつである。それまで学んできたことを、毎回リセットしてしまう。新出事項も、予習なしにその場で学びとれるものという幻想を学習者に抱かせるような企みの数々…。常に身軽になっていくことがいいことだと考えられている。しかし、我々の活動は前のことを理解していないと遅れてきてもわかりにくいようになっている。もちろん時代に逆行していることはわかっているが、基本的にはこの教育姿勢を守り続けている。

この年は、出席者だけででもと思って始めていく方のアプローチをとった。

本手紙の指導その①　WHO—TO WHOM の語りの空間（距離）から伝わってくる声の大小

「おっと待った！　それはヴァージニア個人にだけ向けたものといっていいのだろうか」

解釈を確認してから読みという順序で行くとは限らない。その年は、とりあえず誰かに指名していわせることからはじまった。

Virginia, your little friends are wrong. They have been affected by the skepticism of a skeptical age. They do not believe anything except what they see. They think that nothing can be which is not comprehensible by their little minds. とこのあたりまでは、Virginiaを意識した語りとして誰でも読んでしまうが、それは当然だからなにもいわない。しかしAll minds, Virginia, whether they be men's or children's are little. In this great universe of ours man is a mere insect, an ant in his intellect, if compared with the boundless world about him, if measured by the intelligence capable of grasping the whole of truth and knowledge… に入ってくると、ヴァージニア個人だけというより、より多くの人に向けているような距離の広がりと内容のスケールの大きさが感じられてくる。冒頭で、待ったをかけたのも、単に言い方の問題ではなく、語っている時の意識を再確認したからである。

学生が答える。

「社説で取り上げたくらいだから、ヴァージニアひとりだけへの返事ではなかったと思います。フランシス記者はヴァージニアと同年輩の子供たち、そしてその背後にいる新聞を読む多くの大人にも向けたかったのではないでしょうか。」

メッセージの波動の第一波があらわれはじめてきて、このあとの感じを声に出しながら追っていいって、最も確信をもって万人に語りかけたものとして、後のほうに、… the most real things in the world are those that neither children or men can see… が来ることを確認し合う。

ところが、単純にうねりが強く持っていくわけではない。ことあるごとに語り相手ヴァージニアに気ずかっていう、同時に、広大なことと小さな、身近なことと対比させて語ってゆく。

本手紙の指導その②　WWHAT（内容面）からくる遠近や大小の対立概念からくる声の大小

同時にポイント6のWHAT（内容）」に（内容である話の組み立てが示唆する声の大小、プロジェクションが重なってくる。つまり、「虫（蟻）対宇宙、神」とか「おもちゃのガラガラ対ベールの向こうの存在」などの対立概念も音調のメリハリとなって現れている。

学生たちが分担読みをはじめたところで止めてきく。

「はい！ Virginia, your little friends are wrong からはしばらく個人的に語りかける感じでいいが、そのあとの …In this great universe of ours, は遠く宇宙のかなたを見やる目線で声は後方に向ける…」

「man is a mere insect, an ant は近い声、if からは再び宇宙のかなたを思う声と目線、「話の組み立てだけで行くとそういうことになってしまうが、それではヴァージニアの頭を飛び越えてしまったままになってしまうから、最後の knowledge のところで手繰り寄せ、ヴァージニアに向けて語るなどしてみたらどうかな」という具合にである。

本手紙の指導その③
それがどういう実体を指しているのかわからないで声に出す口パクは避けよ

「…the intelligence capable of grasping the whole of truth and knowledge" ってどういうことだ」

わかっていないで発声しているとどことなくわかるもの。すかさず聞く。

「すべての事実と知識を把握することができる英知です。」「そんなことをきいているのではない。それは訳だ。それが何を指すのかということだ。」

それがすなわちGodを指すということをわからせなければ、Godに対する"man is an mere an insect" ということもわかっていないということになる。だからキチンと理解させる。

「何を指すのか」が掴めたら、次は、では「語り手は、そういう意味を持つ文をどこに配置することによって何をしようとしているのか」を見極めなければならない。

「人間の限界ある頭脳と対比させるためです。そうすることで、だからサンタは目に見えないからいないと判断してはいけないという論理を完成させようとしているわけです」

「そうだな。はい、ではそれを胸に秘めて声に出して」

本手紙の指導その④
その一語に強めるかどうかに、スピーチ全体を理解しているかどうかがわかる

分担読みのときに、Yes, Virginia there is a SANTA CLAUS とある学生がいった。

「サンタクロースはいるかいないかの返事は、isか、is notがポイントだ。Santa Clausを強めてもしょうがないだろう」

「Yes, Virginia, there IS a Santa Claus…」

「そうだ」

全体の中で部分を見ることを忘れてはならないというのは終始一貫した態度である。

発声とか、プロジェクション、目線とかいうと、だいたい、表現に属すること、文字言語や解釈などとはおよそ関係のない事柄と考えられる。これは誤りである。

目を遠くに向けて、そこまで声をとばすとか、次の瞬間には、身近なところにささやくように語り掛けるとか、そういうことも、すべては読み手が勝手に付け加える表現的なアクセサリーではなく、テキストに組み込まれていることなのである。もっというならば文の語り手が私はどういうつもりでそれをいっているのだということを、行間から発掘していくコミュニケーションとしての精読なのである。

ちなみに読みならば、理解できればわざわざ声にださなくとも黙読でもいいのではないかといわれそうだ。しかし、これは訓練である。訓練としてそういう能力が育つ過程に我々は関心があるのだから、実際に自分の声帯を使い身体を動かしてみることで自分の理解を確認し、修正し、理解を深化させていくことが期待できるのである。

本手紙の指導その⑤
―身体／回転いす・箱／意味との関係

"How Humans Have Fought and Loved!"（p.105）のところで、集団の醸し出す身体表現のことについて述べた。身体の緊張感もふくめて、いわゆる立ち振る舞いは作品の解釈の表明である。つまりプレゼンテーションの仕方などという狭い意味ではなく解釈教育そのものである。

ヴァージニアの手紙は、一人が、個人とグループに語りかけるという構造を持っていた。しかし、このメッセージを大きさを、クラス全体のメッセージとして語りたかった。だが単に分担読みをさせればいいという単純なものではない。

軍隊のように整列して立つのか——。

花見の客のように思い思いの格好で座らせるのか——。

動きながら話させるのか——。

また、朗読劇〈リーダーズ・シアター〉においては、回転いすや箱が使われることが多いが、これをどう使うか。「語る身体」の補助道具である。いずれもヴァージニアと背後の人々の方に目が向けられているのでなければならない、言うまでもなくオフ・フォーカスである。

パロディーの指導——まずは作品を「作る」ところから

先ずは、練習して覚えてしまって構わない英語になっていることが絶対条件であることは他の素材と同じである。従って学生の自由作文では主旨に反してしまう。そこで私が台本の責任をもつ。その際、元がキング牧師など、何かの英語スピーチで人々の頭の中で結びついている場合は、さほどむつかしいことではないが、英語学習を意識しながら、パロディーとしての面白さの両方の条件も満たしたいとなると英語界だけではネタに限りがある。

ミーハーに身を置くこともある。高橋尚子、酒井法子、辻正之、COP10代表、蓮舫議員、AKB 48の篠田麻里子氏などにも〝登場〟してもらった——。

こうなるとその人たちの日本語の挨拶や、コミュニケーションの特徴などの観察が先行していなければならない。「では探しにかかろうか」ではおもしろいものはできない。日頃から人々の言動をコミュニケーション行動の観点から観察している必要がある。そしてそれらの人物が観察したとおりの人間だったらヴァージニアの問いかけにはどう反応するだろうかという想像に踏み込んでいく。（ちなみにこれは現実世界での人とのコミュニケーションの訓練になっている！）

具体的にはこう考えていく。ハムレットが答えたらどうなるか？我々は面白半分にTo be or not to be, that is the question…などという。だが〈意思決定ができなかった男〉の心中を察する真似事ぐらいは最低しなくてはならない。同時にその生死を左右しかねないかのように深刻な表現をわずか8歳の少女につきつけるアンバランスは笑いが取れそうだという直観が求められる。

To believe in Santa Claus or not to believe in Santa Claus, that is the question; whether 'tis nobler in the mind to believe in things whether we can see them or not or to totally refuse to believe in things which cannot be seen. Get thee to a school and learn the true facts of Santa Claus. To a school, gooo!!

「ローマの休日」のアン王女だったらどうか。フィクションだからといって低く見ることは出来ない。真剣に向き合わせる。

学生の個性も考慮に入れる。本人が課外で励んできたスピーチなどが蘇ってきてその学生のために変更、増補することもある。それをさらに強化するために脚色することもあった。

王女としての気位の高さ、その下に押し隠す女の素顔。別なところで素材として使ってきた「ベルサイユの薔薇」のマリー・アントワネットであり、ジュリエットのwhat's in a name? That which we call a rose by any other name would smell as sweetの自己正当化のレトリックを入れようと思った。かくして拡大化されたアン王女ができあがっていく。

——Virginia, I trust you will not find it necessary to doubt even for a second whether or not there is a Santa Claus. Were I not completely unaware of the invisible and what it means to us human beings, I would not be straying out here alone leaving the castle.

（ヴァージニアが -Princess Ann, may I ask you just one more question? Of all the cities that you have visited in the past, which one did you enjoy the most? に対して）

Why Virginia, you sound like a newsreporter…Each in its own way… each in its own was unforgettable … it would be difficult to….Rome! By all means Rome.Virginia, I am a woman before I am the Princess! I so believe in love. What's in a name, what's in a nationality, what's in an age, what's in a social rank? But I have to leave you now. I am going to that corner there and turn and you walk straight home believing that there is a Santa Claus…as I try to cherish the dreams of Rome and that gentleman friend Joe..

まだ、歴史に名を残す〝悪党〟を登場させる勇気がなかった。日本人は日常の常識の枠を飛び越えて発想することがなかなかできないからだ。それが仮に訓練であっても、最終目的と区別がつかなくなり興が過ぎる、不謹慎だなどという声が出たりする。バッシングなどに対処するのも煩わしかった。

しかし人間にも一部の魂はある。それを探ろうとすることは巨大なる異文化教育の一端にもなりうる。同時に視点を変えて物事をみる訓練にもつながる。人生における試練も呼びかけであり、a blessing in disguise（姿を変えた祝福）であるという、また、その人のすべてが現れる言葉使いに似せて語るということは、感受性の訓練になる。

チャップリンは「独裁者」の中で、大戦中、全精力を傾けて、ヴァージニアならぬハンナに向けたヒットラーの姿と、レトリックを生かした一大パロディーとして感動的なスピーチを放った。ヒットラーの負のエネルギーをプラスに転換したのである。不謹慎どころではない。人類の平和を願った激しい愛のスピーチに転換している。

私は日本人は自己を訓練し直さなければならないところがあるといいたい。内容に腹を立てたり、逆に感動してしまったりして、その背後にある意図まで葬ってしまう情緒性である。イエスを十字架にかけてしまうところもある。やがて自分自身の首を絞めてしまう。

ナレーターという存在に対して誤解をといておかなければならないことがある。ナレーターをやれといわれると、だいたいの人は端役をもらったような顔をする。そしてとびとびにでてくる言葉を暗記しておけばいいぐらいに考える。そして、肉に関心はあっても、それを支えている骨格を見失ってしまう。包む皮がフニャフニャしているために中身を殺してしまっている餃子の皮のような申しわけのようなパフォーマンスをしてしまう。ナレーターは端役ではない。作品全体が自分一人の語りである。

たとえば本手紙の導入が終わってパロディーに入るところで、モードはまったく変わる。「こんにちにおいては」とひときわ強く出さねばならない。それを主婦であり学生のKさんは苦労していた。どうしても Suppose Virginia would have written that letter today… の today の声が上がりきれない。today.. today, today と何度も練習させる。

たった一語の強勢・抑揚に関することだが全体に響いてくる。

「決して重箱の隅をほじるようなことをいっているのではない。Today に力がなかったら、後に続くパロディ群の努力がすべて水のあわになってしまう瀬戸際だからいうのですよ」

これは読み方ではない。理解力、解釈力の問題である。ある意味でこの方が深刻である。

「車運転する？やめたほうがいいのではないかな」

ナレーターのコミュニケーションも全体が一本のスピーチ。部分を以下の様に捉えなければならない。

It is only fitting at Christmas time that we discuss the dear Virginia letter in which she asked the New York Sun editor whether or not there is a Santa Claus.

（間）1

Suppose Virginia would have written that letter today...

From　FBI!

（間）2

From　Hamlet!!

（間）3

From.... Martin Luther King Junior!

（間）4

1，2，3，4とパロディーは入れ替わり入ってくる。しかし、その間はナレーターの体は死に体ではない。そればかりかFrom... のところも、自分はどういう目的で紹介しているのか、単に情報を伝えればいいのか、また、間の2，3，4のところでは、次はどの感じのものを紹介しようとしているのか、把握している必要がある。

朗読会の最後の最後に、「ヴァージニアの手紙」にこだわってきた理由はなにか？そしてパロディーにこだわったのはなぜか？

我々の朗読会はコンテストではない。コンテストは縦割りである。対審査員へのデモという意図を持ったかなり非人間的なコミュニケーションで互いの交流はない。それは敵対心か無関心かのどちらかである。

我々の朗読会は全く違う。

特に最後の最後に「ヴァージニアの手紙」とそのパロディーをもってくることにこだわるには、この辺のことも関係する。異なる出し物が、互いに一つのテーマ、あるいは心でつながって情感を高め合っているという構造にこだわっている。

四海が運河などでつながっているように、一つの作品がどこかで次の作品につながっている感じ、あるいはそれを誘導していく感じ――ヴァージニアは異なる作品ですらあるテーマのもとで結びつき互いに連携し合っている例である。作品ばかりでなく当然その読み手の心が解け合う。こういう形式はリーダーズシアターアンサンブル（Readers Theatre Emsemble）と呼ばれる。もちろん"No More Hiroshima..."もそうである。"Anything You Can Do"もそういう分類である――。

いわゆる歌会というものが「あなたは、あなた、私は私」になりがちであることを指摘しつつ、平安時代から和歌の伝統を受け継ぐ歌道宗家・冷泉家の歌会は、春の舞桜に私、あなたの区別がなく溶け合うというところがあると冷泉貴実子氏はいっている。南山短期大学の朗読会も全くそれと同じで、クリスマスを通してミッション系の大学生と教師がひとつになろうとしている。手紙とそれに続くパロディー、そしてそれを結びあわせていくキャンドルサービスの流れはその前までのすべての作品を象徴的なものであった。

学校教育は目の前の現実だけに義理立てすることなく虚実皮膜にこそ浮かび上がる真実の桃源郷で学習者を酔わすような訓練をもっとすべきである。

こぼれ話⑬

病室のテレビ番組で見た朗読会

テレビ画面をみていて私は愕然とした。
あれ！　あれキャンドルがない！
キャンドルのないキャンドルサービスだったのか！

聖歌グループは持っていたが、聴衆は素手のままではないか。

後で聞いて話だが、数が足りなかったとのこと。毎年やってきたことなのに、自分がいないと途端にそういうことになってしまうのか――。

たかがキャンドルというなかれ。朗読会は個別作品をただ集めているのではない。全体が一点に高まっていくように計算してあるのである。聖書の群読グループのもつキャンドルと、聴衆持つキャンドルの炎と合唱すべてがつながっているのに。朗読会全体を一つの作品として読む、そしてどこが谷であり、どこが山であるかという最終チェックをすることがいかに重要なことであるかあらためて思い知った。

実は二〇〇五年の朗読会の直前、私はみぞおちのあたりに痛みを覚えて入院していたのである。

学生と職員のためのクリスマス聖式の最中から痛み始め、夜の練習に入りかけたが、いくら私の指導が厳しいとはいえ、駄目出ししている表情とは明らかに違うと学生は思ったらしい。「すまない！帰る」のひとことを振り絞って帰宅した。しかし翌朝にも痛みはひどくなる一方。覚悟をきめて入院した。

この年、『感動する英語！』に続く『挑戦する英語！』がでたばかりであった。われわれの活動とからめての色々な取材があった。それが幸いした。私は病室で、自分への取材の中で取り扱われた番組からその様子を垣間見ることができたのである。

入院中も取材にきてくれた記者が心遣いをしてくれた。そればかりではない。そして最後には聖霊病院では、この時期、子供たちがクリスマスキャロルを唄いながら病室を訪れてくれる。実際、子供たちが手にもつロウソクの火を見ていて、朗読会の方は手違いでつかなかったが、私の心には赤々と灯っていた。

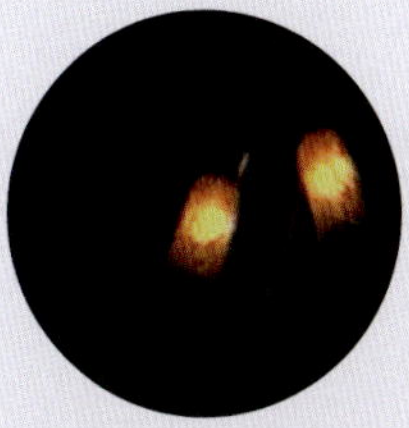

こぼれ話⑭

生と死と—Life goes on…
練習中に入った、ヴァージニアの訃報、サンタクロースを探しに天国に旅立ってしまったと—。

練習中ニューヨークの郊外の施設でなくなったという知らせが入った。

親愛なるヴァージニア

先日アメリカの新聞記事を見て知りました。バージニアは本当にサンタクロースを探しに天国に旅立っていってしまったと…。

我々は英語の勉強にからめて、日本の片隅からあなたに発信しておりました。これからも続けるつもりです。きいていてください。

一方、うれしいこともあった。

こぼれ話⑮

お腹の中のヴァージニアに語りかけさせたこと

何年か前、この時点で忘れられないことがあった。

学生結婚をしたゼミ生のことである。おなかが大きくなった。さすが朗読会出場は諦めたらといった。が、どうしても出たいという。まあ、ここが私のゼミ生である。どうしたらいいか—。

他の学生と同等に扱えばいいではないか？

なるほど。しかし母体に影響がある訓練はどうしてもさせることはできない。

適当にさせればいい？

そこなのである。この活動において、「適当に」が許せる唯一の例外は教員だけである。学生は困る。いや私の為ではない。学生のためにである。

「ノーモア広島、ノーモア—長崎」の最後で、「波のきたりて洗いゆけば、洗われしだけ欧州の土の失せるはさながらに岬の失せるなり」だからだ—。一人がこければ全体がこける。私の学生はそれは十分に分かっているからそんな甘えたことはいわない。

そうこうしている間にも、ヴァージニアにどう答えるか以上の、あまりにリアルな現実が体内から彼女を動かしている。

そこで考えた。

今後そうたびたびあることではない、この神の与えてくれたこの機会を、生かしたいなぁ—。

やはり一合一会である。

私は学生と相談し、もうすでにヴァージニアと名前が決まっている子供に語りかけるということにしようということになった。（この話続く）

VIRGINIA'S LETTER

Written and compiled by Makoto Omi

MC 1: Well, we have come to the final part of our program.
MC 2 : Every time when Christmas comes around, our hearts leap with joy. However, hasn't Christmas become too commercialized?.
MC 1&2: Our final performances will, we hope, remind you of the true Christmas Spirit.

（ここから先はしばらく作品内の司会）

VOICE 1: 聞き給え鈴をつけた橇（そり）の音を——
白銀の鈴を！
何とすばらしいよろこびの世界を そのメロディーは告げることか！
VOICES: Hear the sledges with the bells, silver bells!
What a world of merriment their melody foretells!
How they tinkle, tinkle, tinkle,
In the icy air of night!
MC : It is only fitting at Christmas time that we discuss the Dear Virginia Letter in which she asked the New York Sun Editor whether or not there is a Santa Claus.
VOICE (Virginia) : Dear Editor—I am 8 years old. Some of my little friends say there is no Satan Claus. Papa says, 'If you see it in the *Sun* it's so. Please tell me the truth. Is there a Santa Claus? Virginia O'Hanlon.

ALL:

Virginia, your little friends are wrong. They have been affected by the skepticism of a skeptical age. They do not believe anything except what they see. They think that nothing can be which is not comprehensible by their little minds. All minds, Virginia, whether they be men's or children's, are little. In this great universe of ours, man is a mere insect, an ant, in his intellect as compared with the boundless world about him, as measured by the intelligence capable of grasping the whole of truth and knowledge.

Yes, Virginia, there is a Santa Claus. He exists as certainly as love and generosity and devotion exist, and you know that they abound and give to your life its highest beauty and joy. Alas! how dreary would be the world if there were no Santa Claus! It would be as dreary as if there were no Virginias. There would be no childlike faith then, no poetry, no romance to make tolerable this existence. We should have no enjoyment, except in sense and sight. The eternal light with which childhood fills the world would be extinguished.

Not believe in Santa Claus! You might as well not believe in fairies. You might get your papa to hire men to watch in all the chimneys on Christmas eve to catch Santa Claus, but even if you did not see Santa Claus coming down, what would that prove? Nobody sees Santa Claus, but that is no sign that there is no Santa Claus. The most real things in the world are those that neither children nor men can see. Did you ever see fairies dancing on the lawn? Of course not, but that's no proof that they are not there. Nobody can conceive or imagine all the wonders there are unseen and unseeable in the world.

You tear apart the baby's rattle and see what makes the noise inside, but there is a veil covering the unseen world which not the strongest man, nor even the united strength of all the strongest men that ever lived could tear apart. Only faith, poetry, love, romance, can push aside that curtain and view and picture the supernal beauty and glory beyond. Is it all real? Ah, Virginia, in all this world there is nothing else real and abiding.

No Santa Claus! Thank God! he lives and lives forever. A thousand years from now, Virginia, nay 10 times 10,000 years from now, he will continue to make glad the heart of childhood.

（以下パロディー）

Narrator : Suppose Virginia woud've written that letter to heroes and heroines of the fictional world, here are some of the possible replies.

Narrator : From Hamlet

VOICE (Hamlet): To believe in Santa Claus or not to believe in Santa Claus,that is the question; whether 'tis nobler in the mind to believe in things whether we can see them or not,or to totally refuse to believe in things which cannot be seen.

Get thee to a school and learn the true facts of Santa Clause. To a school, goooo!!

Sincerely,
Hamlet

Narrator: From Juliet

VOICE (Juliet): Oh, Virginia, Virginia, wherefore art thou Virginia, so naïve and innocent? 'Tis but thy name that is thy hang up. Santa Claus is Santa Claus himself though not Santa Claus called. That which we call Santa Claus would be by any other name would be Santa Claus. It could be your father, it could be your mother. It could be anybody. It's the heart that counts!

Love,
Juliet

Narrator: From Fairy Godmother of Cinderella

VOICE: Virginia, your little friends are wrong.Of course there IS a Santa Claus.He exists as certainly as Cinderella,her prince and the little cricket exist.
(歌) Sadagadoola mechikaboola, Bibbidi-bobbidi-bo.Put them together and what have we got? Bibbidi-bobbidi-boo...

Yours truly,
Samantha

Narrator: From Medea

VOICE (Medea): *(in the fashion of Judith Anderson, and in the language of Robinson Jeffers)* Loathing is endless. Hate is a bottomless cup. I'll pour and pour. Virginia!! Oh, my little one, why are you so naïve and innocent?
Believing in Santa Claus is like believing in men. You will only become unhappy as I am. No, there is no such thing as Santa Claus. It's a myth, myth, myth which will only drive women into hell down under the sea. Ha! Ha! Ha! Ha!

Yours truly,
Medea

Narrator: From the three witches of *Macbeth*

VOICE: He! He! He! He! Virginia, of course there IS a Santa Claus. You must not be influenced by the skepticism of a skeptical age. Human beings are doomed. They won't believe in anything which cannot be understood by their little minds. How stupid of them! So double, double, toil and trouble. Fire burn and cauldron bubble. He! He! He! He!

Love
Witches

Narrator: From Princess Ann of *Roman Holiday*

VOICE (Virginia): Is there a Santa Claus, Princess Ann?

VOICE (Ann): Virginia, I trust you will not find it necessary to doubt even for a second whether or not there is a Santa Clause. Were I not completely unaware of the invisible and what it means to us human beings, I would not be straying out here alone leaving the castle.

VOICE (Virginia): Princess Ann, may I ask you just one more question? Of all the cities that you have visited in the past, which one did you enjoy the most?

VOICE (Ann): Why Virginia, you sound like a news reporter... Each in its own way... each in its own was unforgettable... it would be difficult to... Rome! By all means Rome. Virginia, I am a woman before I am the Princess! I so believe in love. What's in a name, what's in a nationality, what's in an age, what's in a social rank? But I have to leave you now. I am going to that corner there and turn and you walk straight home believing that there is a Santa Clause... as I try to cherish the dreams of Rome and that gentleman friend Joe..

Narrator: Suppose Virginia would have written that letter to people of different professions, well, here are some of the possible replies: From Cabin Attendant

VOICE: Attention please. Good evening, ladies and gentlemen. Welcome to Flight number 293 non stop from NewYork to Centrair. My name is ○○、and sitting over there is Captain Omi. Ms. Virginia O'Hanlon, you ask me whether or not there is a Santa Claus. Of course there is. Not only that, in a few seconds the plane will be flying over Norway. Oh-oh, there you are. If you look through the window, you can see the home of Santa Claus. I'm sure he will be there, but you probably won't be able to see him from up here, because he will be very busy making preparations for Christmas Eve.

（飛行機が激しく揺れはじめる）Ladies and gentlemen. Looks like the plane has either been hijacked or entering a turbulence, would you please securely fasten your seat belt and stay calm

(Santa Claus: Merry Christmas!)

Why, if it isn't St. Nicholas! How did you get in?

(Virginia: Santa Claus!!.)

Well, you really scared the daylights out of us, Mr. Nicholas! (To Virginia) Aren't you glad that you've met Santa Claus, though! Well we wish you all a pleasant trip

Narrator: From Speed Learning Saleswoman

VOICE: Merry Christmas, Virginia. Listen, I have good news for you. Have you ever heard of Speed Learning? This is it! Our Speed leaning material will resolve your English problem once and for all.

All you have to do with it is just to listen to this material every day, and lo and behold, within a few weeks you will be able not only to understand English but find you SPEAKING English!. Now about your question of whether there is or is not a Santa Claus. The important thing is trust. In the same way trust has turned many of our Speed Learning subscribers into good speakers of English like Ryo Ishikawa, your trust in Santa Claus will turn a fictional Santa Claus into a real Santa Claus. Yes, Virginia, whether there is or is not a Santa Claus is entirely up to you!

Virginia: わかりました。でも英語のハナシにもどりますけれどもネ…おねえさんも使っているんですかその教材？　私も近江先生に発音をよく直されるんですけれどもお姉さんの発音はどうですか？　お父さん！　英会話教材のセールの方が来ているけれどもちょっときて（近江登場）

Narrator: From Noriko Sakai

VOICE (Noriko Sakai):

Before I answer that question, I must take this opportunity to apologize to all of you for having succumbed to the temptations. Starting today I'm going to turn over a new leaf. I promise all of you never never to disappojnt you again and betray your trust for a thing like this.

Virginia, dear, I'm not really qualified to answer your question, but this much I can tell you. I have a daughter of my own, and I really do want you to go on living believing what you think is right. Yes, Virginia, there IS a Santa Claus!]

From
Noriko

Narrator: From Michael Jackson

VOICE (Michael Jackson):

We are the world, we are the children, Virginia,
We are the ones that make a brighter day, Virginia.
So let's start giving
There's a choice we are making.
We're saving our own lives.
It's true we will make a better day.
Just you and me, Virginia.
Send them your heart so they'll know that
someone cares
And their lives will be stronger and free
As God has shown us by turning stones to bread
So we all must lend a helping hand.

Yours truly
Michael Jackson

Narrator: From Mariko Shinoda of AKB

VOICE (Shinoda Mariko):

Thank you very much for giving me a chance to answer your

question. I like this general election not because I was confident, I was not confident at all. I'd been on pins and needles as a matter of fact, but whatever the result of the election might be, I knew I would have an opportunity see you Virginia.

Now some of your friends may say, "Times have changed. Don't believe in Santa Clause, just because they cannot see him." Well I'll tell you Virginia, those people stand little chance of winning. Be brave, Virginia, tell them straight, "Suck it to me, baby! I'll be waiting for you until you have sobered up to the true facts of life." To be honest, Virginia, I am not that optimistic about the future of this world, but is there any other choice but to go on believing what we think is right?

Virginia, I want you to be strong, strong enough not to be influenced by stupid skepticism of this age. and if you have emerged as a really strong woman, then I'll be happy to retire and give you a position of AKB. Merry Christmas!

Love

Mariko Shinoda

Narrator: From Nobuyuki Tsujii

VOICE（辻井伸行）：

（ブラインドタッチでピアノの一節を弾き、立ち上がってヴァージニアのもとにやってきて）Come on, Virginia, what are you talking about ? Just because you can't see him doesn't mean that he doesn't exist. If what cannot be seen doesn't exist, what about me? I am visually impaired, my eyes cannot see anything, but I can see lots of beautiful things which my eyes cannot see, and maybe that' s why I was able to win the first prize. Yes, Virginia, of course there IS a Santa Claus.

Narrator: From the thirty three workers who were rescued

MC 1: We are coming toward the end of our program. I'm sure you can recall the beautiful Christmas tree that you saw when you were little girls.

The Christmas Tree

近江： The little Christmas Tree was born and dwelt in open air...
It did not guess how bright a dress some day its boughs would wear.
Brown cones were all it thought, a tall and grown up fir would wear.

VOICE: O little fir! Your forest home is far and far away. And here indoors these boughs of yours, with colored balls are gay with candle light and tinsel bright, for this is Christmas Day!

近江：　A dolly fair stands on top till children sleep.

BOTH: Then she, a live one now, from bough to bough goes gliding silently.
O, magic sight! This joyous night! O laden sparkling tree!

近江：　And this joyous night is about to end.

VOICE: To conclude our Oral Interpretation Festival,

近江：　I would like to give a Christmas message from President Tanigawa.
（その年々の去る教員／学長のメッセージ）

（近江のメッセージが終了したと同時に、司会の言葉と共に、キャンドルを持って、周囲に火を渡しながら舞台のピアノ側に並ぶ。聖歌隊は入り口から入り、通路に留まり向きを変える）

MCs: Ladies and gentlemen, there's a choir coming in with the faculty members. Please take a light from them, as they go down the isles. And those who have received the light, will you please pass it on to your neighbor?

All: To everything there is a season, and a time to every purpose under Heaven.
（歌、朗誦）

Voice 1: A time to be born, and a time to die;

Voice 2: A time to plant, and a time to pluck that which is planted.

Voice 3: A time to kill, and a time to heal.

Voice 4: A time to break down and a time to build up.

Voice 5: A time to weep, and a time to laugh.

Voice 6: A time to mourn, and a time to dance.

Voice 7: A time to cast away stones, and a time to gather stones together.

All: To everything there is a season, and a time to every purpose under Heaven.
（歌）

Voice 8: A time to embrace, and a time to refrain from embracing.

Voice 9: A time to get, and a time to lose;

Voice 10: A time to keep, and a time to sew.

Voice 11: A time to rend, and a time to cast away;

Voice 12: A time to keep silence, and a time to speak;

Voice 13: A time to love, and a time to hate;

Voice 14: A time of peace, and a time of war;

All: To everything there is a season, and a time to every purpose under Heaven.
（歌、朗誦）

MC 1: All good things must come to an end sometime; that's the way of the world,...

MC 2: and our oral interpretation festival is no exception. Will you all stand please, and together let's join the choir as they sing "Silent Night"

Silent Night（聖夜）

Silent night, holy night!
All is calm, all is bright.
Round yon Virgin, Mother and Child.
Holy infant so tender and mild,
Sleep in heavenly peace,
Sleep in heavenly peace.

Silent night, holy night!
Shepherds quake at the sight.
Glories stream from heaven afar
Heavenly hosts sing Alleluia,
Christ the Savior is born!
Christ the Savior is born.
（3番ハミングの途中から）

MC1: Each in his own way, each in his own world, for the world united in peace, let us bow our heads and pray.
MC 2: Let us reflect upon the memorable years here at Irinaka Campus and...
MC 1: Let us pray so the years ahead will prove to be
MC 2: even more fruitful years to all of you.
BOTH: Thank you and good night!

男子高校生徒と先生

Happy Xmas

アンテイゴネー

最後のゼミグループ（チョッキ姿は大津氏）2010年12月11日

記念写真も役と現実

源氏物語

走れメロスの高校生と

クリスマス休戦

司会者も現実と虚構の狭間で…

第二幕

宴の後に

朗読会そのものは終わっても、すべてが終わったわけではない。そもそも始まる前から始まっている。作品との格闘。従ってそのあとにくる一挙に花開く数時間はまさには宴（うたげ）である。そしてすべての宴に終わりがあるがごとく朗読会も終わるのだが、完全には終わっていない。宴の後の宴に乱れ飛ぶ英語や他の外国語のすさまじさ。あたかもまだ燃焼しきっていなかった踊りの精が乱舞するかのように——。そして外部見学者の反応までもが熱いシュプレヒコールとなって鳴り響く——。

人生は舞台（All the World's a Stage）。学び学んで身重になっていく長いドラマである。そして学んだ英語が姿を変えて現実のコミュニケーションにおいて暗躍するのである。

打ち上げを我が家のバルコニーで行なったときのことである。

暗くなりかけたので、私はテーブルの上に赤いキャンドルをのせた。彼女たちの顔がゆらゆらと影がうつる。すると誰ともなく、マクベスの魔女のセリフ、“Double, double toil and trouble, fire burn and cauldron bubble...”といいだし、それがセリフの一大合唱となっていった。No More Hiroshima! No More Nagasaki! の中で練習していたものである。それがきっかけとなって、次から次へと色々な作品がでてくる。留まることをしらない。そのうちにいつの間に仕込んであったのか私が知らない歌、二重唱、三重唱となってでてくる。我が家のバルコニー自体は、完全に、演劇空間となっていた。しかし、よく聞いてみると、そこまでの仕込みに至るまでの涙を流してして練習した正しいイントネーション、発音となってでてきているのである。

このノリが、大学生たちが集まるある店でも現出した。OIFの再演、文字通り彼女たちの最後のOIFのあとのことである。ひっきりなしに何かに憑かれたように、あるいは公式行事が終わりみな卒業していくというせつなさが駆り立てるのかのように—。

さて、ちょっと離れた席では、他大の男子学生のグループがいた。大体、今の大学生には勉強は勉強、遊びは遊び、飲みながら人生を語ったり、哲学、文学を論じたりすることはあまりしない。この男子大学生たちにもそのような気配はゼロ。ただ、ただ女性のグループに刺激されてか、素っ頓狂な声、ギエーとかグワーとか雄のうなり声をあげている印象であった。そういうこちら側も、文学論を戦わしたりしているわけではない。いや、それどころか、もうその瞬間は、文学作品そのものが生きたことばとして津波のように押し寄せ、ひいては形とリズムを変えてでてきているのである。点ではない。線でである。いや面でといったほうがいいかもしれない。彼女たちの魂は明らかに時空を飛び越えて乱舞していた。

かのゲーテが、ミケランジェロを見たあとは、自然さえも色あせて見えるといった。彼女たちは、少なくともその時は、合コン、ナンパ、恋愛ごっこなどとは異次元の朗読会空間から完全に抜け出してはいなかったようである。男子学生らはどういう集団かと思ったのか黙ってしまい、そのうちに帰ってしまった。

外部見学者の感想

最後に、外部からの見学者の声をいくつか紹介させていただく。

近江先生

昨日はお忙しいところ、授業及び放課後の指導を見せていただき、誠にありがとうございました。メールであらかじめ知らせたとは言え、授業の合間、昼食と、一日中お付き合いいただき、先生の心温まるおもてなしにとても感激しております。念願の夢が叶った気持ちでいっぱいです。

実際に先生のご指導を拝見できたことは、何よりも収穫です。先生のようなご指導ができる方を私は見たことがありません。南山短大の学生さんは本当に幸せですね

先生の著書に出会うまでは、昨今の英語の指導法について疑問を持っていました。

それを見事に払拭し、自信を与えて下さったのが先生でした。もっと早く先生にお会いしたかった、そんな気持ちも起こりましたが、これからやればいいんだ、そしてオーラルインタープリテーションの指導ができる教員を増やしていくことが私たちの使命なんだと感じております。

近江先生、私は本当にうれしいです。昨日ほど充実した研修は受けたこ

とがありません。先生のようなご指導ができるよう毎日研鑽する所存でございます。素晴らしい一日を与えて下さり、心から感謝申しげます。

栃木県高校教員N・M

今日はとても楽しみにしていましたが、実際見て期待をはるかに越える素晴らしい演技に本当に東京からきた甲斐がありありました。すごく感動しました。私の学校でもいつの日にかできればいいなと思いました。本当にありがとうございました。長時間でしたがアット言う間にすぎてしまいました。演技と演技の間に間を置かず次々にやったのがよかったと思います。

都立高等学校教員S・H

今回フェティバルをはじめて見学したのですが、正直、想像していた以上にすごかったです。長い時間掛けて練習したことが伝わってきました。本当におつかれさまです。

大学生S

自分は、南山のESSに所属していて初めて南短のオーラル・インタープリテーションを見たのですが、正直感動しました！英語のレベル、表現力、観客とのコミュニケーションなど本当に素晴らしかったです。これを機に自分も南山のESS同士として頑張りたいと思います。

大学生M

今日はじめてこのフェスティバルを見たのですが全体の英語の発音、単語のレベルに驚きました。とても楽しめました。表現方法が工夫されていてよかったです。ディベートをオーラルにしてしまうところは圧巻でした。

大学生S

近江先生、先日はどうもありがとうございました。そして今回始めて先生の指導されている学生達のオーラルインタプリテーションの発表を見ることが出来、とても感動いたしました。（授業でこんなこと出来ないかな）とか、（生徒に英語のこんな発表できないかなあ～）などと様々な思いで観覧することが出来ました。早速に学校に戻って、他の先生に伝対と思います。何か、高校生向けにいい英文がありましたら、又お話を聞かせていただければ幸いと思います。ありがとうございました。

高校教員K

先日は、素晴らしいオーラル・インタープリテーションに、一緒に伺ったワニータ・ハイアムと共に本当に感動しました。あのような機会に恵まれたことをお礼申しあげます。

お噂には伺っていましたが、ご指導の素晴らしい成果は、一目瞭然です。魂が鍛えられた声となって体の中から言葉となって豊かに表現され、聴くものの心を動かすという濃密な伝達と受容のサイクルには、Wow, tht's great!!!,と二人で顔を見合わせるばかりでした。

理論的にはご著書も読んでいない不勉強者ですので、不明は申し訳ありませんが、英語教育の分野として、重要な位置を占めるものですね。（中略）

プログラムも、内容的に面白く、up to dateであって、聴いている学生の態度にも好感が持てました。英語への情熱は先生譲りなのでしょうね。同僚のWは近江先生には質問はいっぱいあると申して降りますので、同化、よろしくの願い致します。時間があえば、私もお話を一緒にうかがえれば幸いです。

遠からず、彼女からメールが入ると思いますの。では、お元気で。

H大学教授

早や二月も下旬に至り、余寒の中にも春の兆しが近辺の森や林にもみられるようになりました。

このたびは鈴木良彦様、〝発信〟のESSシニア倶楽部開連Eメールを介して南山短大再演OIFに寄せていただき、誠に有難うございました。

お蔭様で、先生後指導下、現役大学生に加え、ご卒業生、先生方による真剣にして多彩なOIの典型に接することができ有意義な半日を過ごさせていただきました。

参加者の方々が長きにわたる試行錯誤の末、到達された、それぞれの解釈をソロ、グループ形式で生き生きと披露され改めて感心いたしました。

私は、これまで確か三回、南短のOIFを拝見、拝聴させていただきましたが、開会の挨拶からキャンドルサービスまで、通して身を置いたのは、今回が初めてです。

先日の「再演」には、従来にない、より現代的でユニークな試み、工夫も随所になされており、素材選択や練習過程でのご苦心、ご努力の跡がうかがえました。

しかもプログラム全体が一つのドラマ仕立てになっており、出演者ならびに協力者達は事前の勉強、猛連、ステージ本番、反省、改善というプロセスを辿って行けば、日常の日々刻々の倍において、有効に働く応用力がつくのではないでしょうか。

さらに戦争と平和、生き方といった重いテーマもさりげなく多方面に取り入れられているのが特徴の一つに思えました。結果的に、虚構世界での、ひとつの英語学習法、訓練のはずが一面で、いわば「目的転換」され、実生活を生き抜く手がかり、ヒントを与え、あとは各自、自分達で考えて行動しなさいとのメッセージが送られているような気が、ふとしました。

加えて、受け付けでいただきましたOIに関する冊子は、それ以前のものに比べ、一層簡潔にして要を得ており、なるほど納得の行く具体例が提示されていてとても参考になります。恥ずかしながら小声で自分でも追体験させてもらっている所です。

学内での後継者の方々もおありのようですし、ご自身でもさらにこれまでご体験、お考えをまとめられるとのこと、さらなるご活躍、ご発展を願ってやみません。

以上、お礼に添え、私なりのコメントを付け加えさせていただきました。

これからもお元気でお過ごしください。

ありがとうございました。

平成二十二年二月十七日

元高校教員K

いろいろな作品に出ている人たちが大勢いましたが、まったく異なった人間を演じているというところが素晴らしいと思いました。しかも普段学校でみている感じとまったく違うので、この子にこういう面があったのかと目をみはりました。マイケルジャクソンでムーンワークをしてはじけたかと思うと、古関裕而のリクリエームを、真剣な表情で歌うなど演劇教育の可能性を垣間見ることができました。

在学生Y

打ち上げ

フェスティバルとその後の打ち上げまでつきあってくれた浅野保子さん〈文藝春秋の拙著『感動する英語!』の声、卒業生〉のことばで紹介しよう。

…彼女たちの発表が終わるやいなや、涙が自然と頬を伝っていた。

兎に角、その躍動感と迫力に圧倒されてしまったのである。

純粋に楽しい事を楽しんでいる彼女たち。その体から実に生き生きと英語が飛び出ていたのだ。

もともとは印刷された文章であるのに、それらは練習を重ねる内に、あの子たちの心に入り込み、やがて自身の言葉となり、心からの語りとなる。故に聞き手の心に感動を呼び起こし、涙を流させてしまうのだ。

彼女らの熱さは、その後の打ち上げの宴の席までも続いていた。

誰かれと無く、ある一人がフレーズを口にし出すと、あちらこちらから次々とセリフが飛びかい、いつの間にやら全員で舞台の再演である。時に語り、時に歌い、もう誰も彼女らを止められない。

一つの世界が居酒屋の一角を占領してしまったのである。

２００９年２月16日　記：浅野保子

三十四年の最後の朗読会の最後に大津由紀雄氏と飲んだ酒

講演会でお呼びした時が大津氏との最初の出会いである。

その後、一度見に来られたらとお誘いしていた。そこでこれを最後に私自身が関わる、文字通り修めのクリスマスのＯＩＦに先生は来られた。

大津氏の目から見たこの日のことは、氏のブログに書いてある。

終わったらすぐに帰るといっておられたが、結局演目がすべて終わった後の作品ごとのグループ写真もジーとみておられたのが印象的であった。氏自身がいっておられたが、作品の動きを残しての写真どりも先生の目には印象的に映っていたようである。

この写真撮影のときは、厳しい言葉も思いをすてて――もっとも学生の方は夢にも忘れないと思っていたかもしれないが――、少なくとも私側はねぎらってやる瞬間である。いってみれば教育活動としてのＯＩＦは続いている。大津氏は、この間、電気のついている会場でボーッと座って見ておられた。

「先生、入ってください」。

これが終わってそのまま帰っていただくわけにはいかない。なんというか酒のみの直感で大津氏は結局、私のゼミ学生グループとの焼き鳥屋での打ち上げに付き合われた。

そこからが大変である。それまでだまっておられた大津氏の頭の中には色々確かめられたいことがあったらしい。

しばらく飲んでおられたが、どうぞ向こうのグループの方にもいってやってくださいといったら、スーと立ち上がってそちらのグループの真ん中に入っていって、練習のこととか、私のこととかをいろいろ尋ねられながらピッチはあがっていった。帰りの新幹線がなくなってきたので学生に告げに二度ばかりいかせたら、「いいんです」とかいわれて飲み続けられた。

結局学生とも別れた後、氏はもう一軒行きたいと言われ、ワンショットバーで深夜まで話していた。

30年間の最後の、最後の酒であった。

一人だけになって
あのとき永井博士を読みたいといっていたK子よ、ひょっとして…

ＯＩＦは学生の英語力の進化の過程である。人間としての成長の過程である。そして指導側にとっても、その学生の成長をみる機会、反省の機会、後悔の機会でもある。泣いて馬謖（ばしょく）を斬る機会でもある。

「ノーモア長崎、ノーモア広島」の時に、永井博士の「この子を残して」を読みたいといってきたが、希望には答えられずにいた学生の話はした。すべてが終わって、ふとこの時の練習のことが思い出されたことがあった。反省会というではない。ふと訪れる思いというものがある。

この学生は事情があって父親と生き別れていたはずだ。

「『この子を残して』をよみたい」と学生がそういったとき、ひょっとして、自分たちを置いて去っていった父親にいってもらいたかったことばだったのかもしれない。

そう考えると、練習時の、自分の身に降りかかったことの大きさもつかめていないような「ゴノゴチノコジテナゼ…」の無機質な声が思い出されて、あわれでならない。

K子、ごめんな――。

お腹の中のバージニアのその後

年明けて、卒業式は毎年三月十八日、どういう天のはからいかこれが私の誕生日。おめでとうとこちらがいえば、「先生もおめでとうございます」といわれる、いわれるなんともいえなく充実感がありながらこの年、くだんの学生は卒業式に来られなかった。

事の真相は、ちょっと頑張って先生の誕生日に産むといっていて本当にその日に生んでしまったからだ。

後日、彼女に抱かれた〝バージニア〟と対面した時に私はいった。

「君はね、もうお母さんのお腹の中にいる時に朗読会に出演していたんだよ。夢をもって生きようね、僕も持ち続けるからね」

第三幕

狙いは何か——パフォーマンスが目的ではない！

朗読会は断じてパフォーマンス目的ではない！

なるほど、見ることによって学べることはある。見なければならなかった。

しかしメインは演ずる側（表現する側）に回ることであった。

表現する側に立ち位置を移すことによってのみ見えてくるもの、学べるものは数かぎりない。

だからこそ我々はそれらを求めて日夜練習に励んできた！　それらとは、
英語の総合力、人間力である。

従って、すでに力がある人の表現ごっこでは決してないのである。

ないからする訓練過程である！

第一場　愚問、奇問、珍問、良問

ここではＯＩＦに関することで寄せられた質疑を取り上げて、卒業生とのやりとりの形で再現してみたいと思う。名ずけて「愚問、奇問、珍問、良問」集。

Ｑ１　お宅の学生さんだから出来るのですね

――先生がもっとも腹立たしくなる質問ですね。

近江　そう。学生たちは、あそこまで努力してたどり着いたということがなかなかわかってもらえない。しかもあるパフォーマンスは、それが終わりではない。もっと変化していく通過地点にしかすぎないということも理解してもらえない…

――そもそもはじめからできる学生を選んで指導するのでは意味はないですよね。

近江　そうなんだ。どういう指導がなされていたか、そしてそれに従ってどういう努力の過程があったかという点がすべてだ。大半の学生は、ついこの間まで普通の高校生だった学生ばかりだ。

――でも、帰国子女なんかが多いのでしょうといわれそうですね。

近江　そう。日本人の帰国子女病だ…。関係ない。大半の学生は純国産だ。**そんなに帰国子女だからいいのなら、英語教育などやめてしまって皆、「帰国」させればいい**（笑）。そもそも外国にいるだけで外国語の力がつくのなら、アメリカの大学にスピーチや演劇学科というものがあって、英語の母語話者がなぜ自分の国のことばの訓練をしているのかということだ。

帰国子女は帰国子女なりに、そこからどこまで成長させていくかが大切。繰り返す。レベルの高い学生を教えてきたのではない。学生も我々も一生兼命にやったからレベルがあがってきたのだ。

Ｑ２　どのくらい練習すればあのようになりますか

近江　どのくらい練習すればいいというものではない。ここまでやればマスターできるとか、免許がもらえるという考え方とは全く無縁の世界に我々はいた。

Ｑ３　自主練習と先生の指導との比率はどうですか

――自主的というのはいかにも格好がいいですね。

近江　いまの日本の多くの教育評論家などは涙を出して喜びそうだ。でもかりに指導者がいてもできるというものでもない。いわゆるスピーチ指導は日本の学校教育の真空地帯だ。コンテストの審査員をしているとよくわかる。指導がされていないのではない。されている。だがたとえばスラッシュリーディングの影響か、文法的な切れ目でポツポツと音を切ってしまう癖とか、驚愕すべき指導が行われていることがわかる。だから私としてはどの個人もグループも徹底的にみる。

――自己練習だけでは危険を伴うということですね。

近江　そう。どうにもならないように固まってしまう例を私はどれほど見てきたかわからない。ただ、朗読会には何十組も出る。

――正しい指導があり、その上での自主的な練習が大切なのですね。自主性の芽を摘まないようにと、指導を差し控えるようなことはないのですね。

近江　ない。だから当然指導にはめりはりを持たせなければこちらがまいってしまう。でもね、奥深さとむつかしさがわかってくると自主性も生れてくるものだよ。自分が上達していくのがわかる。弱いところを克服したいと気持ちもわいてくる。いっぽう一回でも休めば、それは表に現れてくる。グループでの発表は特にそうだ。部分は全体とつながっている。自分たちでも気が付くようになる。練習を休むのは気が引けてくる。同調圧力（Peer Pressure）もある。それに本番でも恥をかきたくないということが動機を高める。

――近江先生は前回休もうが休まなかろうが、お構いなしに休んだ学生にもあたかも前回出席したかのように声を出させますね。

近江　そう。自主的に考えておくか、私に聞きに来るなりいくらでも埋め合わせることは出来るということを分からせるためだよ。

――厳しい要求を出しているようでありながら、欠席者がこのあと続けていけるようにフォローしているわけですね。

近江　まあ、そうなんだが、欠席していたことによる差を自ら感じることもいい勉強になるからあえてそうするところもある。

Q３①　他の教員はどのようにかかわってきたのですか。

――他の教員も実に積極的にかかわってきたかということがうかがい知れますね。

近江　学長から一般教員、日本人教師、外国人教師まで。最後の朗読会では事務長はじめ職員グループが空き時間に練習していたのも印象的だった。

――実際の指導にはかかわらないのですか。

近江　指導のポイントというものがある。だからほぼ全作品について基本的に、スピーチ・ドラマ学の専門の立場から私が責任をもって引き受けた。

――外人の先生が大勢いるのではないかということを想像する人は多そうですね。

近江　だろうね。しかし外国人教師の多くが専門としているＥＦＬ＝「外国語としての英語教授法」の分野ではこの訓練は基本的にはない。大半は息抜きパフォーマンスと考える傾向は日本人以上かもしれない。せいぜい発音矯正に役立つぐらいだろうと捕らえている。

――といっても皆さん読み手として読み手として演技したりしているわしかったですね。

近江　それはもう沢山あった。

――しかし近江先生としては側面支援ぐらいで恩着せがましく思われたくないのですよね。正面から支援したらどうかということですね。先生が毎日、毎日、何年もしているんだからそれから学ぶことをしてほしかったということですね。

近江　南山短期大学の根幹をなす同時に言語教育の根幹、訓練だったからなおさらのことだ。僕は三十年間自分のためにやってきたと思ったことはただの一度もない。これが英語教育だと思ってやってきた。朗読会は外で獲得された英語力の上に立った遊びでは絶対にない。

――スピーチ学の専門ではない人が同僚として仲間に入ってきたことがあったそうですね。しかしその彼の指導も近江先生は時の学科長か

事務員だけによる発表

女性教授たちによる
"How to Cook a Husband"

らいいつかっていた。

近江　それは楽なことではないんですよといいながら、強引さに私が折れた形になった。

ところが、彼は夜遅くまで私の特訓を見にきて、盗み取ることをしない。手助けなどしてくれなくていい。遠く県外から学びにくる教師などもいた中で、膝元の彼はいっさいしなかった。この学科長は、退職後、その話を聞かされて、「困る、困る」と気にしていながら亡くなられた。

学問と教育の神がこの教師にどういう審判を下すのかは知らない。しかし、〝朗読会舞台裏指導30年1000時間〟——言語パロール観へのパラダイム転換の実践——が膝元に進行していながら、そしてそれが採用時に条件的に強く求められていたにもかかわらず、殆ど出て学ぼうとしなかったこの教師は、結局は学生を正しくは愛せたといえるのか私にはわからない。

頑固さというかプライドは人の進歩を妨げる。加えるにこの教師は救いの浅い世代である。ちょっと外国の講習に参加してきたらからといってもう上がったと思ってしまったのか。次の瞬間には看板をぶらさげはじめた。昨日まで内科専門であったが、脳外科に興味を持ち、しばらくしてコミュニティカレッジくらいなら僕でも出来るだろうと思い、メスを振り始めるようなことがあっていいのだろうかとは思うね。それは極端な例だといわれそうだ。そこである。それほど奥が深いものであるということだ。

こういうことを言うと、「何事も最初というものはあるのではないか」という弁護論がきかれたりするものである。しかし、何事も経験というのは自分のことしか考えていないエゴイズムである。医者は肉体の生死にかかわるが、教育はそうでないから許されるというはずもない。

こういうと、「生徒たちはそうハイレベルではないので、そんなに厳しく考えなくても十分」というのかもしれないがそれは違う。「この患者はまだ生まれたばかりで人間として半人前だから、見習いの私でもなんとかなると思います。私子供が好きですから」というだろうか？「こいつは先が長くないボケ老人だから僕みたいなやぶでもいい」などとはいえない。

「近江先生、うちでは学級が成立するかどうかで悩んでいるのですよ」と勝ち誇ったようにいう。そういう生徒にあたえるところのものはいい加減なものでいいのか。

学級が成立しないというが、成立しないほどつまらない授業をしているのかということだ。

先生が有り余るほどの力を蓄えて、英語なら英語、歴史なら歴史のおもしろさを教え始めたら、先生にはかなわないと言って生徒は嫉妬に狂うとでも思っているのか——ということである。もしそう思う教師や医者がいたら、それは生徒を患者のことを真剣に考えていない。

教師はプロである。大学教員だったらプロのプロでなければならない。

Q4　中高生には無理ですね？

近江　何が無理なんだろうね？

――先生の学校でしているようなことは。という意味なんでしょう。

近江　あれをそのまま？　まずあれは大学生なんだから…。

――しかも先生はスピーチ・ドラマの専門ですものね。

近江　僕が非常に気になる今の日本の価値観だ。すべて物事はやさしくて、とっつきやすく、そして誰にでも出来ることのみが善であるというものだ。いやだな。

――マスコミの影響もありますね。

近江　テレビの取材がきたことがある。レポーター嬢がいわく「私にもできるかしら」。

――できるはずがないですよね。

近江　そうはいかない世界というものが厳然とある。

――野球がちょっとできると、大リーガーになれると思いたがる。

近江　「練習だよ」ぶっきらぼうにいわれるとクシャンとなる。とてもできそうにありませんなどという。何か学び取って高みに行こうという気に欠ける。

――上から目線とかいってきらわれるのをおそれる。

近江　中高校こそこういう総合英語教育活動が中心にならなければならない。そのためにちょっと背伸びをする、ちょっと無理させるということが教育そのものの基本姿勢でなければならない。

――生徒は塾などに行って大変だといったりしますね。

近江　別に行かなければならないものではない。ＯＩを正しく行えば受験指導につながるのだ。

――結局、中高生に無理というのではなく先生に無理というあたりが本音ですかね。

近江　そういう全体的風潮の中で、熱意のある教師はいいね。

Ｑ５　朗読会訓練に至る前の根本的な英文の見方からことは始まっているのですね

――この質問者は理解しているようですね。

近江　そうだね。あたり前の話だが（笑）

中一レベルの英文をみるときから始まっている。

Everyone in my host family is nice to me but the host mother. Do I have to eat everything? I can't eat that much. (New Horizon 東京書籍)

設定は、語り手はホームステイ先の中学生で、「皆親切だが、食事の量が多すぎる。全部食べなければいけませんか」と、日本にいる先生にメールしているというものだ。

これに対して「さあみんな感情を込めて言おうね」では、何をどう感情を入れるのかわからない。右の文、教師にメールしているからため口ではなさそうだが、滞在先の状況を伝える情報伝達と軽い相談のようだ。しかし、もし同年齢の仲間への「ぼやき」ならば、途端に「全部たべにゃあいかんの？」ののりで声の高さもテンポも違ってくる。どう考えるかという解釈の問題と音声とが同じレベルで考える。

以前文科省のセルハイ高校でこうコメントをさせてもらったことがある。

「特別に編成されたクラスだけではない。意義のあることならばすべての英語クラスに適用できなくてはいけないのでは」

かくして学校全体が行って英語力をアップさせていった。

受験があるからは全く弁解にならない。法律の勉強をしなさいといっているのに「司法試験で忙しいから」と弁解するようなものだ。

受験があるからこそＯＩ活動の力を借りて力をつければいいだけのことである。

　中学生なら中学生、高校生こそ良質の英語入力をさせる必要がある。リーダーの文章を、あるいは副読本、そして高校生の場合いわゆる入試の長文などのような譲歩のない文章こそ本当に生きた言葉を刷り込んでいくことで表現力が育っていくばかりでなく入試突破能力もついていく。その土台にあるのが〝根本的な英文の見方〟である

Q6　このイベントは全員必修ですか

――必修のクラスも自由参加も両方でしたね。

近江　徹底的に無関心なグループもあった。しかし、必修か否かで参加不参加を決めるような学生はものにはならない。だいたいやっているうちに深い面白さがわかってくるのか、自分自身の英語にも変化があらわれてくるのか、辞退していく学生は案外に少なかった。

　私自身必修かどうかとか単位がどうのなどということに関係なくすべてを投げ出してきた。そういう世界もあるのだ。

Q7　なかなかオーラル・インタープリテーションまでもっていけなくって。覚えさせるだけで精いっぱいです。

――出ましたね。

近江　出た。「もっていく」という発想が間違っている。まさに**パフォーマンスという根深い誤解。**素材を七つのポイントの観点からきちんと読む訓練、それを自分の身体を通して表現することで解釈を確認修正、深化させていき、さらに声出しを続けていくことで原文の有弁のからくりを吸収していくことは当初から持つべき姿勢であって、偏食をしている人に野菜も、炭水化物も、脂肪もバランスよく摂取しなければならないところにもってきて、なかなか「そこまで行けなくて」などという言い訳はおかしい。

　パフォーマンスというならば教室で扱うリーダーや受験参考書の英文解釈の英文など、あの中にパフォーマンスが組み込まれているという風に考えるのだ。

――語り手も聞き手も時、場所、目的、内容、様式も、それからイメージされる動きも音声も、すべてテキストの外にあって、朗読者が勝手に付け加えるアクセサリーではない。テクストの中に内包されているのですね。

近江　中から迫ってくるエネルギーを聞き届け自分の声と身体に確認するだけだ。音読者はその意味で先祖の声を聴いて仲介する巫女（みこ）のような存在だ。作品は朗読者に憑依してくる。その後に自分自身の命と表現を与えていくモード転換はその後のことだ。まず巫女になるのだ。

――逃げられないのですね。

Q8　評価はどうするのですか。

近江　私はこの二言目には評価という姿勢は間違っていると主張してきた。評価ってなんのためにするのか。力をつけるためにやっているのだろう。**そしてその力を試すために既に他の色々な形でテストをやっているからそれでいいのではないだろうか。**

――そうですよね。

近江　**では、ちゃんと評価をしているではないだろうか。**

――…フェスティバル訓練そのものに対する評価は考えなくてもいいということですね。

近江　いい。**そもそも評価がすぐに出せない活動は無意味という考えこそ無意味だ。**別に今日明日に結果を出すためにこんなことをしているのではないのだから。そんなことが気になって踏み込めないのなら、効果を肌で感じていないことだから結果は出ない。やめたほうがいい。

――それでも敢えてというのなら、どんなことをさせたらいいでしょう。

近江　他人のパフォーマンスに対して、単なる感想文でなく評を書かせて提出すればいい。**批判鑑賞法的聴解（Critical and Appreciative Listening）**の訓練を提供することになる。

Q9　私は表現が苦手なのですが

――これって言い訳になるのですかね。語学教師として――。

近江　うん。では解釈はお得意なのですかといいたくなる。

――まあ、表現に比べればということになるのでしょうね。

近江　でも解釈ということは、人の表現行為の産物を対象にすることだ。本当の理解とには、自らの表現感覚が話者の感覚と共鳴し合うところに生ずる。解釈領域と表現領域というように二分できるものではない。第一部での学生との色々なやり取り、あれは音声表現法の細部について指導しているようだが…

――実は同時に解釈を深めようとしているわけですね。

近江　解釈深めのための音声表現が使われている。「ＯＩは表現に属すること」というのはまったくの誤解だ。作品の語り手と向き合い、語句からその本音を聞き取ろうとして本人の声をなぞってみようとすることは解釈行為だ。

――そうすると、「ＯＩの基礎は読みだ」というのも一見正論のようですが、解釈部分と表現とを分けている意味においてやはり本当にＯＩを理解していないことですね。

近江　そうだ。ＯＩはリーディングそのもの。ＯＩのことをInterpretive Readingというくらいだ。基礎の基礎である精読、レトリカルな精読、コミュニケーション的視座にたった精読である「批判的味読」だ。

この力がＯＩが正しく指導された場合には身についていく。ＯＩのために、そういう読みが前提になるというより、ＯＩの学習は最終的に解釈を音声に出して表現することになるので、解釈を固める段階でもどうしても声を出さざるをえない。実際に声に出して身体を使うので、そういう読みをせざるを得ない。つまりは意味の確認、修正、深化のための音読をせざるを得ないところが狙いだからだ。

Q10　でも結局は〝つくりもの〟でしょう？

近江　広島市の被爆再現人形の撤去理由である〝個人の主観や価値観に左右されない実物資料の展示（こそ）が重要〟という考えの間違いと同じだな。人間を不幸に落としめる感覚ではないかな。

――すごいコメントですね。日本人の中にある、芸人イコール河原乞食の偏見ですね。

近江　とくに男性、それも企業人に多い。役所は言うに及ばず…。文学はだめ、芸術も、そこからきて演劇、音楽、バレエなどの想起する実体以上の真実の世界を理解していない。

音楽会などで招待券をもらってお義理では来るが、「女房と子供がきたいというのでね」とテレ笑いをする。はっきりいってこういう企業人の感性は外国ではまったく尊敬されない。商品に反映してくる、営業にも決してプラスにならない。

――長い目でみたら利益にだってつながるということがわからないのですね。

近江　一流の企業人は違う。社員に率先して音楽界や朗読会に行かせたり参加させたりさせているところもある。

――先生のかかわってきたこの朗読会は見世物ではなく、言葉を通して、作品を通して生活万般を律していくというようなところがありましたからね。

近江　こんな話がある。初老の企業人。練習が終わって立ち寄った居酒屋は馴染みの客の溜まり場です。

「ああ、先生遅くまで練習ですか、何ですか、それは演劇ですか」

演劇などではないことは前にも説明しているから興味があればある程度覚えているはずだから、まあ義理でたずねていることはすぐにわかったが、そもかくも「当日いらっしゃいますか」ときいてみた。そして原爆物の作品の苦労話などをすると「むつかしいものをやるんですね。いまの女子大生たちにわかりますか…」。

こちらは「いや、わからないからやっているところがあるのですがね」。「…」もうこのところでわからない。しばらくして彼はこう訊いてきた。「何か飲み物はでるんですか」。

——デターッという感じですね。

近江　被災地にでかけていって生きるか死ぬかの戦いをしている人々に向かって、飲み物がでるのかと聞くかといいたいんだよね。

——やっぱり商業演劇を見る目を捨てきれないのですね。

近江　殿方の体質だ。いや、音楽会などでもプログラムの一つ、二つ見るとロビーにノコノコでてきて知人や主催者と談笑したがる。

——個人で作品と向き合うという姿勢ゼロというわけですね。

近江　「飲み物」ということでピントきた。学生食堂でただ座っていると変質者と間違われてしまう。そこに「飲み物」がでた。つまりは「飲み物」は、この御仁にとっては、座って目の高さで女子大生の生足をゆっくりと鑑賞するための小道具だったのではないかと——。

——なるほど！まごうかたなき〝実物〟ですネ。見るサイトが違うじゃあないのかということですね。

近江　そういえばこの御仁には、以前こんなことをいわれたことがある。「先生、僕に、学生諸君にテニスを教えさせてくれませんか」（笑）

——男性に河原乞食の偏見が強ければ女性はどうですか。

近江　女性にも見られるようになった。もともと女性は、レシテーションへの関心は男性に比べて強かったのだが、社会地位の向上に伴って河原乞食は新型ウイルスとして彼女達の心をも侵食し始める。平常時は感染してもどうということはないのだが、ある種の刺激を受けると、めらめらと発症してくる。

——時代のウイルスですね。ウイルス名は、「ガチャコ」とか…

近江　「ガチャコ」？あ、いいね。なんとなくわかる。

——先生、定義してください。

近江　ガチャコとは、文学や芸術すべてを「つくりもの」として軽蔑するかたくなな性質を持つウイルスなり。なぜか学歴の高い女性の脳内に住み着きやすい。

これに感染すると、患者はもし英語を話すとしたら、獰猛なる印象を与える。それは英語というより〝ガチャングリッシュ〟といったものに近い。しかし自覚症状はほとんどない。指摘すると、「そんなことはどうでもいいんです」「意味さえ通じればいいのではないでしょうか」とどこかで聞いた風なことをいう。訓練すれば、その英語とて、洗練されたものになり、情緒的、知的シェープアップにつながるかもしれないが、そんな誘いを受けてもせせら笑い、絶好の機会を逃してしまう。同時にその屈折した心が、ひそかに求めている女の幸せまで自らの手で遠ざけていることに気がつかない。

——近年、特に自分では翔んでいると思っている女性の中にこういう屈折した心を持っている人が多いようですね。

近江　男性と対等になろうとする過程で受け継いでしまって、一切の情緒性を破棄し、文学的なものまで軽蔑する。しかもこれが女性の地位の向上と思ってしまう。

「朗読会に来て見ませんか」とか、「なにかやってみませんか」という誘いに対して、「そういうものには、ちょっと」と拒否反応を示す。

――「そういうものはちょっと」といってもどういうものかはわかってはいないのですね。

近江　これが個人の問題であれば、まあ誤解として済む。が、英語を教えたりという立場にいるとなると放ってはおくことができない。

――ガチャコのミニ版を大量生産することになるからですね。

近江　なぜ私はスピーチにこだわるのか。それはスピーチレベルが自分の付き合う人を限定してしまうからだ。ガサツな英語はガサツな人種しか引き付けない。少なくとも教育に携わる人間からは、そういう偏見を捨てていくこと自分のため、人のためでもあるからだ。ことばの限界は我が世界の限界なのだ。

――「先生、美人だけに教えているのではないですか」なんていうやっかみ的なことを言う人もいるといっていましたね。

近江　そう、とんでもない言いがかりだ。美しく「なっていく」のだ（笑）。

物事に対する取り組む姿勢が一定期間を経て内面から光輝いてくるのだ。作品の世界に正面から向き合い、情緒的、知的に磨かれていく。僕の周辺に出入りする学生たちが、輝いてみえるということだ。こういう学生達は相当のところに就職するばかりでなく、相当のポジションに配置されたりする。

――一部のできる学生だけを集めて教えたり、かわいい女性だけを集めチントンシャン楽しむだけならこんな大変なことをどうしてやってきたかということですよね。

近江　僕がどうして朗読会の練習期間中、「明日からまた夕食は家で取れないよ」といって、それを三十年も続けて夜遅くまで学生につきあってきたかということだよ。

――管理職でありながら、杓子定規で門限を守ろうとする口論しながら学生を弁護したり、そのために同僚と口論までしたりするか、ということですね――

近江　超過勤務なんてものはもちろんない。それどころかカリキュラムに入っているわけでもない、すべてを犠牲にして、来る日も来る火も練習に付き合うかということか、それが英語力を総合的に身につけ、そのほか人間を磨いていくことになると信じているからこそなのだ。

Q11　公開にしている意味は何でしょうか。

公開目的か、訓練目的か――人知れぬ悩み

練習やフェスティバルをどういう形で行うか三つの型が考えられる。

A型　公開目的型

商業演劇がそれである。目的は有意義な代理体験を提供するというところか。公演まで役者の力が届きそうもなければ背に腹はかえられない。オーディションを行い、その時点で考えうるベストな人材を選択する。恨みっこなしである。

B型　非公開型

訓練が目的。見せるのが目的ではないから心置きなく有意義と思われる訓練を十分に行うことができる。

自分に合っているものだけをやろうとするのでは勉強にならない。自分のパートだけもらって、空き時間にそれだけに集中しようなどという考えは初めから受け入れない。からみの中で部分を見るからである。又、リハーサルの中ではいろいろな実験も行なわれるからである。およそ御姫様にはあわない感じだからこそ姫をやることによって、その落差から学ぶ。あるいは自分のパターンはこうであろうと決めつけてみたが、案外に「悪女の素質があるな」など再発見したりする。ことばも同じで、そういう実際の自分との落差を埋めようとする過程で学んでいく一つの作品に対して相手が変わることによって自分も変化していくことなどを感じ取ることなども結果だけを見て楽しませてもらおうなどのテレビ観客などは気が散る

だけだからいない方がいいともいえる。

C型　訓練過程の公開型

我々にとっては訓練が第一であるから非公開でよさそうであるが学生にとっては公開にすることによって、みっともないところは見せたくない気持ちが働き、モチベーションがたかまるので、それによって教育効果も期待できる。私にとっては何といっても訓練方法を多くの教師に知ってもらいたい。だからフェスティバル同様に授業も練習も公開にしてきた。しかし、訓練途中のものを見せるのは覚悟がいる。以前九州の高校生を使ってモデル授業をするための特訓中に主催者が心配してか、練習をのぞきにきたことがあったが間違った印象をいだいて帰ってしまったようである。マスコミご法度、鉄のカーテンで締め出した川上哲治氏の気持がわかる。大相撲も本場所感覚でしか見ないスポーツ記者という種族は、だれそれは連続して負けていましたねという。かって貴乃花が「負けるのも稽古なんです」と言っていたのを思い出す。

今度は逆にしっかり練習して出来が良くなっても「あの子は帰国子女ですか」がでてくる。日本人は帰国子女がほとほと好きである。あるいは大学教員ですら「先生のところには出来る子が集まっているのですね」とまとはずれなことをいう。いずれにせよ訓練中の過程をみせるということは誤解を受ける危険性と隣り合わせである。だが私は見るのならOI活動は線でみてもらいたい。

——最終のフェスティバルそのものも公開にして見えてきたところのものはなんですか。

近江　最後まで見ようとしないという人が多いということだろうね（笑）。どうしてもプログラムの構成上、最後の方に力を入れたものがくる傾向があるが、なかなかそこまで残らない。その程度のものかといって帰られたりすると切歯扼腕の思いがするがどうにもならない。

——特に中京地区は一日の終わるのが早いという傾向がありますね。

近江　朗読会の構成が一つのドラマのようになっている。それは最後まで見ないとわからない。

——外部からの反応としては、三時間半、どうなんでしょうね。

近江　ちょっと長いのではというあたりだろうね。

——どうですか。

近江　短いね。

——短い？

近江　短いぐらいだ。一時から始めて六時ぐらいはざら。一日では収まりきれなくて二日にわけてしたこともあったな。テレビ観客なんだな。五分ともたない。これは商業演劇でははじめからない。

——皆に表現する側のチャンスを与えれば長くなってしまうのだからやむをえないというわけですね。

近江　それに長いというけれど、だったら大型連休にどこかに出かけたら二、三時間ではすむだろうか。でも誰も文句をいわない。要は価値観の問題なんだよ。仮に見る方の側だけに立って考えたとしても原爆の体験が、平安の絵巻物の世界に遊ぼうとしているんだ。それを考えれば、朗読会の時は、ドシッと構えて、別次元の旅に旅立つ貴重な機会と捉えれば長いということは決してない。

——時間はかかるものだときめてかかればいいんですね。

近江　僕は芝居の興行主ではない！もしそれで問題があると言うなら、そういう人は仲間に入って内から改革してもらいたいね。

——仮に通して全部を見てくれたとしたらどうですか。

近江　勝手なもので見るほうとしてはどうしてもその時、その瞬間に舞台で繰り広げられる演技だけですべてを判断してくる。発音がまずかったり、声が小さければ、遠慮なく指摘してくる。そこまで来るのに本人も指導者もどんなに苦労し、本人としては相当上がってきたという過程はなかなか見ようとしない。逆に上手になってきた学生を見ても、「おたくは英語専門の学生でしょう、出来るのは当然です」とか「帰国子女ですか」などという。

近江　帰国、出国は関係ない（笑）学生の大半は国産です。

――「小さい学校だから出来るのですね」といった人もいますね。

近江　関係ない。小さい学校でも教師がやる気がなければできない。大きな学校でもそれなりにできる。学内でもこの偏見はあった。「先生のクラスにはできる学生が集まっているのですね」とかいうのもそれだ。冗談ではない、**ああいうふうに持っていった、学生も成長してきたということだ。**

――発表を見て、その陰の努力がわかる人はわかるでしょうね。

近江　もちろん、わかる人はわかる。以前、もと演劇体験のある人が見に来ていた。今いちのレベルの発表の交じっていることについて私が自嘲気味に弁明したときに、「いや色々な人が同じ空間を共有して一生懸命にやっているところがいい」と真剣に言ってくれた。実はそこなのである。上手な学生たちだけの取り澄ました演技ではない。独特の熱気がある。それは社会の縮図のような趣がある。それがわかってくれた。

――学生はアルバイトや自分の生活があるので実際上、指導はむつかしいでとかいわれそうですね。そうきたら…。

近江　しなければいい。

Q12　学生は英語だけをやっているわけではないからむつかしいでしょう。

――英語だけやっているわけではないという弁明が出ること自体、中身を理解していない証拠ですね。

近江　**OIは知的、情緒的、審美的一体活動だ。**

――シャーロット・リー（Charlotte Lee）の定義ですね。

近江　**しかもフェスティバルにもっていくということは生活指導までも含んでいるから、英語だけなどというのは全く見当違いだ。**

――質問者のように思うようでは続きませんからしなければいい。

近江　すべては知らないからだ。その世界に入っていったものは異口同音にその素晴らしさと限りない畏敬の気持ちさえ覚える。

Q13　指導者に力がなければ不可能じゃあないでしょうか。

近江　指導者にどういう力がないと何が不可能というのかな。

――発音とかイントネーションとか、音声面に関する力、程度と考えられている場合が殆どでしょうね。

近江　発音とかイントネーションは、英語力とは別物のお飾りぐらいにまだ思われているね。**作品の意味を考えさせたり、それを表現させたり、教師はそのファシリテーターとして機能するのが第一だ。ということが不可能だと考えるのは教育そのものから逃げている。英語は教えられませんということだ。**

Q14　これでは聴取者がわかりません（テレビ局ディレクター）

――これまでにいくつかの取材があったでしょう。メディアに対して何かおっしゃりたいことはありますか。

近江　根底において視聴率優先で、高みに連れて行こうという気がないメディアには理解してもらおうということは不可能に近い。

あるテレビ局が授業の取材にきた。レポーターの女性が、自分が長せりふを覚えてくるから、それを先生が直して云々という放送台本をもらっていた。その「覚えてくる」とあたりまえのようにいうところが引っかかった。その覚え方がすべてなのだからね――。だが、まあ表面をつくろう以上のことはできそうもないのは明らかだから、いうなりになって、本番を迎えた。

ところが途中で「訳をいれてくれ、聴取者はわからない」からと担当者がうるさい。もう、自分が受けてきた教育に百パーセントその形になってしまう。

現代社会は何がそんなに不安なのか、何故にこうもすぐにすべてわかりいそぐのか。**わからくたって、当面はいいという世界もあるのだということがわかってもらえない。**

つまりわからないということに対する寛容度がこうも低くなってきている。十分もない番組の中ですらそうだ。

そんな私を助け船を出して、学生の一人がテレビ局の人にこういった。

「別に、近江先生のテレビを見て、聴取者に英語の勉強をしてもらおうというわけではないし、いいじゃあないのかしら」

でかしたぞ、わが教え子よ！　これで決まった。

チャイムが鳴った。

「チャイムが鳴ったら私の世界です。好きなようにやらせてください」。大丈夫、熱気だけでも伝わればそれだけでもメッセージだからと信じて――。

「わかりました」といちおうなった。

しかし今度はワンセッション終わりかけたところで、レポーター嬢がいないことに気がついた。彼女は教室の外で追い込み練習をやっていた。

練習などしていないで、プロセスを見てくださいよ、プロセスを！　早く、確実に覚えられる秘法を生で公開しているのに、それを見ないで外で自分が今までにしてきた方法でやっている。そのための取材ではなかったの？

こんなところにデジタルの構造がはっきりと見える。

A、覚え　B、直し　ABは別口に結び付けられてきてしまっている。

Bは直しではない。それは表向きだ。Aが本当にできるようにするために表現と内面とを結びつけようとしているのだ。〝近江メソッド〟は基本的にアナログである。

Q15　どういう素材を使うのですか？

――この質問者もまたＯＩをパフォーマンスとして捉えている気味がありますね。

近江　**そう。普段扱っている教材、それが既に生きたことばであり、潜在的に舞台にのりうるということだ。**

――とすると授業と連動するように、正規の授業科目がどう教えるかということこそが問われなければなりませんね。

近江　そういうことだ。しかもその授業とやらも従来、そして現在も中学から大学まで四技能は、それぞれの教材を使ってバラバラに教えられている。しかし、リーディングの素材と考えられていた文章は、同時にそれは誰かが、誰かに向けて特定の意図を持って語られたもの、すなわち「パロール」だ。その目的を達成するためのレトリックを味わい、オーラルインタープリテーションに通して学んでいかせる。そうして身体に刷り込まれてきた素材を、さらにコミュニケーションの本番で使用できるフォーマットに転換しておく練習として、たっぷりとモード転換練習を行う活動がベースにおかれることがのぞましい。朗読会が加わるからかなり徹底するというわけだ。

Q16　生徒は感情表現が苦手で

――この質問も又、ＯＩを授業本体とは別口のパフォーマンスとして捉えているところがあるようですね。

近江　かすかに匂うね。

――そんなことは問題の本質ではありませんよね。

近江　**何でも感情を入れればいいというものではないというのが第一点。もし相当入れなければならないものがあって、それができないとしたら、多くの場合、学習者が素材の意味が十分に理解できていないから入れたくとも入れようがないのである。**どういう理由で感情を入れなければならないのかわからないで、ただ闇雲に入れよでは入るはずはない。

Q17　先生の学生さんたちが参加してきた、日本コミュニケーション学会主催の「文学作品音声表現フェスティバルとセミナー」は現在も続いているのですか。

近江　私の前の会長の時代に廃止になってしまった。

――「もう近江さんのところに置いておいてきたら」といわれたこともあった団体優勝のトロフィーも、先生は学会に返したかったのですが行き所がなくて引き取っているのですよね。

近江　日本のコミュニケーション研究自体が、あさっての方向をむいているから復活は至難の業だ。基礎を忘れてアメリカの趨勢に流されている。つまりスピーチ・ドラマ学が主流でなくなってきているからだ。学会の八割方の会員がオーラルインタープリテーションとかリーダーズシアターという用語すら知らない。

今、関東地区の各大学の名を刻み込んだトロフィーは、南山大学のキャビネットに保管されてある。「無縁仏」にさせるぐらいだったらと手厚く「永代供養」させてもらっている。

今までコミュニケーション学会は国にコミュニケーション研究分野に市民権を与えよと動いてきた。それはそれでいいのだが、この研究者たちは大学で「英語」を教えている。ところが頭の中には「私は英語の教師なんかではない。英語「も」教えさせられているだけだ」という意識を持っている。これは間違っている。何もEFLや英会話をせよといわれているわけではない。それどころか相手はことばである。だったら英語なら英語という言葉をOIやドラマの訓練を通してすべてにつなげてく視点と力量を持ってこそ、人間界の万般のコミュニケーション事象をさながら一遍のOI台本を解釈分析することができるはずではないか。そういった意味でOIを筆頭とする本来の伝統的なコミュニケーションの研究領域であったスピーチ・ドラマ学が復活されていくことが、西洋のみならず日本においても真のコミュニケーション学の将来が確立していく道であるとコミュニケーションの研究者には言いたい。

Q18　こんな文章は実際に使うことはありそうもないですね？

――結局何も理解されていないみたいですね。

近江　**「マッチ売りの少女」の語り手のようにしゃべる。「クリスマス休戦」の兵士の様に話す。シェイクスピアの“All the world's a stage...”のモノローグの様に時間配列でしゃべる。ポーの「黒猫」のように話そうとする。「青春」の詩のようにしゃべってみよということなんだよ。**

――キング牧師のように夢を語ることもある…先生の『感動する英語！』『挑戦する英語！』はただ聞いて、楽しむレベルで終わり、それを取り込んで自分がそのように語るという視点で努力しようということをしませんね。だから、あの中のモード転換の無限の価値がわからず、なくてもよかったなどとトンチンカンな反応がでてきたりする。

近江　もちろん丸ごと使うということはない。ただ、どこをどのように自分自身の表現に組み込んでいくかーそこは各自の才能だ。

——すべては表現の分厚い世界を知らないから出て来る感想ですね。海の浅瀬しか知らない者は、大洋の深いところでどんな魚が泳いでいるか想像できない…。

Q19　一見関係のなさそうなことを自分に関係ずけさせる頭を持てと先生はよくいわれますね。

近江　知の形が変化してきてしまっている。文化存続の危機と私は捉えている。近代西洋文明やデジタル思考がもたらした負の遺産だ。

——以前テレビをみていたら、東大の野球部のコーチ元ジャイアンツの桑田投手は練習後部員にいっていた、「野球だけやっていれば野球がうまくなるというものではない」というふうなことを言っていました。

近江　現役時代、けがをして休んでいる時にもピアノの練習をして指の感覚を磨いていた桑田氏らしいはなしだね。桑田氏は別に色々なことを勉強して、円満な人間になれなどと、聞いた風な説教をたれていたのではまったくない。野球が強くなるということは、野球と一見関係のなさそうなことを見てもそれを自分に関係づけて自分の芸を磨けということをいいたかったのだよね。好奇心を持って色々なことを勉強し、それから自分の野球にとおってプラスになることを取り込んでいくという頭脳、感性を持ちたいということだ。すべての芸道、技術習得にもいえることだ。それにしても真に頭が優れているということはどういうことか、桑田氏が東大の学生たちにというところが面白い。学生たちは大変な課題を桑田氏に突き付けられた格好だったね。

——学校の先生たちが、そういうことを教育の中に活かしていかなければならないわけですね。

近江　そう。だけれどその教師自身はそういう風に鍛えられてこなかった。ロンドンにリーダーズシアター協会の講習会があってこれに参加したある大学の先生。期間中、観劇のツアーがあったりしていたが、いっさいで行こうとしなかったそうだ。ところがその理由がふるっていた。

「僕は、リーダーズ・シアターを勉強しにきたのだから、そういうところにはちょっと…」

——信じられないですね。

近江　本場の劇が目と鼻の先でやっていたんだよ。リーダーズ・シアターとは違うとはいえ、結び付けられないのは情けない。

——こういう思考の人間が野球の選手になったらおもしろいでしょうね。

近江　先輩たちのマニュアルを一生懸命にみるだけで、ちかくにイチローや落合が一流の芸をみせていても「あれはプロ野球であって、参考になりません」とでもいうんだろうね（笑）

——芸を盗むという発想がないのですね。

近江　それどころか開き直るだろうね。「どこをどういう風に高校野球に使えというのですか、文科省は教えてくれていません。マニュアルがないからわかりません」とか言って…。

彼は大学に移ってきて、教育関係の担当をしているときに、現場には専門家などがいながら見向きもせずに、馴染の中学、高校の知り合いを週替わり講師としてつれてきて、教案の書き方とか、ちまちましたことをやらせていた。

——知の崩壊ですね

Q20　日本人は英語がいつまでたっても本当には使えるようにならない原因はいろいろあるでしょうが、最も根本的なものはなんでしょうか。そして従来の英語教育は、なぜその必要なものを提供できなかったのでしょうか。それに較べて、先生が

提唱されるオーラルインタープリテーション活動は、どういうところが従来の教育と本質的に異なり、問題の解決に貢献するといえるでしょうか。

——最後におさらいてきな質問がきましたね。まず「日本人は英語がいつまでたっても本当には使えるようにならない原因の中で、最も根本的なものはなにか」ということに対してはどうまとめますか。

近江　豊かな言語入力を怠ってきたからそれに尽きる。最近の英語教育はとくに入力対象を音声媒体のものに絞ってしまう傾向がある。文字媒体のものは読んで理解する対象としてしか捉えない。

——そうですね。そこで「従来の英語教育は、その必要なもの——つまり豊かなる言語入力——をなぜ提供できなかったのでしょうか」。

近江　ベースにある言語観にあると私は主張してきた。

日本では言葉の教師は文学系、語学系にわかれていたが、共通しているのは、言語ラング観で、この言語観に傾きすぎていたということだ。**言語ラング観**（言語制度説）とは一言でいうと、ことばを制度として捉え、**ことばの意味というものはその使用者に関係なく言葉自体の中に決定済みのものとして内在する**というものである。つまり“1234…”の意味は“1234”であるということだ。

もう一つの言語観は**言語パロール観**とでもいうべきもので、**意味とは使用者が特定に相手に対して使用する時に与えるものであるとする考え方である**。もちろん事実は内在するもにと与えられるものとの両方がある。しかし従来は前者に傾きすぎていた。

英語教授法もEFLもその偏りから逃れることはできていない。いきおい、書かれた英語は読解の対象だけになってしまって、そのように話すという視点で捉えきれなかった。ために言語入力が耳からだけとか、あるいは英会話教材にみるダイアローグでしかなく、貧困な出力となってしか現れてきていないのだよ。

——そこで「オーラルインタープリテーション活動は、どういうところが従来の教育と本質的に異なり、問題の解決に貢献するといえるか」の問いかけになりますね。

近江　パロール観に基盤を置く言語訓練だからいままで生きた言葉として光があてられてこなかった膨大な散文、詩、戯曲、などが入力の対象として蘇らせ、素材に意味を与える語り手の立場にたって内面を理解しての音読だからしっかりと意識の襞に刻み込むことで実際のコミュニケーションの場面に応用されて自発的発話にもっていくことができるということだろうね。

第二場　何のためにしてきたか

――一大複雑系（The Complex System）学習環境と六つの教育的狙い――

朗読会訓練の特徴をひとことでいうのなら、私はためらいなく一大「複雑系（The Complex System）活動」と答える。

ウィキピディアによれば、複雑系とは「相互に関連する複数の要因が合わさって全体として何らかの性質（あるいはそうした性質から導かれるふるまい）を見せる」系である。そして「その全体としての挙動は個々の要因や部分からは明らかでないようなものをいう」である。

珍しいシステムではない。人間生活そのものが複雑系である。経済、気象現象、細胞ら枚挙にいとまない。細胞はいつも新しく生まれ変っている。しかしそこだけをみていれば年齢と共にしわが増えていくメカニズムはみえてこない。一流の科学者も、そもそも神という存在を考えないとこの大宇宙には解けないことがあるということを認めている。

イソップ物語に金の卵を産むニワトリの話がある。毎日一個だけ金の卵を産むにつれて飼い主は段々裕福になっていくが、ある時これは体の中に金塊があるにちがいない、腹を切り開いてしまえば一気に金持ちになれるはずだと考える。そこで切り開いてみたが、何もでてこないばかりかニワトリも死んでしまった。

作り話とはいえ示唆的である。いったい、毎日一つ産みつづけることができたのには、どういう力が働いていたのだろうか。切り開いたぐらいではそのカラクリは見えてこない。全体が全体のままでいて、さらにその中に計り知れない複数の力が働いているということが想像されてもそれが何かまでは簡単にはわからない。

それがわかるものと勘違いし、人工的に操作すれば金の卵が効率よく量産できるとでも思っている教育政策は失敗する。

「習熟度別」もそのひとつ。だいたい中学の英語でそれを導入しようなどと考えたりするのもそれである。一方に、「日常会話が堪能な生徒」がいて、片方に「アルファベットの読み書きすら困難な生徒」がいるという診たて自体がおかしい。

仮に、アルファベットかが弱いからと言って、そういう生徒だけ集めて、時間をかけて集中的に教えたりしたらますます英語嫌いをつくりかねない。（そもそもアルファベットからという前提がおかしい）好奇心も強く、感情も激しいこの時期に、〝集中治療室〟に閉じこめてしまうとはもったいないを通り越して、学問的引きこもり状態を助長すらしかねない。

なるほど、弱い箇所を別口に、集中的に修復するために隔離することはある。しかしそれは全員を受け止める厳しい父とやさしい母の懐のような、学びの場があるという前提である。そしてこの学びの場こそが典型的な複雑系である。その中でこそ胎児は、そうでなかった時とは異なる成長を遂げていく。

（それは何か？わかりいそぐものじゃあない‼）

差があるのが人の世である。男生徒、女生徒がいて、学力の違い、個性の違いがあり、教員も居る環境があるということは宝である。そう感じとれることこそが大切であるが――。我々の朗読会では、大学生のレベルでこの多様性を逆に使って成果をあげてきた。

オーラルインタープリテーションの教育的意義について、改めて考えてみる。

…最大の狙いは、スピーキング、ライティングにつながるさまざまな言語形式、雄弁のからくりを、面で身体感覚に刷り込ませることができることである

近江　最大の狙い―それはここに出てきた数々の作品の朗読のように自分の英語として話せるようになることである。ここに出てきた英文のようにスピーチできるようになるためにしている。ここにでてきた作品のようにライティングができるためにしているのである。それはやさしいことではない。しかし少なくともそれにどこまで限りなく近づくためにしている。スピーキング、ライティングにつながるさまざまな言語形式、雄弁のからくりを、面で身体感覚に刷り込ませることができること―これが、〝英会話〟をはじめ英語の本当の意味の表現力をつけていくことに大きく貢献している。第一がそれだ。

本当の意味で大人のコミュニケーションができる英語力――それは世間でよく言う、〈意味さえ通じればいいという〉レベルのコミュニケーションではない。

コミュニケーションというのは意味が通ずればいいといのは典型的な素人考え。コミュニケーションの目的の中には「情報を伝える」ことがあるのはたしかだ。でも語り手が何を意図しているかは千差万別のはず。情報を単に伝えたいだけなのか、それとも、説得したいのか、つまり人を動かして、考え方を変えさせる、そして場合によっては行動パターンに影響を与えたいのか、ということがありる。また単に人を楽しませたいのかということもある。それ以外にも弁解する、祈る、呪う、叱る、渇を入れる、甘える、ほめ殺すなど、おどろおどろしたものまで含めて、動詞の数ほどもあると考えることができる。

Q　言葉の学習は、品行方正、面白みのない人間を作るのが目的ではないのですね。

近江　そうだ。生きとし生ける者が、ことばを使って各々の目的を達成できる力をつける支援をするというところだ。

だがそれは、英会話ではある程度までしかいかない。

Q　詩、散文、ドラマ、手紙文、評論文、いろいろなものを取り込んでしまうことになるわけですね。中に出てくる有用表現を色々使っているのですね。

近江　違う！「中に出てくる有用表現」ではない。「雄弁のからくりを面で身体感覚で」だ。つまりね。クレオパトラや楊貴妃の顔つきや仕ぐさのひとつを取り出してきて練習してみるのではなく、これ等の美女の立ち振るまい、顔つきすべてひっくるめて自分のものとしていただくという姿勢がここで求めているものなのだ。一定の長さの語りには、皆、それなりのコミュニケーション目的を達成させるためのレトリックというものがあるのだよ。

Q　朗読会で扱う作品、なるほどそれは一件見ると、こんなものはとても実生活に使えそうもないものが多いと考える人は多いでしょうね。

近江　それが大方の反応だ。でも、それは実際にやったことのない人の想像でしかない。生活に関係がないというが、実生活に生かすシミュレーションをたっぷり普段からしていればいいのだよ。

Q　**それかモード転換訓練ですね。**

近江　そうだ。〈ハムレット〉だったら、結婚すべきか仕事を続けるべきか迷う女心を表現してみる。「お気に召すまま」の All the world's stage, and all the men and women merely players: they have their entrances and exits... は、見事な時間配列だ。「日本の季節のうつろい」などを説明する練習などどうだろう。**The Daffodil** だったら、北海道の旅行体験を語る際「ラヴェンダーの花」にして模擬会話をしてみればいい。実際に行ったことがあるかないかは関係ない。あくまでも訓練だ。実生活における本番のコミュニケーションの前段階としてのシミュレーション練習だ。

The Black Cat（p.030）だったら不意打ちにこうきく。もっとも不意打ちといっても、それまで何日も、かけて練習してきたのだからその意味では不意ではまったくない。

この文章は、想定外の事件に遭遇した語り手の驚き、プラス自分が原因で招いた地獄を覗いた心境を述べている。見事な自己嫌悪のレトリックになっている。練習にはリアリティを持たせたい。そこでこの語り手は殺人を犯して服役中の立場か、そう設定でもして相手に対してきく。

… Hey, that was really tough what you went through, wasn't it? Tell me, how didi you feel that you delivered a stroke against the brick wall, huh? How did you feel?

Q　イエス、ノーで答えられる質問とは意図において本質的に違う。**練習してきたかたまり英文が、そのカタマリのまま答えになるような質問を手を変え品を変えてきくのだ。**日常につかえるように創造の羽をひろげてシミュレーション練習だ。学習者の個人練習として、あるいは教員自身の自己研鑽として行っていた。

「ジャックが建てた家」のようなざれ歌みたいなものは余興みたいに思われそうですが…

近江　あれとて、食物連鎖の話をするなど因果関係を読明するという場面にモード転換してみることもできる。

Q　着実に入力が増えていくということは、過去のいくつかの入力を果敢に、縦横にひとつの語りの中に流し込んでいいということだ。

近江　莫大なインプットを体の表現ファイルの中にもつことになる。

Q　覚えられないという声がきこえそうですね。

近江　記憶力は増殖するのだよ。

Q　**それにしても本書の第一部で紹介されているような作品の解釈を巡っての、やりとりや、尋常ではないこだわりをみていると、それがインプットにどうしてつながるのかという印象を持つ人はいるでしょうね。**

近江　せっかちな現代人にとって、ああいうやりとりは無駄に思える。特に外国人教師にはそういう受け止め方をする人が多い。彼らの多くが専門としているEFL系の英語教育自体が、海外子女用の現地生活への即席対応のようなきらいがあることとも関係するのだろう。又、そういうことがわからずに無批判に取り入れている自称進歩派の教師が日本には出てきていることも気が塞ぐ話だ。

OIでは深く原文を理解するから、気持ちを込めて演ずることができ、気持ちを込めていうからそれだけ迅速に覚えることもできる。

複雑系に関して言えば、読み手同士が相手になったり、作品の構成要素になってからみあってくることからリアリスティックなコミュニケーション環境の中で豊かな言語入力活動を行うことができるのだ。

第二の狙いは、すべての基礎、コミュニケーション的精読（＝批判的味読）能力と言語感性の養成である。

Q　そういったわけで、色々な英文の雄弁のからくりを刷り込むためにみな一生懸命に練習してきたわけですが、理解した上での音読でなければいけない、それも単なる内容把握を超える解釈に時間と精力を注いできたわけですね。

近江　そうだ。だから当然リーディングの学習をしてもいる。

Q　なるほど。だから我々の活動が目指しているところのものの中には、読解力の深まりもあるわけですね。

近江　そう。それも深く正確に読む力をね。こういうと、日本人は読みの力はある、学校で十分やってきたなどというが、それは違う。また、精読などというと時代遅れのように思う人がいる。これまた、自分が学校の教育で受けてきたあの訳読式の授業を想像していっているにすぎない。みな否定しながら影響を受けてきてしまっている。

日本の学校教育では英語でも国語でも本当の読みの教育、それもすべての基礎である**精読教育は行われてこなかった。従来の「精読」は、文章の「内容」を――それのみを捉えようとすることだけに集中する傾向があった。それどころか、低学年では、その内容すら二の次で、特定の文法事項「だけ」を覚えこませるために「内容（WHAT）」すら後退してしまっている。**

そうこうしているうちに、ＥＦＬ〔外国語教授法〕が入ってきた。日本にいる外国人教師の大半はこの方法に従っている。そのリーディング指導は判で押したように、「大体の意味が取れればいい」だ。口悪く言えば彼と彼女は結ばれたかどうか、それすら捉えてしまえばよしというミーハー読みだ。その表現ならではの良さとか味わいなどおかまいなし、用がなくなったあとはポイという使い捨て世の中の全く同じ発想だね。

言葉には語り手の生命が宿っている。語り手が、その特定の表現形式にどういう思いを与えているかが意味でそれ情感に届こうとすることこそが求められる訓練である。「はやよみ」は英語学習における基礎としての精読にはなりえない。基礎はＯＩにみるようなコミュニケーション的な精読、すなわち批判的味読だ。

コミュニケーション的な精読とは、**内容は何か、意味は何かではない。意味は意味でも語り手が誰で、何をしようとしているか、つまり内容というよりまずは目的だ。そして、その目的を達成させるために、語り手は、その単語に、その句に、その節に、その段落に、話全体に、どういう機能や意味を与えようとしているかを発見しようとする読みだ。そしてさらには一歩進めて、それは効果はどうであったかという批評を仮定を経て終了する。**

加えるに朗読会練習という複雑系学習環境では互いが聞き手になったら言語要素となって具体的空間の中で絡みあうから実に贅沢な読解学習が可能なのである。

第三の狙いは、エロキューション(Elocution)の訓練。発声、発音、抑揚、リズム、などの音声技術を磨くことができることである

Q　次の効用は、発音やイントネーション、リズムなどの音声が改善されるということでしょうね。

近江　うん。でも自己流にならないように適切な指導がもっとも必要な領域だ。そこでその指導だが、プールの中での泳ぎの基礎を覚えるというより海での訓練であるといっていい。動いている水での泳法訓練だ。従来の大学の音声学や、ＬＬ教室で扱われる発音や抑揚だけではなく、海の中だから、中には色々な生物がいるように、沢山の「生物」が蠢いている。

腹式発声、プロジェクション（しかるべき方向に声を届かせること）、共鳴もあれば、その作品が内から求める基本的なテンポ、逆にひとつのスピーチの中での高低、強弱、遅速の混在であるヴォーカルヴァライエティ等々。これらが語り手の意図をどう解釈するかで異なってくる。

Q　それらが、七つのポイントをどう理解するかの自らの体を持って行うところがここでの練習の特徴的なことですね。

近江　そう。**ＯＩのために発音やイントネーションなどを良くするのではない。ＯＩ活動を通して、発音やイントネーションなどを身につけることが出来ると考えることだ。**ですから適切な指導といっても、解釈と結びついたトータルな指導ということがここで求められている――。

Q　そのあたりをもう少し詳しく説明して下さい。

近江　それは具体的な表現課題――**それも人間の喜怒哀楽、あるいは理路整然と説くとかの具体的な表現目的を達成する過程の中で直していくから、学ぶほうにも力が入る。つまり「あのようにいえるようになりたい」という動機づけが働くから身につきやすい。**クラシックのピアニストを目指していなくても、ベートーベンやショパンの曲の意図を表現しようとする過程で実は様々な技法を身につけていくことが出来るというのと同じだ。

Q　なるほど。でも英語学習者が、第三者がいる観客空間まで声を届かせるような訓練がなぜ必要なのかについてはどのように考えたらいいでしょうか。

近江　内容がそれを要求していればそれをするのが訓練だ。変化自在なコントロールを獲得する一端だから当然だ。ＬＬ教室で座ってレシーバーを耳にあてがってでもある程度まではできる。でもこの欠点はその時に語り相手はいないし、自分の身体は座ったままだ。そういう練習だけで育ってきているから、**奥行きのない英語を話し声もコンピューター声になってしまう。**だからレシーバをはずし、教室空間にさらには舞台空間に出てくる必要がある。

Q　それはどういうことにおいてですか。

近江　それは、**たとえば、"Oh, Life!"（PP.100～102）で練習するということはキャルベロを発声している学習者は、テリーを励ます声を工夫しつつ、同時にそれを第三の壁を通して外から聞いている聴衆にも向けて、そちらに届けなければならないという付加が加わる。観客空間のない個人練習ではできにくい訓練だ。**

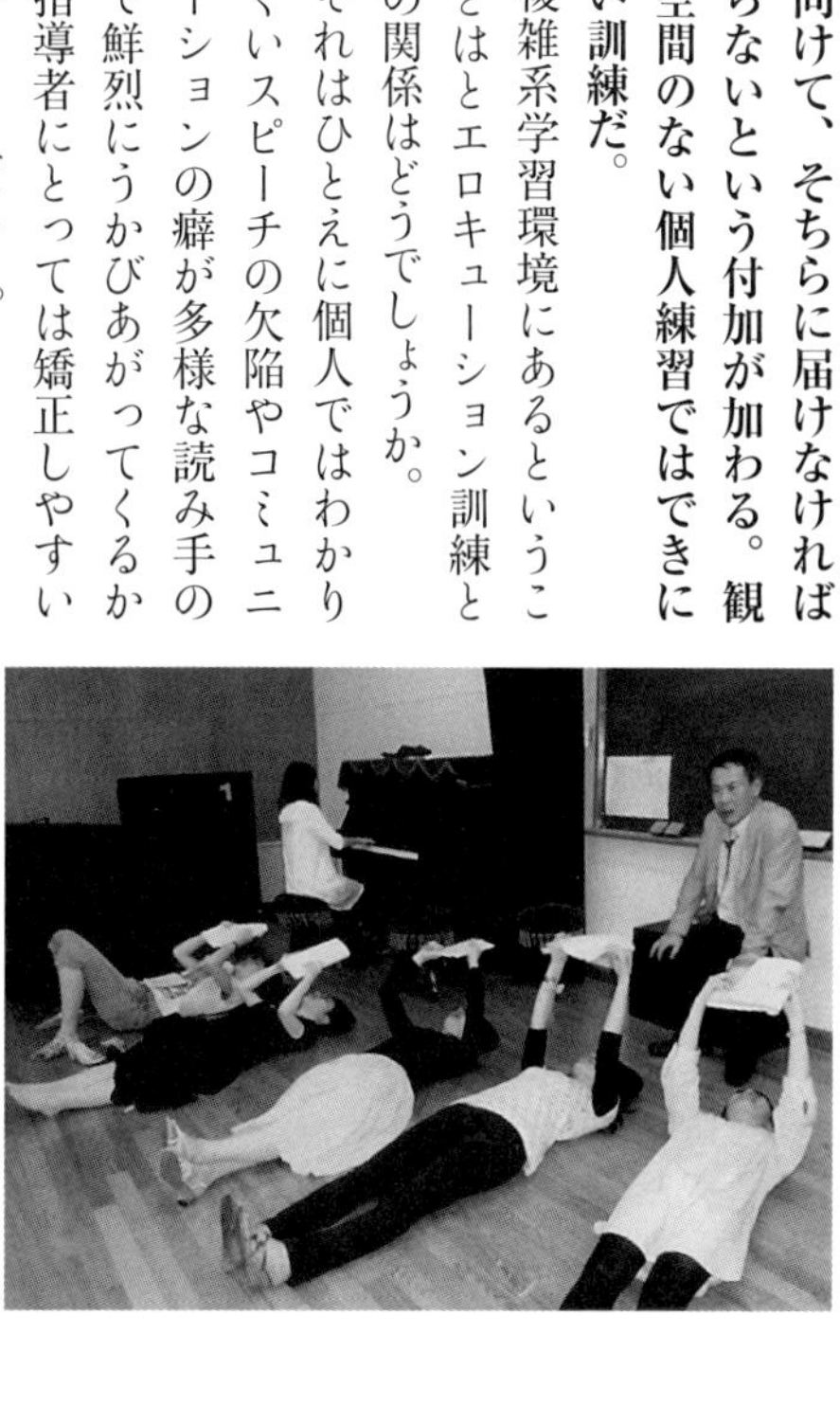

Q　複雑系学習環境にあるということはとエロキューション訓練との関係はどうでしょうか。

近江　それはひとえに個人ではわかりにくいスピーチの欠陥やコミュニケーションの癖が多様な読み手の中で鮮烈にうかびあがってくるから指導者にとっては矯正しやすいということだろう。

Q　なるほど。でも上のようなことを言うと、多くの語学教師は、ＯＩは大学生にならいい訓練になるだろうが、中学生などには無理だなどと言います。

近江　言うね。でも果たしてそうだろうか。むしろ低学年のほうが具体的な表現内容があったほうが興味を示す。中学生なら中学生の日常使っている教材で、そういうことはできる。

Q　発音とかイントネーションならまだしも、発声とか共鳴なんてたいしたことはないと反論する人がいますね。

近江　文句を言う人は何をいっても言う。しかし、現実には、仕事を依頼すると「直接話すのではなくメールで下さい」などというコミュニケーション的奇形を育てているのに一役かっているのが今までの英語教育だったということも忘れてはならない。もう一つ。それは、**話し方によって、自分の回りに集まってくる人間が決まってくるということだ。自分の回りに展開する世界が違ってくるということだ。音声なんて通じればいいという人は、とてつもない人生の宝を手放**

していることを忘れてはならない。
ミュージカルの「マイ・フェア・レディ」の中でヒギンズ教授が、田舎娘のイライザの英語を直そうとしたのも、それが彼女を社交界にデビューさせるためにどうしても通過させなければならない障害であると考えたからだね。

スピーチ矯正（気息音 /P/）

脚の構えそのものが演技者の素の心のあらわれになってしまっていると指摘している…

第四の狙いは、批判鑑賞的聴解力の育成に貢献できることである。

Q　先生は、朗読会の参加者たちに自分の出し物だけやって、帰ってしまうことは厳禁していますね。

近江　まあ、建前としてはね。教員でも自分の学生の出番が終わるとさっさと帰ってしまうし、学生を帰してしまう人がいる。そういう教員は、本人もはっきりいって伸びない。その学生も伸びない。

私は、妻がバレエ団を経営していたので、いやというほどこれを味わった。自分の子供のパフォーマンスが終わると、さっと楽屋にすっとんでいって、「リカちゃんよかったわよ！」（笑）そうして化粧を落としたら、そのまま連れて帰る親の子供でまともなバレリーナになったものは一人もいなかった。赤字覚悟で打った大きな作品でも、プログラムの後ろにもっていってもそこまで見ていかない傾向がある。名鉄と近鉄に間に合うように、遅くなるとスタコラ帰っていく――。

Q　中京地区の観客ですね。

近江　中京地区の体質は日本の体質だ。他のものをみて、どういうところがいいのか、どこが弱いのかきちんと捉えること、批判鑑賞法的聴解で、日本の学校教育でビシリと行う必要がある。

日本ではコミュニケーションとしてのリスニングがない。聞くということは自分の好きなものだけを聞いて楽しむこと、あるいは英語などの場合は聞いて内容がわかるかどうかだけ、他に聞き方があるということは考えない。

本物から学ぶという姿勢——過去の名演との付き合い方について

Q　先生はオーラル・インタープリテーションは、オーラル・イミテーションではないとよくいわれてますが、過去の名演をきくことも強く奨励されていますね。

近江　その通り。どんどん聞くべきだ。ただ聞き方がある。好き嫌いレベルで接するのではなく、**批判鑑賞的聴解（Critical and Appreciative Listening）**をするのだ。

自分で作品をオーラルインタープリテーションをして録音・録画し、あとから名演と比較してみて、どういうところが違うか振り返り、いいと思うところは真似、技術を盗み取るなどは欠かせない自己訓練法になる。

私の場合は『メディア』のジュディス・アンダーソンの舞台、テネシー・ウイリアムの『欲望という名の電車』は、ロンドンのグローブ座で見たクレア・ブルームの舞台など、いろいろある。男性ではローレンス・オリビエ、オーソン・ウエルズ、それからジェイソン・ロバーズなどの音声解釈が参考になった。あくまでも批判鑑賞的に聴き、どういうところが優れてるのか、それを盗み取ろうとしたね。

Q　日本語の教育でもあてはまりますね。

近江　はい。日本では話芸を余興としてだけ捉える傾向があるが、こんなにもったいないことはない。祖父江省念の節談説教（ふしだんせっきょう）、講談、落語などの話芸の音源から学ばせるということが、もっと行われるようにならなくてはならない。ことさらに教材などではないもの、ジャンルの異なるものから掲示を受ける感受性が必要だ。また同じ作品の異なるアーチストの聞き比べもいい勉強になる。

小学校の英語教育には私は懐疑的だが、こどもたちに一流の話芸をきかせ情感、言語適語感受性などを養成していくことは、すべての言語能力の発達のためにとても大切なことだ。

ディズニー社の朗読シリーズ、**Shari Lewis** の **One-Minute Stories** シリーズなど、いずれも手に入りにくいものだが、大人の鑑賞に耐えられるものであることが大切だ。

第五の狙いは、人間関係を育み深めることである——作品の語り手、共演者、聞き手、そして指導者と真摯に向き合うことで

Q　先生のところの朗読会は、単に語学力を高めるというものだけではなかったですね。もう、何というか参加者の作品の語り手、登場人物ら熱意、妬み、エゴイズム、優しさ、自己犠牲、あらゆる精神的価値が渦巻いているといった感じ——。

近江　まあ、控えめにいってもそういえるだろうね。スポーツや絵画や国際協力活動でも、参加者が互いに育みあうことができる人間関係がある。ところが、朗読会は、演劇にも音楽にも共通する、別の素晴らしい可能性がある。

Q　何でしょうか、それは?

近江　他人はおろか自分自身ですら気がつかなかった性質や特質、潜在能力などが、日常とは異なる作品の世界をぶっつけられることで引き出されてくるということだ。

Q　なるほど。

近江　どちらかというと物静かだと思っていた人が、ある特定の人と顔をあわせるとなぜか喧嘩ばかりしてしまうというようなことがある。それは、その時に凶暴になるのではない。凶暴さは既に内包していて、その相手によって引き出されるというわけだ。それと同じで、引き

合わされるものが作品という異次元の刺激だから、日常では現れてこない互いが引き出されてくる。そうでなかった場合には考えられないほどの深い人間関係を育くんでいくことができる。

Q 指導者にとっても、色々な発見もあるでしょうね。

近江 うん、まず常識的なところで学生と同じ資格で、作品を通して互いに触れ合うことはできるが、指導者としての気づきに関しては、とえば、**The Old Folks Mountain.** において感情の詰まっていたパイプが壊れてしまったかのように泣いて、作品そのものまで水浸しにしてしまった学生がいた。まさに予想を越える反応だった。彼女の場合、母親への思い、相当の無理をして外国に出て行ってしまったことに対する良心の呵責のようなものがあったということが私の目に一気にみえてきたわけだ。

また、「ノーモア広島、ノーモア長崎」で、永井隆博士の「この子を残して」を読み始めて、役を降ろしてした学生の話をしたよね。

Q そうでしたね。

近江 あの場合、あの学生に続けてあれを読ませていくことはリスクだった。だから彼女を降ろしたのだが、その選択は作品上演のためには間違っていたとは思わない。だが、朗読会は終わり、打ち上げも終わって、リラックスしていたある日、何かのテレビ番組で、片親を亡くした子供のことが話題になっていた。

そこではっと私は思い出した。そういえば、あのK子は、母と二人暮しではなかったか――。父親はいない。

どんな事情があったかしらない。

でも、彼女は「この子を残して私はなぜこの世を去らねばならぬか…」は、ひょっとして彼女が、無意識で最も、最も、自分の父親に、そういってもらいたかったことばではなかったか――。

父親からはきくことができないことばだったから、自分がやってみたいセリフとして選んだということはありえなかったか――。

そう思うと、あのどうにもならない的外れの言い方が、的外れがゆえに不憫でならなかった。

私の思い過ごしだったらいい。でもそうでなかったら彼女が卒業する前に謝ろうと思った。

Q 朗読会は先生の心の中ではまだ続いていたという例ですね。

近江 本人の心のなかでも続いているかもしれない。学生簿を見ればわかるではないか、面接をすればすぐにわかるといわれそうだ。しかし、どっこいそんなことではわからないことまでわかったのも、ある作品をあてがわれたからこそなのだよ。

第六の狙いは、活動がもたらすカタルシスが、現代社会のコミュニケーション不全症候群の解消と精神治療に貢献する。そして美しく健康的な人間に育てることにつながることである。

近江 現代人の多くは胸に満たされぬものを抱いている。それが何かという意識すら常にあるとは限らず、何となくむしゃくしゃして車を暴走させたり、授業妨害、いじめ、ストーキング、殺人に及んだりする。年配者とて同じである。気力も能力もありながら老人にさせられている。社会の制度が、お前はもうだめだと暗示にかけている。

人間にはもともといくつかの根源的な欲求がある。生物的欲求、肉体的、財政的安定希求欲、帰属欲求、名誉欲 (recognition needs) である成功欲、成就欲、プライド、社会に必用とされる人間でありたいという気持ち等々―。

人によって差はあるが、これらの欲求は満たされたいと思っている。しかし、人間はありがたいことに代理体験でかなりの満足感を覚えることができるようにできている。スポーツを見たり参加することで闘争本能を、山登りで征服欲を満たすことができる、文学作品を読んだり、芝居を見たり音楽を聴いて発散することができるようにできている。

その際、その作品が何らかの意味で人間の本質にせまる普遍性のあるものであればあるほど魂の浄化作用は強くなる。ギリシャ悲劇やシェイクスピアの作品では、登場人物はよく死ぬ。これは暗いのとは違う。生とか死は人間の本質にかかわることこれを代理体験することでも体内にあるわだかまりが吹き飛ぶ。だから見終わってある種の晴れやかさが残る。だからそれが果たす機能を考えると非常に健康的なのだ。テレビドラマの人殺しがいいというのではない。生の燃焼させかただ。人はそこに感動する。

しかもOIや演劇活動においてはこうした代理体験が見るだけでなく演ずる側として獲得することができるのである。普段の仲間が作品の人物になり、作品の高揚した世界の中でしばしわたりあうことができる。しかも全員で成し遂げる満足感も加わる。個人プレーだけでは味わえない喜びである。

一方、いい作品に触れ、その心を理解しようとして取り組む努力、そういうことが人間を少しずつ変えていく。いわく言いがたき光が目に宿ってくる。品格と美しさが宿ってくる。就活だ、それ就職指導だとアタフタとすることが無駄だとはいわないが、内面から鍛えられていく学生たちが一流の企業人たちの目にとまっていくということを私はこの目でどれ程見てきたことか。

終幕

エピローグ

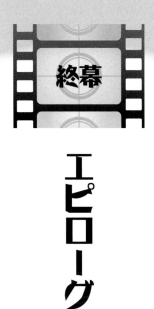

——別れ…そして新しい始まり——

卒業式の日、私は袴姿のゼミ学生たちに呼び出された。
来る日も来る日も練習した思い出の詰まった一番教室にである。行ってみると彼女たちが、ステージの上にズラっと並んでいる。私が席につくと、学生たちは静かに、ある作品を英語で演じ始めた。演じていくうちに泣いている。

「だめだな、泣くのはいいが、それでスピーチが崩れてしまうようでは」などと私が思う間もなく、間接的な話の運びでありながら、それが私への感謝と別れの作品であることに気がついた。

一人一人のメッセージが、グループのメッセージが、そして全体の声の部分が連なっていて、一大アンサンブルを構成していた。

さらによく聞いていくうちに、どれもこれも、教室であるいはフェスティバルの特訓の時、涙を流しながら身体に刷り込もうとしてきたあの作品、この作品が換骨奪胎されて私へのメッセージになっているではないか。後からきいたことだが、私のゼミ生たちのために同僚のアメリカ人のビルも応援してくれていたし、宮崎先生にいたっては、自分はわからないから他の先生にきいてまでして学生の質問に答えてくれていたことがわかった。

学生たちは、この企画をうつことが私からの学びの延長であり、そうすることが私に返すことになることを知っていた。

彼女たちはこの日のために学外で合宿までしていたそうである。しかしそこで私はあることを思い出してハッとした。

ちょっと前に学校に宿泊願いを出しているが、理由をはっきりいわないため、申請が却下されたグループがあったことを——。

学科長であった私も、敢えて却下に待ったをかけることもできなかったあのときのグループは何と自分の学生たちだったのだ。

道理で彼女たちにしてみれば使用理由がはっきりいえなかったわけである。そこで近くの大学の施設を借りていたこともわかった。

私ははからずも、自分を出世させようとしてその為に殺人まで犯してしまった恩人に死刑判決を下さざるをえなかった泉鏡花作『滝の白糸』の村越欣也と自分をダブらせてしまった。しかも念のいったことに卒業式の日が私の誕生日の三月十八日、彼女たちは私へのサプライズとして企画していたのであった。

何ということだ。にもかかわらず、その時の自分は彼女たちの演技を見ながら、いつもどおりの眉間にしわを寄せた評価者の顔をして見ていたのだろうが、心は叫んでいた。

ありがとうよ、がんばってくれたまえ…。

ステージに跳び上がっていって、ひとり、ひとり抱きしめてやればよかったと今もって後悔している。

何食わぬ顔をして研究室に戻った私は、中から鍵をかけて泣いてしまった。

数々の思い出の詰まった建物は、血と涙と汗のつまったNo.1大教室と共に、私が去った二〇一一年三月三一日の翌日をもって南山学園は閉鎖し、数か月後、これを取り壊しテニスコートにした。

大学内に既存の英語とは異なる英語学部を同一キャンパスで再スタートするという名目だ——。

一点だけ改めて強調しておきたいことがある。それはOIFのような活動が真に教育効果をあげるためには、日頃の授業と連動させることである。そうしてこそ、じわりじわりと効果を上げていくことが出来る。個人的にはそれはしてきたが、個人だけではしょうがないし、その私も身を引く。そこでその前に、総合英語のコアカリキュラムを完成させ四月からスタートさせる体制だけは何とか整えるように最後の奉公と思って微力をつくしてきたつもりである。そして二〇一一年の四月には出来上がりスタートとした。これが本当に実現されたら全国のどこにも例のない総合英語プログラムになるはずである。

ただ、結局は担当者の実力である。そしてたゆまぬ教師自身の研鑽である。ひとえにそれにかかる。ここに一抹の不安がないといえばウソになるというのが今の正直な気持ちだ。

しかし私の一番の関心事は、同じことは日本の英語教育全体についてもいえるということである。国は英語教師に対して広義のスピーチ学の訓練を取り入れるためには、ラング偏重の言語観からパロール観へのパラダイム転換をはかっていく担い手となる教員の育成に精力を注ぐべきである。そのつもりになれば驚くべき力を発揮する日本人だからできないはずはない。

もちろん、そう簡単に物事が変わるなどとは思ってはいない。思うはずもない。

温故知新。本書で紹介するオーラル・インタープリテーション／リーダーズシアター活動は昨日のものでない。母体は西欧のスピーチ・ドラマ学である。そして素材も教材としてつくられたものではない。東西古今、土地土地、時代時代の人間の魂が詩、散文、戯曲、スピーチ、手紙文に託されてタイムトンネルを潜ってあらわれでた、血の通った語りである。

人間は五尺の肉体とイマジネーションで、限られた空間の中で時空を超えたこれらの華麗な共演を追体験できる。近松の虚構ではあっても豊かな真実であるドラマ体験により、真実が増幅されたＯＩＦ活動。虚と実の狭間、虚実皮膜（きょじつひまく）に漂うことで、感性、知性、そして語学力も磨かれる。これはまさに人間だから享受できる贅沢ではないだろうか。教育が「現実」に義理立てしているばかりで「真実」を求めることを忘れてはならない。なぜならば、そうすることがやがて豊かなる現実を招きよせることができるはずだからである。

私は驚きを禁じ得ない。それは古代から現代に続くＯＩＦという劇的体験と、現代テクノロジーの最先端の希求するところのものの奇妙な符合である。映画「マトリックス」でみるように、「現実世界」(the real world) は「実存の砂漠」(the desert of the real) にしかすぎないのかもしれないという主人公が聞く夢のお告げの真実の響きである。体に差し込まれた電極により異次元空間を移動する。そして豊かな仮想現実体験が脳内で起こっていく。

こう考えるとデジタル社会がもたらしたかにみえる非人間性の蔓延状態も、実はアナログ時代に人が夢見た輝かしい人間的な世界を呼び戻していくための試練なのではないかとすら思える。現段階ではＳＦの世界であるが人間が求めているところは夢の実現ではないだろうか。奇しくも、医療、教育界をあらゆる分野でホーリズム (Wholism) ということがいわれる。すなわち複雑系である。仕切りを外して自由に羽ばたく発想につながっていく。

私は古代ギリシャの端を発した松明（たいまつ）の灯を教育的活動体系としてフォーマット転換してここまで引き継ぎ、南山短期大学英語科で三十年間燃やしてきた。このささやかなるアナログ教育の火こそ実はことば教育におけるホーリズムの一旦であると信じる私は、新しいランナーたちを育てるべく近江アカデミーを立ち上げて現在に至っている。あとは、このランナーたちがまた新しいランナーを生み、やがては燎原の火のごとく日本のいたるところでＯＩＦ活動が燃え始めてくれることを祈ってやまない。

平成三十年クリスマス

近江　誠

—*The Song of the Christmas Tree Fairy*

THE FLOWER FAIRIES™

—谷川義美学長「ヴァージニアお手紙ありがとう…」

—鳥巣義文学長「…さあ、ヴァージニア、君も君自身のサンタクロースの役割をイメージしてごらん…」

—**Ecclesiastes 3,** King James Version

＊ 本書における舞台、練習写真はすべて、上記の記載以外のものはすべて以下の二つの機関によるものである。

1．中村写真〈名古屋市瑞穂区〉

2．エーワン・ビデオ・システム（名古屋市緑区）

参考資料情報

1. DVD 2本　フェスティバル演技集（非売品・教育参考資料）

※実際の指導のノウハウ」については、「近江アカデミー」HPの名古屋教室、神奈川県葉山教室でのレッスン、また同HP内の英語コミュニケーション教育ワークショップ」などを参考にしていただきたい。

連絡先：近江アカデミー（052－880－7907 / 090-1782-1303）

—**The Song of Chrysanthemum**
—Mary Darby Robinson (1797)　**Snowdrops**（待雪草）
—与謝野晶子　（詩集）「**月見草**」
—William Wordsworth (1904)　**The Daffodils**
■ Makoto Omi　『**智恵子抄**』**CHIEKO-SHO**
—高村光太郎　『智恵子抄』
—Hiroaki Sato　***Poetry and Prose of Takamura Kotaro***
—鈴木基伸　安達太良山写真
—宮崎菜摘　（智恵子風）切り絵
■ Makoto Omi　***The Story of Professor Horibe---***
—Douglas MacArthur (1951)　***Old Soldiers Never Die***
—Wordsworth (1802)　***The Daffodils*** from "The Norton Anthology of English Literature THIRD EDITION (1975)., Norton
■ Makoto Omi　***The War Prayer***
—Aaron Shepard:　***Readers Theatre: The War Prayer*** written by Mark Twain
—Shakespeare　***Othello***
—Peter Shafer (1979)　**Salieri Speech**　from "AMADEUS"
—(1910).　***How to Cook a Husband***　From the "Moravian Cook Book" in *Society of the Moravian Church*, Lancaster, Pennsylvania, Public Domain
■ Makoto Omi　***Anything You Can Do***
—Irving Berlin (1946)　**"Anything You Can Do" from *Annie, Get Your Gun***
—**Romeo and Juliet**
—**Hamlet**
—Ryoko Ikeda (1987)　**Die-Rosen von Versailles.**　Carsen Comics, GERMANY
—**マリーアントワネット**（日本語）**池田理代子**　「**ベルサイユの薔薇**」
—**Marie Antoinette**（英語）
—**Marie Antoinette**（ドイツ語）
■ Makoto Omi　***No More Hiroshima! No More Nagasaki!***
—本島等（1994/8/9）『**長崎平和宣言**』（**The Nagasaki Peace Declaration**）
—永井　隆（1948）「**この子を残して**」　青空文庫　*translated by Makoto Omi*
—The Lord's Prayer　from the New Testament
—John Donne (1624)　***For Whom the Bell Tolls***　「**誰が為に鐘は鳴る**」
—Shakespeare (1606)　**Macbeth**
—サトウハチロー（詞）古関裕而（曲）（1949）「**長崎の鐘**」
永井　隆・補詩　「あたらしき朝の」（古関作曲版・藤山一郎作曲版）
—Margaret F/ Powers 松代恵美（訳）　***Footprints.***（財）太平洋放送協会〈PBA〉
■「『**挑戦する英語**』**を指導する近江誠さん**」　朝日新聞（朝）2005/12/26
■ Aaron Shepard　***Readers Theatre: The Christmas Truce***（クリスマス休戦）
■ Clement Clarke Moore **(1823)**　**The Night Before Christmas**
■ Makoto Omi　***The Virginia's Letter***
—Frank Church　**"Is there a Santa Claus?"**　in the editorial of *The New York Sun* in the September 21,1987 edition
—Art Buchwald (1981)/Makoto Omi　**Parodies**　from *Tales of America Today.*　成美堂

York Chicago Burlingame
■ Makoto Omi compiled by **The Japan's Shortest Letters to Dad**
—丸岡町文化事業団 （旧版）『日本一短い「父」への手紙―一筆啓上』（角川文庫）（英語版 **The Japan's Shortest Letters to Dad**）
■ Leo F. Buscaglia,Ph. D (1982) ***The Fall of Freddie, the Leaf.*** Slack Inc; Anniversary 版
■ Walt DisneyST.3903-3935 (1960) **The Story of Cinderella** Walt Disney
■ Shel Silverstein (2003) ***The Giving Tree.*** Harper Collins
■ Makoto Omi ***Oh, Life!***
—Charles Chaplin (1952) ***Limelight***
—Dale Carnegie (1953) ***How to Stop Worrying and Start Living.*** Pocket Books New York
—Thorton Wilder (1958) **Our Town: Kenkyusha Pocket English Series** Kenkyusha
■ Makoto Omi ***How Humans Have Fought…and Loved***
Moses Proclaims the Ten Commandments./Oration On the Dead Body of Julius Caesar/Iaugural Address by JFK/I Have a Dream/ Chaplin's The Great Dictator/Douglas Macarthur's "An Old Soldier Never Dies"/ Ronald Reagan "I now begin the journey that will lead me into the sunset of my life.
上記スピーチは下記の２冊のスピーヒ全集によるものが多い。
—The World's Great Speeches. Dover 出版
—A Treasury of the World's Great Speeches. Simons' and Sons
■ Makoto Omi: ***The Memorial Service of Mother Teresa and Princess Diana"***
—(1997) ***The Funeral Service of Diana, Princess Wales*** 1, BBC
■ Makoto Omi ***Is this a Democracy?—surrounding the illness of former Prime Minister Obuchi."***
■ Makoto Omi ***Lecture On Paragraph of Time and Contrast.***
—Mary Ellen Barrett, Martin L.Arnaudet (1981) **Paragraph Development-A Guide for Students of English as a Second Language.** Prentice Hall
■ Makoto Omi **Good Language Input through Oral Interpretation**
■ Makoto Omi ***The Questions is What Paragraphs to Combine to Accomplish Your Specific Purpose of Communication***
■ Makoto Omi ***The Children's Songs of Japan*****――ゆうやけ小焼け / 茶摘 / うれしいひな祭り / 里の秋**
■ Makoto Omi **「火垂の墓」 The Graves of the Fireflies**
—挿絵・川上四郎（1949）「ほたるこい」「童謡画集」. 大日本雄弁会講談社
■ Makoto Omi **「源氏物語・夕顔の巻」(*Yugao: from The Tale of Genj*)**
—紫式部（1008）**『源氏物語』**
—Edward G. Seidensticker (1978) ***The Tale of Genji*** Knopf
—舟橋聖一（1974） **源氏物語『朧月夜かんの君』**. 講談社
—Shakespeare ***Romeo and Juliet/Othello/The Merchant of Venice***
—挿絵 「琴」(無料イラスト)
■ 松島理紗（2009）**「OI フェス 英語能力向上に期待」**学生「街（ガイ）」ダンス. 中日新聞
■ Makoto Omi **「花づくし」(*Flowers*) —与謝野晶子からワーズワースまで**
—道行めぐ（2001）**『花言葉—恋色のブーケ』**. 永岡書店
くちなし / グラジオラス / らっぱすいせん / アゼリヤ / フリージア / ポピー

参考文献・資料

■ Jean Cocteau (1930): **La Voix humaine (*The Human Voice*)** Transcribed by Omi from the Ingrid Bergan's Recording of it in 1967

■ Hans Christian Andersen (1845) ***The Little Match Girl*** adapted by Boris Karlof for the 1960 recording for Caedmon's Records TC1117, transcribed by Omi

■ Makoto Omi ***The Grateful Crane***

■ Paul F. McCarthy (1997) ***The Old Folks Mountain*** 『まんが日本昔ばなし』（講談社英語文庫）. 講談社インターナショナル

■ Osamu Dazai (1940) **「走れメロス」** ***Run Melos Run*** Rewritten by Michael Frase Ladder Series Level 1. IBC パブリッシング2005

■ Edgar Allan Poe (1843) **「黒猫」** ***The Black Cat and Other Stories*** (2005) （講談社英語文庫）講談社インターナショナル

■ Yoko Sano (1977) **「百万回生きた猫」** ***The Cat Who Lived a Million Times*** 講談社 translated by Judith Carol Huffman

■ ***Tomorrow Never Comes*** **（過去完了形版）** □

—Norma Cornett Marek (1989) ***Tomorrow Never Comes*** 「最後だとわかっていたら」 訳 佐川睦（2007）

■ Robinson Jeffers Euripides (1946) ***Medea*** Samuel French,Inc.

■ Michael Steward (1960) ***Bye, Bye Birdie*** IMDb Mobile site（from "Monologues: WOMEN---50 SPEECHES FROM THE CONTEMPORARY THEATRE" edited by Robert Emerson, Jane Grumbach. Drama Book Publishers New York

■ Jean Anouilh, (1944) ***Antigone*** translated by Lewis Galantiere (from "SCENES FOR TWO" Book Ⅱ Duologues for Young Players Edited by Mary Greenslade and Ann Harvey. Samuel French)

（イギリス、16世紀、17世紀 ??）*The House that Jack Built*—

■挿絵（無料イラスト集より）

■ The Readers Digest Version of the □ Samuel Ullman's ***Youth*** (1945)（ダイジェスト版の発表時の題は *How to Stay Young*。

—近江　誠（2005）**『挑戦する英語！』** 文藝春秋

■ Hiroaki Sato *Poetry and Prose of Takamura Kotaro* 「レモン哀歌」 ***The Lemon Elegy***（ソロ）

■ William Wodsworth (1802) ***The Daffodils*** (from "The Norton Anthology of English Literature THIRD EDITION (1975). Norton

■ Rudyard Kipling, ***Boots*** adapted for Choral Verse Speaking by Elizabeth E. Keppie (1933. Expression Company

■ Aesop **The City Mouse and the Country Mouse/*Die Stadtmaus und die Landmaus*** *（町のネズミと田舎のネズミ）adapted for Readers Theatre by William Adams/Crain,Iz.* Readers Theatre Script Service P.O Box 421262 San Diego, CA92142

■ ***Get thee to a Nunnery* from... *Hamlet***

G.B. Harrison(ed.) *SHAKESPEARE The Complete Works* Harcourt, Brace & World, Inc. New York Chicago Burlingame

■ ***All the World's a Stage*** from *"As You Like It"*

G.B. Harrison(ed.) *"SHAKESPEARE The Complete Works* Harcourt, Brace & World, Inc. New

著者略歴

近江　誠（おうみ・まこと）

1941年３月静岡市生まれ。南山短期大学名誉教授。愛知県立時習館高校教諭を経て、1967年フルブライト留学生として渡米。米インデアナ大学大学院でスピーチ・ドラマ学の修士号を取得。南山大学・同短大、名古屋大学、京都外国語大学院博士課程で教鞭をとってきた。1988年コロンビア大学客員研究員。日本コミュニケーション学会第６代、12代会長を歴任。現在は、近江アカデミー〈東京、名古屋〉で言語パロール観に基づいた英語コミュニケーション教育訓練を行っている。

著書には『感動する英語！』『挑戦する英語！』（文藝春秋・15万部ベストセラー）『英語コミュニケーションの理論と実際―スピーチ学からの提言―』（研究社、1997年度大学英語教育学会実践賞）『オーラルインタープリテーション入門―英語の深い読みと表現の指導―』（大修館書店）『頭と心と体を使う英語の学び方』（研究社出版、アマゾン POD）『間違いだらけの英語学習――常識38のウソトマコト』『歴史に残る大統領の就任演説』（共著）（小学館）『文部科学省オーラル・コミュニケーション検定教科書 Hello,there! A, B, C』（東京書籍）　その他多数。

アナログ教育の復権！
あることば訓練の舞台裏
思い出の朗読会
Oral Interpretation Festival

2019年４月１日　初版発行

著　者　近江　誠
発行者　原　雅久
発行所　株式会社 朝日出版社
〒101-0065 東京都千代田区西神田３-３-５
TEL (03)3263-3321（代表） FAX (03)5226-9599
http://www.asahipress.com
印刷所　図書印刷株式会社

乱丁、落丁本はお取り替えいたします
ISBN978-4-255-01109-7　C0095

表紙の写真等は、ACORN（栗原小巻事務所）の加来英治氏のご手配による。